Mes aventures avec votre argent

George Graham Rice

Writat

Cette édition parue en 2024

ISBN : 9789359943046

Publié par
Writat
email : info@writat.com

Contenu

AVANT-PROPOS

Vous êtes membre d'une race de joueurs. L'instinct de spéculation vous domine. Vous sentez que vous devez simplement tenter votre chance. Vous ne pouvez pas gagner, et pourtant vous allez spéculer et continuer à spéculer – et perdre. Les loteries, le faro, la roulette et les paris hippiques étant illégaux, vous jouez au jeu boursier. Dans le jeu boursier, les cartes (cotations ou fluctuations du marché) sont mélangées et empilées dans votre dos, APRÈS que le croupier (le manipulateur) sache de quel côté vous avez placé votre pari, et vous n'avez aucune chance. Lorsque vous et vos frères joueurs êtes longs sur des actions dans des comptes à faible marge auprès de courtiers, le marché est manipulé à la baisse, et lorsque vous en êtes à court, les prix sont manipulés à la hausse.

Vous vous méfiez de l'homme qui s'enrichit vite et vous vous flattez de pouvoir déceler ses ruses d'un seul coup d'œil. Vous pouvez le faire : une sorte d'opérateur Get-Rich-Quick. Mais pas du genre dangereux. La finance moderne pour devenir riche rapidement est insidieuse et sans frénésie. Elle est pratiquée par les plus hauts gradés, et vous en êtes probablement une des victimes faciles.

Une catégorie d'opérateurs pour devenir riche rapidement utilise des méthodes rudimentaires, a peu de poids dans la communauté, opère avec un capital relativement faible et s'adresse à ceux qui ne pensent pas et n'ont que de petites ressources. Il n'est pas particulièrement dangereux.

L'autre utilise des méthodes scientifiques – si scientifiques, en fait, que seuls les hommes « de l'intérieur » les reconnaissent facilement ; occupe un piédestal dans la communauté; est généralement un homme d'une excellente situation financière, membre d'une bourse ; emploie un capital important; fait appel aux penseurs ou à ceux qui se flattent de connaître la différence entre un lingot d'or et une brique d'or, et cherche à séparer de leur argent toutes les classes et conditions d'hommes et de femmes ayant des accumulations grandes ou petites.

Le gouvernement des États-Unis, au cours des dernières années, à la demande du grand gaillard qui cherche à obtenir le monopole du jeu, a attaqué le petit bonhomme, le grossier opérateur dont le pouvoir de nuire n'est rien comparé aux ravages qui ont été causés. forgé par les activités de son prototype vraiment formidable.

J'ai un message à communiquer à chaque investisseur et spéculateur, une histoire à raconter sur mon expérience lors des grands booms miniers de Goldfield, Bullfrog, Manhattan et Greenwater au Nevada de 1905 à 1908, au cours desquels le public a perdu plus de 200 000 000 de dollars, et d'un montant considérable. série de grandes promotions de titres miniers à Wall Street et dans d'autres centres financiers américains, au cours desquelles le public a coulé 350 000 000 $ en 1910. Le récit des faits démontre que la croisade pour s'enrichir rapidement du gouvernement a rendu la tâche moins facile pour certains des petits que les délinquants prospèrent, mais que les coupables transcendantalement plus grands sont en ce moment même en train d'inciter le public à se féliciter, et que le gouvernement n'a pas levé le petit doigt contre eux.

Aucun homme, à l'exception d'un simple voleur, n'a jamais entrepris de promouvoir une société minière ou toute autre société dont il était convaincu au départ qu'elle n'avait aucun mérite ; et le travail des voleurs ordinaires est rapidement reconnu et les contrevenants sont facilement appréhendés.

Les malfaiteurs les plus dangereux sont les hommes haut placés qui s'emparent d'une bonne propriété, la surcapitalisent, évaluent sa valeur à plusieurs fois ce qu'elle vaut, utilisent une publicité astucieuse et des méthodes de marché pour tromper le public réfléchi en lui faisant croire que l'action vaut la valeur nominale ou plus. , et l'imposer aux investisseurs à un montant qui leur prive de grosses sommes d'argent. Il y a plus d'un million de victimes de cette pratique aux États-Unis.

Après des années d'expérience dans les coulisses, la conclusion s'impose à moi que l'instinct de spéculation est si fort chez les hommes et les femmes américains qu'ils choisissent de « tenter leur chance », même s'ils réalisent déjà à moitié qu'ils sont au départ. il faudra finalement perdre.

Moi-même, étant enfant, victime de l'instinct de spéculation, j'ai appris, des années plus tard, à l'âge de 30 ans, à répondre au désir insatiable des autres. J'ai dépensé des fortunes en publicité et j'ai écrit mes propres publicités. J'ai construit sur de grandes lignes de puissantes machines génératrices de dollars qui ont réussi à obtenir de l'argent pour mes entreprises, et j'étais généralement mon propre directeur. Dix années de travail acharné dans un domaine dans lequel j'ai travaillé jour et nuit m'ont révélé que l'instinct du jeu est tout conquérant chez les femmes comme chez les hommes — les riches et les pauvres, les jeunes et les vieux, les sages et les les insensés, les réussis et les ratés.

Pire encore, si vous avez perdu une partie de votre argent durement gagné dans la spéculation, votre cas est sans aucun doute incurable, car vous avez une nouvelle incitation, à savoir « vous venger ». L'expérience ne vous apprend donc rien. L'aphorisme du joueur professionnel, "Vous ne pouvez pas tuer un idiot", trouve son origine dans la reconnaissance de ce fait, et maintenant les promoteurs boursiers et les manipulateurs de la classe multimillionnaire souscrivent à sa vérité et fondent leurs opérations sur elle.

Presque tout le monde spécule (parie) ; peu gagnent. Où va l'argent perdu ? Qui l'obtient ?

Savez-vous qu'en répondant à votre instinct d'« investir », les méthodes pour vous amener à vous séparer de votre argent sont si astucieusement et si habilement appliquées par les plus hauts gradés qu'elles vous trompent complètement ? Pouvez-vous imaginer que dans presque tous les cas, lorsque vous vous sentez prêt à vous lancer dans une spéculation donnée, des voies et des moyens presque scientifiques dans leur caractère insidieux ont été utilisés contre vous ?

Quelles sont ces astuces impalpables mais astucieusement conçues pour tromper les plus sages et qui VOUS ont attiré ? Je les raconte ici.

Quelles sont vos chances de gagner dans toute spéculation où vous jouez au jeu d'un autre homme ? AVEZ-VOUS UNE CHANCE ?

En participant aux courses de chevaux dans le passé, vous n'aviez qu'une seule chance si vous persistiez : VOUS POUVEZ PERDRE.

Dans le cadre du trading sur marge à la Bourse de New York, au New York Curb, à la Boston Stock Exchange, à la Boston Curb, au Chicago Board of Trade, à la Chicago Stock Exchange, au New York Cotton Exchange et à d'autres institutions similaires, l'expérience des courtiers en valeurs mobilières prouve que si vous vous en tenez à Dans le jeu, vous n'avez qu'une seule chance : VOUS POUVEZ PERDRE.

Dans la spéculation sur les valeurs ferroviaires, industrielles et minières, où vous achetez les actions directement et les conservez pour réaliser des bénéfices boursiers, vous avez deux chances : ; si vous êtes dans la moyenne et que vos opérations sont continues pendant une période, vous pouvez atteindre le seuil de rentabilité même si vous êtes très chanceux, ou perdre si vous ne l'êtes pas ; et, pour me rendre justice à moi-même, je dois être autorisé à expliquer qu'il y a dix ans, j'avais une bien meilleure opinion des chances du public qu'aujourd'hui, et que cette expérience intérieure me l'a appris.

La morale pour l'investisseur et le spéculateur est « Plus jamais ça ! » Et pourtant, vous spéculerez à nouveau. L'expérience enseigne que tant qu'existera une chance de gain spéculatif dans une entreprise, le public américain poursuivra ses efforts pour apaiser son appétit spéculatif.

GGR

CHAPITRE I

L'ASCENSION ET LA CHUTE DE MAXIM & GAY

L'endroit était New York. Nous étions en mars 1901. J'avais trente ans. Mon capital liquide, bien placé dans ma poche, était de 7,30 $ et je n'avais aucune autre ressource externe. J'étais un rover et sans emploi.

Depuis le mois d'août de l'année précédente, je flânais. Mon dernier poste, sept mois auparavant, était celui de journaliste pour le New Orleans *Times-Democrat* . Ma dernière mission de presse concernait le grand ouragan cyclonique de Galveston, au cours duquel 15 000 vies ont été perdues et 100 000 000 de dollars de biens détruits. J'ai couvert cette catastrophe pour le New York *Herald* et d'autres journaux ainsi que pour le journal de la Nouvelle-Orléans. C'était un « beat » et j'ai gagné une grosse somme pour quelques jours de travail acharné, mais tout l'argent avait été dépensé pour ma subsistance.

Au coin de la Quarantième Rue et de Broadway, j'ai rencontré un vieil ami des hippodromes, Dave Campbell. Son visage avait une teinte robuste et saine, mais il portait la preuve indubitable d'une mauvaise chance.

« Offre-moi un verre », dit-il.

"J'ai trente cents en monnaie et je dois avoir un cigare," répondis-je, "et tu sais que j'aime les bons."

"Eh bien, je vais prendre une bière", dit-il, "et tu pourras t'acheter un perfecto."

À peine dit que c'était fait. Le cigare et la boisson arrivaient. Nous nous sommes assis. C'était un café avec le téléscripteur réglementaire près du comptoir du déjeuner.

"Est-ce que vous pariez toujours sur les chevaux ?" » demanda Campbell.

"Non, je n'ai pas parié depuis plus d'un an", répondis-je.

"Eh bien, voici une lettre que je viens de recevoir de Frank Mead à la Nouvelle-Orléans, et elle devrait vous rapporter de l'argent", dit-il.

"Il y a un 'cochon' ici nommé Silver Coin", disait la lettre, "qui a récemment participé à une course pour le travail. Je pense qu'il est en forme et prêt et que dans les prochains jours, ils le placeront dans une course qu'il pourra gagner. , et il rapportera à la maison les coonskins avec un rapport de 10 contre 1."

J'avais déjà vu des lettres comme celle-là, mais mon intérêt était éveillé. J'ai pris sur la table un exemplaire du New York *Morning Telegraph* . En tournant les pages, j'ai remarqué un certain nombre de publicités de pronostiqueurs, toutes affirmant qu'elles donnaient continuellement au public les gagnants des courses.

LA NAISSANCE D'UNE IDÉE DE PIÈCE D'ARGENT

« Est-ce que ces gens gagnent de l'argent ? J'ai demandé à Campbell.

"Oui, il le faut", a-t-il répondu, "car les publicités sont diffusées tous les jours depuis des mois et des mois".

"Eh bien, si des publicités mal écrites comme celles-ci peuvent rapporter de l'argent, que feraient des publicités bien écrites, et en particulier de la part d'un bureau d'information qui pourrait fournir de vraies informations ?" J'ai demandé. Un instant plus tard, le téléscripteur commençait son clic, clic, clic.

"Voici les entrées", a déclaré Campbell.

Il s'est dirigé vers la cassette et a éjaculé : "Par Jiminy ! Voici la pièce d'argent inscrite pour demain."

La coïncidence m'a ému.

"J'ai une idée de publicité", dis-je. "Donnez-moi une feuille de papier."

Il a été fourni. J'ai écrit:

Pariez votre dernier dollar sur
une pièce d'argent aujourd'hui à la Nouvelle-Orléans, il gagnera à 10 contre
1

Et puis j'ai hésité. "Je dois avoir un nom pour la signature", dis-je.

J'ai repris le journal et me suis tourné vers la page contenant les inscriptions de cette journée aux courses de la Nouvelle-Orléans. Le nom d'un père a été donné comme Saint-Maxime.

"Maxime!" J'ai dit. "C'est un bon nom. Je vais l'utiliser. Maintenant, choisissons-en un qui fera de l'euphonie."

« Gai ! » dit Campbell. "Comment ça ? C'est sportif."

J'ai alors créé la marque de commerce Maxim & Gay.

Dans un post-scriptum de cette annonce, j'ai déclaré que les conditions habituelles pour cette information étaient de 5 $ par jour et 25 $ par semaine, et que le lendemain, Maxim & Gay proposeraient une autre sélection, qui ne serait pas distribuée gratuitement.

"Maxim & Gay" étaient sans adresse. À un pâté de maisons de Broadway, dans une agence immobilière, nous avons été informés qu'à l'étage ils avaient des chambres à louer. J'en ai engagé un pour 15 dollars par mois, sans salaire pendant une semaine. Deux plaques en étain ont été commandées et peintes, portant l'inscription « Maxim & Gay ». L'un était placé à l'entrée du bâtiment et l'autre sur la porte à l'étage. Le peintre d'enseignes a accordé du crédit.

Avant de me dire adieu, Campbell s'écria tout d'un coup :

"Bon Dieu ! Je ne comprends pas ce stratagème. Comment pouvez-vous gagner de l'argent en donnant ce pourboire en Argent pour rien ?"

"Regardez et voyez !" J'ai dit.

au bureau du *Morning Telegraph*, puis dans la Quarante-deuxième Rue.

"Insérez cette annonce et donnez-moi 7 $ d'espace", dis-je en déboursant mon dernier centime.

Lorsque l'annonce parut le lendemain matin, son aspect était décevant. L'espace occupé n'était que de cinquante-six lignes d'agate, soit quatre pouces, sur une seule colonne. Cela avait l'air chétif. Les gens le remarqueraient-ils ?

Cet après-midi-là, Campbell et moi avons pris possession du nouveau bureau de Maxim & Gay. Heureusement, un ancien locataire avait laissé derrière lui un bureau et une chaise, en échange d'un loyer. Un grand Texan entra.

"Salut!" il pleure. "Voici 5 $. C'est à vous. Gardez-le. Répondez à ma question, et peu importe la manière dont vous y répondez, cela ne fait aucune différence. Les 5 $ sont à vous."

J'ai levé les yeux avec étonnement.

"Donnez-moi la source de vos informations sur Silver Coin", dit-il. "Je parie beaucoup d'argent. Si votre drogue est au niveau, je parierai un 'gob'. Si ce n'est pas le cas, vos aveux ne coûteront que 5 dollars, ce qui sera tout l'argent que je perdrai. »

Je lui ai montré la lettre de Frank Mead.

"C'est assez bien pour moi", dit-il en tournant les talons.

Silver Coin a gagné facilement à 10 contre 1.

Les paris étaient si lourds dans les salles de billard de New York qu'à l'heure du match, alors que le 10 contre 1 était facilement disponible sur l'hippodrome, le 6 contre 1 était le meilleur prix qu'on pouvait obtenir à New York. C'est une histoire ancienne que les salles de billard de la ville de New York, alors contrôlées par "Jimmy" Mahoney, furent littéralement "brûlées"

par des paris gagnants. Les habitués des salles de billard l'expliquaient ainsi :
« Si le pourboire n'est pas « une bonne chose », quel intérêt auraient ces gens
à publier l'annonce ? Si le cheval perd, le coût de l'annonce est certainement
perdu. La seule façon pour eux de gagner, c'est que le cheval gagne. » C'était
une bonne logique, dans la mesure du possible.

LES MATHÉMATIQUES SUPÉRIEURES DE L'OPÉRATION

Mais c'était vraiment du sophisme. Si le cheval perdait, l'inséreuse de la
publicité Maxim & Gay perdrait exactement 7 $. Si les 7 $ étaient utilisés
pour parier sur le cheval, le maximum que Maxim & Gay pourraient gagner
serait de 70 $. Je prenais le même risque de perte que le parieur, avec de plus
grandes chances de gagner. En investissant 7 $ dans la publicité, il m'a été
possible de gagner beaucoup plus d'argent auprès du public en obtenant leur
parrainage pour le bureau de pourboires projeté.

Je me souviens que les aspects expérimentaux de la publicité m'ont fortement
séduit et m'ont semblé être un splendide test des possibilités de l'entreprise.
Si le cheval gagnait et qu'il y avait peu de réponses à l'annonce, cela serait
convaincant sur le fait qu'il n'y avait pas d'argent dans la branche
pronostiqueur du jeu de courses de chevaux. J'ai soutenu que si le public des
courses automobiles ne croyait pas qu'un bureau d'information était ce qu'il
prétendait être, face à une démonstration positive, comment pouvait-on
s'attendre à ce qu'il croie les affirmations sinistres des faussaires dont les
publicités remplissaient les journaux sportifs ? quotidiennement et dans
lequel ils prétendaient, *après* le déroulement des courses, qu'ils nommaient à
l'avance les vainqueurs à toutes sortes de cotes ?

Le lendemain matin, vers dix heures, Campbell est venu chez moi et m'a dit
qu'il avait reçu une autre « bonne chose » par télégraphe de Mead et que le
nom du cheval était Annie Lauretta, avec une probabilité probable de 40
contre 1.

« Jiminy ! » il s'est excalmé. "Si nous n'avons que quelques clients aujourd'hui
et que celui-ci gagne, que se passera-t-il ?"

Tranquillement, nous avons marché jusqu'au bureau. "Si nous avons dix
abonnés aujourd'hui pour commencer, nous ferons un bon début", dis-je.

Alors que nous approchions de l'hôtel Marlborough, qui fait face à
l'immeuble de Broadway dans lequel la Maxim & Gay Company avait son
modeste petit bureau, notre attention se tourna brusquement vers une foule
de gens alignés par une demi-douzaine de policiers.

"Quel théâtre vend des places aujourd'hui ?" » a demandé Campbell.

"Je ne sais pas," répondis-je.

En nous approchant du bureau, nous avons constaté que la file d'attente s'étendait jusqu'à notre propre immeuble de bureaux. Alors que nous montions les escaliers branlants, nous avons croisé la foule, une à une, jusqu'à ce que nous découvrions, à notre grand étonnement, que la file se terminait devant notre porte.

Nous avons tourné la clé, sommes entrés, avons verrouillé la porte et sommes restés consternés.

Levant les deux mains, j'ai haleté : « Au nom du ciel, qu'avons-nous fait ? J'étais consterné.

"Donnez-leur Annie Lauretta", cria Campbell.

"Mais supposons qu'Annie ne gagne pas", ai-je expliqué.

« Fume ! » s'exclama Campbell. "Vas-tu refuser tous ces billets de 5 dollars ?"

"Voyons ce télégramme", ai-je balbutié.

Je l'ai parcouru encore et encore.

"Le jugement de Mead sur Silver Coin est une raison suffisante pour conseiller aux gens de parier sur un autre de ses choix", a soutenu Campbell. J'ai été d'accord.

La question suivante était de savoir comment transmettre les informations sous une forme marchande. Une dactylographe de l'hôtel Marlborough, en face, a été appelée et on lui a demandé de rayer le nom « Annie Lauretta » 500 ou 1 000 fois sur des bouts de papier. Des enveloppes ont été achetées et un bordereau dactylographié a été placé dans chacune. La ligne s'est agrandie jusqu'à atteindre un pâté de maisons et demi.

Quand tout fut prêt, la porte fut ouverte. Campbell a distribué les enveloppes tandis que chaque homme me remettait 5 $. J'ai mis l'argent dans le tiroir de droite du bureau, et quand celui-ci s'est étouffé, je l'ai mis dans le tiroir de gauche. Finalement, l'argent est arrivé si épais et si vite que j'ai ramassé la corbeille à papier par terre, je l'ai soulevée sur le dessus du bureau et j'ai demandé aux acheteurs de jeter leur argent dans le réceptacle. Quand un homme voulait du changement, je le laissais s'aider lui-même.

Pendant deux heures et demie, ou jusqu'à quinze minutes après l'annonce de la première course à la Nouvelle-Orléans, la foule se pressait dans et hors de notre bureau. Lorsque le dernier homme s'est évanoui, nous avons compté l'argent et avons constaté que les recettes de la journée s'élevaient à 2 755 $.

"Que ferons-nous ensuite?" » demanda Campbell. "Quel est mon travail et qu'est-ce que je gagne ?"

"Combien veux-tu?" J'ai demandé.

"Dix dollars par jour", dit-il.

Il a alors pris possession des 10 $ et a admis que c'était plus d'argent qu'il n'en avait vu en un mois.

"Que ferons-nous ensuite?" Il a répété.

"Promenons-nous", dis-je. "Verrouillez le bureau jusqu'à la quatrième course, quand nous verrons ce que fait Annie Lauretta."

Nous nous sommes rendus dans une station balnéaire voisine et sommes restés devant le téléscripteur pour voir ce qui allait arriver à Annie. Cela faisait une demi-heure que la troisième course avait été signalée.

« Quatrième course… tic-tic-tic-tac », vint-il. "A—Al———,"

"Nous avons perdu !" J'ai pleuré.

"A—AL—ALPENA d'abord."

Il y eut un silence sinistre.

"Cochez—cochez———,"

"Elle est là!" » a crié Campbell.

"ANNIE LAURETTA deuxième—40—20—10" (ce qui signifie que les chances étaient de 40 contre 1, premier, 20 contre 1, deuxième et 10 contre 1, troisième, et que ceux qui avaient joué "à tous les niveaux" avaient gagné deuxième et troisième argent à de grandes cotes).

Je suis monté à bord d'une voiture de Broadway, je suis descendu jusqu'au bâtiment Stewart et j'ai loué l'un des plus beaux bureaux de ses alentours sacrés. J'ai commandé à un grand marchand de meubles de le meubler somptueusement. Le soir, je me suis rendu au bureau *du Morning Telegraph* , j'ai déposé 250 $ sur le comptoir et j'ai ordonné d'insérer une publicité pleine page flamboyante. annonçant que Maxim & Gay avaient donné Annie Lauretta à 40, 20 et 10, deuxième, et auparavant Silver Coin à 10 contre 1, avaient gagné et étaient prêts pour plus d'affaires.

Un télégramme a été envoyé à Frank Mead, lui demandant de dépenser de l'argent dans toutes les directions en vue d'obtenir les meilleures informations possibles auprès des handicapeurs, des chronométreurs, des entraîneurs et de toute autre source possible. Mead a continué à transmettre quotidiennement le nom d'un cheval, que nous avons rapidement étiqueté et annoncé quotidiennement comme « le meilleur pari ». Bientôt, « One Best Bet » est devenu un terme à évoquer.

Le succès de cette entreprise fut phénoménal. En deux ans, elle a gagné plus de 1 500 000 $. Certaines semaines, l'entreprise a réalisé plus de 20 000 $ de bénéfices. Au sommet de sa carrière, à l'été 1902, lors de la réunion de course de Saratoga, lorsque les salles de billard de New York étaient ouvertes, nos bénéfices nets pour la réunion d'un peu moins de trois semaines dépassaient 50 000 $.

Nous avons établi un bureau à Saratoga et nos ventes quotidiennes moyennes les jours de course étaient de 300 enveloppes à 5 $ chacune. A New York, la moyenne était tout aussi importante et, en outre, nous avions une clientèle importante dans des villes lointaines à qui nous envoyions les informations par télégraphe. En fait, le commerce des câbles s'est développé à tel point qu'il est devenu nécessaire de faire appel aux sociétés Western Union et Postal Telegraph pour équiper notre bureau du bâtiment Stewart de lignes directes.

J'ai dépensé l'argent aussi vite que je l'ai gagné. J'ai cru en nos propres informations et j'ai commis l'erreur fatale de m'y plonger. Mon erreur, comme je l'ai conclu ensuite, a été de ne pas risquer la même somme sur chaque sélection. Si j'avais fait cela, je n'aurais pas subi de pertes sérieuses. Le problème, c'est que chaque fois qu'un cheval sur lequel je pariais gagnait, j'étais incité à miser plusieurs fois plus sur le suivant, et en doublant et en triplant mes mises, je jouais un jeu inégal.

Les dépenses liées à la collecte de ces informations en quelques semaines ont augmenté jusqu'à plus de 1 000 $ par semaine, et ce n'était pas seulement notre vantardise, mais une réalité, que le Bureau a réellement donné plus que ce qu'il a reçu.

Sans aucun doute, le mal de cette entreprise résidait dans le jeu qu'elle incitait ; mais l'effort pour obtenir des informations fiables était honnête, et quel jeune homme de mon âge et de mon expérience, s'étant livré à une alouette du genre Silver Coin, pourrait résister à la tentation d'aller jusqu'au bout ?

Parmi les principaux mécènes de la Maxim & Gay Company figurèrent bientôt d'importants propriétaires de chevaux sur le gazon, des bookmakers de premier plan et de nombreux dirigeants des deux sexes dans le monde chic. Maxim & Gay se sont donné pour règle de ne vendre aucune information d'aucune sorte aux mineurs et ont souvent exclu les jeunes hommes des bureaux pour cette raison.

Comment « le meilleur pari » a été inventé

Nos méthodes de publicité étaient uniques. Nous utilisions des pages entières chaque fois que cela était possible, et c'était une maxime dans l'établissement que les petits caractères ne soient jamais destinés à un usage commercial. Nous avons utilisé dans nos grandes publicités une nomenclature du gazon qui n'avait jamais été entendue auparavant, sauf à proximité des écuries, et nous avons inventé des mots et des phrases adaptés à presque toutes les occasions. Le mot « horloger », désignant un homme qui surveille les chevaux lors de leurs galops d'exercice, était original chez nous et est depuis devenu d'usage courant, tout comme l'expression « The One Best Bet », que nous avons également inventée.

Notre objectif, en utilisant le langage des cavaliers, était d'être technique plutôt que vulgaire, la théorie étant que si nous parvenions à convaincre les cavaliers professionnels que nous savons de quoi nous parlons, le grand public s'alignerait rapidement.

Un matin, nous avons été alarmés de voir dans le *Morning Telegraph* , sur la page en face de notre propre effort quotidien, l'annonce d'un nouveau pronostiqueur qui se faisait appeler "Dan Smith". Dan a fait de Maxim & Gay « un meilleur » dans l'utilisation de la terminologie des hippodromes. Il employait évidemment un certain nombre de horlogers noirs, car le jargon équestre qu'il utilisait dans ses publicités sentait le foin souillé et le tas de fumier. C'était horrible! Mais il a eu un grand succès auprès des amateurs de courses et, avant qu'une semaine ne se soit écoulée, nous avons reconnu "Smith" comme un concurrent dangereux.

Nous étions réticents à croire que l'usage de ce langage chevaleresque était entièrement responsable du succès de Smith, car nous savions que ses conseils n'étaient pas aussi bons que les nôtres. Nous avons enquêté. Son astuce était la suivante : dans la fiche qu'il envoyait à ses clients, il nommait pour chaque course au moins cinq chevaux ayant une chance de gagner. Il conseillait à ses clients, en termes variés, de parier sur chacun d'eux, et si l'un d'entre eux gagnait, il publierait le lendemain matin ce qu'il avait dit la veille concernant le seul gagnant, laissant croire au public que le le seul cheval qu'il avait imaginé était le véritable vainqueur.

J'ai décidé d'organiser un autre bureau pour éliminer Dan Smith. L'intention était de « faire un peu mieux » à notre concurrent en utilisant des expressions vulgaires vulgaires sur les courses de chevaux et des affirmations exagérées, et ainsi de nauser le public des parieurs et de « mettre le kibosh » sur Dan. Nous avons créé un annonceur fictif que nous avons baptisé « Two Spot », et le lendemain matin, à notre instigation, est apparue dans le *Morning Telegraph* une publicité sur grand écran, intitulée en substance comme suit :

TWO SPOT

. Conditions marchandes, 2 $ par jour ; 10 $ par semaine

Suivant le style que Dan Smith avait adopté dans ses feuilles de course, « Two Spot » mentionnait dans sa première publicité, comme échantillon de sa lignée de « dope », quatre ou cinq chevaux pour gagner chaque course, chacun en termes plus grandiloquents que l'autre, mais ceux-ci ont été sélectionnés parce qu'ils semblaient, en réalité, être les perdants les plus probables de toutes les candidatures.

Une femme a été envoyée dans le nouveau bureau de "Two Spot" pour prendre en charge la salle des ventes. J'ai été complètement bouleversé le lendemain lorsqu'elle m'a informé que les recettes, résultant de la première publicité, dépassaient 300 $ et que le public non seulement ne lisait pas entre les lignes, mais était en fait tombé amoureux. Le canular.

Pour couronner le tout, le deuxième jour, l'un des "outsiders" que "Two Spot" a désigné avec dérision comme le meilleur pari "est entré" à 40 contre 1 !

Le lendemain, « Two Spot » s'est lancé dans une activité de gestion foncière et, en quelques jours, nous avons estimé que l'entreprise « Two Spot » rapporterait 1 000 $ par semaine si elle se poursuivait. "Two Spot" s'en est alors pris au marteau et aux pinces et s'est efforcé de jauger toute la crédulité du public.

La différence distinctive entre "Two Spot" et Maxim & Gay était la suivante : Maxim & Gay, sauf dans un cas, qui est relaté ici, n'a jamais prétendu avoir sélectionné un gagnant alors qu'il ne l'avait pas fait, alors que "Two Spot" appréciait la même source. d'information que Maxim & Gay, rédigeait ses conseils quotidiens à ses clients avec tant d'art qu'il pouvait revendiquer le lendemain matin dans ses publicités à la Dan Smith le mérite d'avoir dit quelque chose de positif sur chaque gagnant.

Les bénéfices de l'entreprise de Dan Smith, m'a-t-on dit, dépassaient le quart de million de dollars la première année, et les bénéfices de "Two Spot", dont la carrière a été interrompue en un mois par la prise de conscience de notre part que nous ne pouvions pas nous permettre être identifié à une telle entreprise, a été réparti entre les employés du bureau "Two Spot". "Two Spot" a été créé dans le but de tuer l'opposition et non dans un but lucratif. Le projet n'a pas atteint son objectif.

Pour donner une idée du caractère de certaines publicités brutes diffusées par « Two Spot » et qui ont séduit le public, je me souviens de cet extrait d'une de ses fiches-conseils :

Je suis mon propre chronométreur. Cela fait trente ans que je dors sous des couvertures de chevaux. Je comprends le jargon des chevaux. Hier soir, alors que je faisais mes quarante clins d'oeil dans la grange de Commando, je l'ai entendu hennir à Butterfly et lui dire de ne pas le déranger aujourd'hui parce qu'il allait le "mettre en boîte" du début à la fin, et si Butterfly essayait de le battre, il la "sauvagerait". Cela en fait un jeu d'enfant pour Commando. Pariez les œuvres sur lui pour gagner.

INFORMATIONS RÉELLES SUR LE GAZON

Maxim & Gay n'a répété la méthode publicitaire "Silver Coin" qu'une seule fois au cours de toute la carrière de l'entreprise. Cela s'est produit au printemps 1902, lorsque John Rogers, entraîneur de William C. Whitney, a envoyé au poste une jument nommée Smoke. Notre information était que la jument gagnerait, et nos sélections du jour l'ont désignée comme gagnante — et elle l'a fait. Deux jours plus tard, elle était de nouveau engagée, contre une classe de chevaux inférieure, et le handicap était entièrement en sa faveur. Malgré cela, nous avons inséré une annonce parue dans les journaux le matin de la course, libellée en substance comme suit :

" *Ne pariez pas sur Smoke aujourd'hui. Elle sera favorite, mais elle ne gagnera pas. Rockstorm la battra.* "

Effectivement, Smoke est devenu favori dans les paris. Les commissaires aux paris de M. Whitney ont placé des paris importants sur le cheval auprès des bookmakers. La majeure partie de l'argent public, cependant, est allée à Rockstorm, et avant l'heure de publication, des milliers de dollars de l'argent « sage » ont emboîté le pas.

Rockstorm a remporté la course. La fumée s'est dirigée vers le tronçon, quand sa queue s'est relevée et elle a "explosé".

Immédiatement, j'ai été contre-interrogé par des messagers de la tribune des juges. Ils nous ont demandé pourquoi nous étions si sûrs que Smoke allait perdre. M. Whitney, m'a-t-on dit, soupçonnait en fait que sa jument avait été « tirée ». La raison du renversement de forme, comme je l'ai expliqué à l'époque, était la suivante :

William Dozier, notre chronométreur en chef à l'hippodrome, qui avait été témoin de la préparation que Smoke avait reçue pour les courses, était d'avis que son entraînement avait été trop précipité et que sa première course, au lieu de la mettre sur les nerfs, avait provoqué un revers. En fait, sa première course l'avait « aigrie ». En tant que cavalier vétéran, il était certain que Smoke allait perdre. J'ai appris par la suite que la formation de Smoke avait été confiée à un sous-officier et que M. Rogers lui-même n'était pas responsable de son état.

LE PUBLIC DEMANDE À ÊTRE MYSTIFIÉ

Les juges étaient apparemment satisfaits, mais le public ne comprenait pas facilement la vérité, et nous ne l'avons pas signalé dans nos publicités, car notre politique était toujours de paraître aussi mystérieuse que possible quant à la source de nos informations.

Le mystère a joué un rôle important dans notre organisation, et il aurait été préférable que nous n'ayons jamais réussi le coup d'État de Smoke. Jusqu'à présent, mon identité personnelle n'avait pas été révélée sur le circuit et même les bookmakers ne savaient pas qui était l'esprit directeur de Maxim & Gay. "Jimmy" Rowe, entraîneur de James R. Keene ; Peter Wimmer, entraîneur du capitaine SS Brown de Pittsburg, et John Rogers, entraîneur de William C. Whitney, étaient à cette époque à plusieurs reprises les sponsors présumés de Maxim & Gay. Les bookmakers et les "talents" ont généralement conçu l'idée que seul un entraîneur très compétent, bénéficiant de la confiance des propriétaires de chevaux, pouvait être responsable d'une information aussi précise concernant les chevaux. Bien sûr, les officiels de l'athlétisme qui se faisaient un devoir de tout savoir étaient au courant de mes liens avec l'organisation. Mais à peine leurs messagers m'avaient-ils demandé un entretien que le fait était devenu public aux abords de l'hippodrome et le masque était tombé.

Pendant un certain temps, l'effet fut très mauvais, car notre activité chuta considérablement. "Bismarck" Korn, le célèbre bookmaker allemand, me l'a expliqué ainsi le jour de l'incident de Smoke :

"Vous êtes le premier pronostiqueur de chevaux que j'ai vu porter des lunettes, porter une canne et porter des vêtements sur mesure. Vous ressemblez à un musicien, pas à un cavalier. Vous êtes un vonder!"

Gottfried Walbaum, un autre bookmaker de longue date, est intervenu : "C'était pour obtenir de l'argent sous de faux billets. Je vous ai gâché des dollars par semaine depuis deux mois déjà. Vous me donnez mon paquet d'argent ! Vous êtes un tricheur !"

Riley Grannan, le plongeur, a déclaré : "Je dois te le remettre, gamin ! Chaque fois que tu peux en mettre une sur les Weisenheimer qui gagnent leur vie sur les hippodromes depuis vingt ans, tu as droit à des médailles !"

L'attitude de « Bismarck » et de Walbaum était amusante, celle de Grannan flatteuse. Mais les affaires furent mauvaises, car la plupart de ces professionnels des hippodromes cessèrent pendant un certain temps de s'abonner au service Maxim & Gay.

Pendant des mois, je m'étais volontairement tenu en retrait, craignant un dénouement de cette nature. Je me souviens qu'à la fin des années 80, dans une ville du nord du Vermont, lorsque John L. Sullivan était annoncé pour participer à une exposition d'entraînement, son manager l'a rencontré dans le train et, même s'il ne pleuvait pas et que le soleil ne le faisait pas. Pour briller, un parapluie a été levé pour couvrir John L. alors qu'il marchait du train vers un landau en attente. A peine Sullivan entra-il dans le véhicule que les stores furent tirés. Lorsque la voiture atteignit l'hôtel, elle s'arrêta devant une porte latérale. Le manager descendit avant Sullivan, leva à nouveau rapidement le parapluie et emmena le champion des poids lourds au-delà de la foule et jusqu'à sa chambre sans l'exposer à la vue de qui que ce soit.

Tout au long de la journée, Sullivan a été caché aux yeux du public. Son visage n'a pas été vu par un seul citoyen de la ville jusqu'à ce qu'il apparaisse sur scène ce soir-là.

J'ai demandé au manager pourquoi il faisait si attention à protéger Sullivan de l'opinion populaire avant son apparition sous les feux de la rampe. Je me souviens qu'il a dit :

"Si le public pensait que John L. n'était qu'un être humain ordinaire avec des moustaches noires et un visage celtique fleuri, il n'irait pas le voir. Le public exige qu'il soit mystifié et qu'il montre aux gens en dehors de la scène que M. ... Sullivan n'est qu'un mortel ordinaire qui les désillusionnerait et garderait l'argent hors de la maison. »

Ce morceau de sagesse du showman était frais à l'esprit au début de la carrière de Maxim & Gay; et tant que Maxim & Gay laissaient les hommes des courses deviner qui dirigeait leurs destinées, l'organisation était un succès retentissant. Ses bonnes périodes se sont entrecoupées de mauvaises périodes après que le mystère du sponsoring ait été éclairci à la satisfaction des professionnels par l'enquête des juges des hippodromes sur l'affaire Smoke.

Quelques semaines après le coup de Smoke, notre chef chronométreur nous informait que les inscriptions à une course à gros enjeux qui se déroulerait le samedi suivant lui avaient révélé un « faible pour un vainqueur sûr », comme il l'exprimait, et il a dit que nous pouvions annoncer l'événement à l'avance avec peu de chances de se tromper. C'est ce que nous avons procédé.

L'argent a afflué par télégraphe depuis des villes lointaines pour la « bonne chose » de samedi. Notre publicité du jeudi précédant la course se lisait ainsi :

L'abattage de porcs de l'année
aura lieu à Sheepshead Bay le samedi à 16 heures. Assurez-vous de miser.
Télégraphiez-nous 5 $ pour l'information.

L'un de nos clients constants résidait à Louisville. Il a été parmi les premiers à qui nous avons télégraphié l'information samedi matin. La course a été courue et le cheval *a perdu* .

Vers 16h30 , nous avons reçu une dépêche de notre client de Louisville, indiquant ce qui suit : « L'abattage du porc a eu lieu à l'heure prévue – ici à Louisville. J'étais le porc.

Un autre message d'un habitué de la salle de billard nous est parvenu : "Bon jeu. J'ai demandé plus d'argent."

Nous recevions souvent des messages de nature similaire lorsque nos sélections échouaient et que nos clients perdaient leur argent ; mais ces communications se passèrent généralement dans le bon esprit.

À une occasion, nous avons eu ce que nous pensions être des informations de première main concernant un cheval qui était préparé pour un grand coup de paris par Dave Gideon, l'un des cavaliers les plus intelligents du pays. Suivant notre méthode habituelle consistant à utiliser des publicités aux couleurs vives, avec les caractères gothiques les plus noirs et les plus lourds de l'imprimerie, nous avons annoncé :

UN GIGANTIQUE TUEUR DE PORCS
Nous avons des informations privilégiées sur un LongShot qui devrait gagner demain à 10 contre 1 et mettre la moitié des bookmakers en faillite. Assurez-vous de parier sur celui-ci. Conditions 5 $.

L' *argument* de la publicité, qui apparaissait sous ces lignes d'affichage, était formulé dans les termes les plus élogieux et indiquait très clairement que nos informations provenaient d'une source secrète et, en outre, que nous avions légitimement dépensé une petite somme d'argent pour sécuriser les informations. Nous avons également souligné que le propriétaire était l'un des parieurs les plus astucieux du marché et qu'il se trompait rarement lorsqu'il pariait « plongeant » sur l'une de ses propres entrées.

Le lendemain, la course avait lieu. Le cheval n'a pas fini "dans l'argent".

Le lendemain, nous avons reçu de nombreuses lettres, comme nous le faisions toujours lorsqu'une de nos « bonnes choses » tant annoncées était perdue. L'une des épîtres les plus uniques contenait une remontrance d'un abonné de Philadelphie. Il écrit dans ce sens :

Cher Monsieur : Vous annoncez depuis quelques jours que vous auriez un gigantesque massacre de porcs aujourd'hui. J'ai été tenté par votre appât publicitaire et je suis tombé – et j'ai chuté lourdement avec l'ensemble de mes fonds. Mon entraînement bucolique aurait dû me prévenir que les « massacres de porcs » ne sont pas habituels au début du printemps, mais je suis quand même tombé.

Permettez-moi de déclarer, après avoir retrouvé mon sang-froid, qu'Armor ou Swift n'ont pas à craindre de vous en tant que concurrent dans la filière des porcs, car loin de faire un « massacre de porcs », vous n'avez même pas cassé un œuf. Excusez-moi. Merci. Au revoir.

Votre serviteur,

LE PRESTIGE RESTAURE PAR UNE RUSE D'EMPLOYÉ

Au cours de l'été de la deuxième année de la grande carrière financière de Maxim & Gay, le Bureau d'information n'a pas eu de chance et le patronage du Bureau est tombé à presque rien. A cette époque, j'étais gravement malade et confiné chez moi. Un homme de mon bureau a décidé de profiter de mon absence pour améliorer un peu ses affaires par ses propres moyens.

C'était l'habitude de nos vendeurs d'hippodromes, vêtus de kaki, de se présenter chaque jour à midi au bureau et de recevoir un paquet d'enveloppes contenant les conseils sur les courses, puis de se rendre immédiatement à l'hippodrome, de se tenir à l'extérieur de l'enceinte. portes et vendez-les à 5 $ par enveloppe.

Un jour, ces hommes, à leur insu, reçurent des enveloppes contenant des feuilles de papier vierges au lieu de la liste polycopiée des pourboires. Lorsqu'une poignée de clients de la ville sont arrivés au bureau, ils ont été informés que les sélections arriveraient en retard ce jour-là et seraient en vente uniquement sur l'hippodrome.

Vers une heure et demie, la cloche du téléphone sonna et les messagers des voies ferrées dirent qu'il semblait qu'une erreur avait été commise, car leurs enveloppes contenaient des blancs. Ils étaient obligés de rembourser de l'argent. Ils ont demandé quoi faire.

"Attendez", leur a-t-on dit. "Nous enverrons immédiatement un messager avec les pourboires."

Le messager n'a jamais atteint la piste.

Aucun pourboire n'a été émis.

Ce jour-là, May J. a gagné avec une cote de 200 contre 1.

Le lendemain matin, les journaux publiaient des annonces pleine page annonçant que Maxim & Gay avait désigné May J. à 200 contre 1 comme étant le « meilleur pari » de la journée. Cela n'aurait pas pu se faire sans un « retour » si des pourboires avaient été émis.

Un joueur de course vantard donne son aide

Je n'étais pas présent, mais j'ai appris dès ma convalescence que l'après-midi du jour où est apparue la publicité réclamant le crédit de May J. à 200 contre 1, le bureau était rempli de nouveaux clients qui s'inscrivaient pour des abonnements hebdomadaires à un tarif qui a donné un nouveau souffle à l'entreprise. Quelques clients ont exprimé des doutes quant à savoir si Maxim & Gay avait distribué ou non le coup de 200 contre 1.

Cet après-midi-là, apparut un joueur de course qui, déposant 5 $ sur le bureau, dit : « Donnez-moi vos bonnes choses. J'ai joué à May J. hier à 200 contre 1 et je roule dans l'argent. »

« Où avez-vous acheté vos informations ?

"De votre homme à l'entrée de la piste", répondit-il.

"À quelle heure?" lui a-t-on demandé.

"Deux heures moins le quart", répondit-il.

"Dites, jeune homme, beaucoup de gens sont venus ici ce matin et ont dit qu'ils n'étaient pas du tout sûrs que nous ayons donné cette sélection. Voudriez-vous faire un affidavit attestant que vous avez acheté l'information chez nous ?"

"Vous pariez que je le ferai!" il a dit; et là-dessus un notaire fut appelé et l'appelant jura qu'il avait acheté les pourboires Maxim & Gay à l'entrée de l'hippodrome et qu'ils contenaient May J. à 200 contre 1.

Cet affidavit a été affiché au bureau pendant le reste de la journée. Lorsqu'on a demandé à l'employé qui a réalisé cette opération plus d'informations sur la manière dont il avait obtenu un tel affidavit, il a donné l'assurance absolue qu'il n'avait pas offert au client le moindre pot-de-vin pour le réaliser, et que rien d'autre qu'un désir inné se dire "au sommet" avait poussé l'homme à se parjurer.

Mais je ne pouvais pas tolérer la publicité trompeuse qui avait été faite à cause d'une énergie mal dépensée, et l'homme qui en était responsable n'est pas resté dans l'entreprise.

FORTUNE CHANGE SON HUMEUR ET SOURIT ENCORE

Curieusement, la publicité de May J. a été suivie par une série de brillants succès pour Maxim & Gay dans la sélection des gagnants à de grosses cotes, et, en un mois, nos revenus nets ont de nouveau atteint 20 000 $ par semaine. Les propriétaires de chevaux, les entraîneurs de chevaux et les gens du monde qui fréquentaient le club-house de l'hippodrome étaient nos clients les plus fidèles.

Les femmes en particulier étaient les plus fidèles à notre bureau. L'épouse d'un jeune multimillionnaire de renommée internationale était l'une de nos plus ferventes adeptes. Elle ne songerait jamais à parier sans consulter au préalable les sélections de Maxim & Gay. Lors d'une occasion notable, cette dame est arrivée à la porte de l'hippodrome de Morris Park avec son mari, dans leur automobile, et a fait une longue promenade jusqu'au club-house. Ils étaient un peu en retard pour la première course ; les chevaux se dirigeaient déjà vers le poste remontant la goulotte Eclipse.

Soudain, la dame a découvert qu'elle avait oublié d'acheter les sélections Maxim & Gay. Appelant à la hâte son mari, elle le réprimanda vivement pour ne pas lui avoir rappelé d'acheter les sélections. Ils eurent un entretien court mais sérieux, qui se termina brusquement lorsque le jeune homme parcourut un sprint d'un quart de mile sur l'allée asphaltée depuis le club-house jusqu'à l'entrée principale où les pourboires étaient vendus par les employés en uniforme de Maxim & Gay.

Ceux qui ont assisté au sprint du jeune financier ont attesté qu'il n'avait jamais fait preuve d'autant de rapidité d'exécution au début de ses études ; mais même sa vitesse inhabituelle ne lui permit pas de revenir à temps pour faire connaître à sa femme le nom du cheval sélectionné par Maxim & Gay pour la première course, la course ayant été courue et la sélection Maxim & Gay ayant gagné. Le monsieur a alors reçu une conférence de sa meilleure moitié qui a étonné et amusé les clients de la société sur le balcon du club-house. Par la suite, il n'a jamais oublié de se procurer les sélections Maxim & Gay. En fait, il a doublement assuré son assurance en engageant le préposé de couleur chargé des jumelles pour lui livrer quotidiennement les sélections dès son arrivée au cours.

Notre popularité auprès des propriétaires de chevaux de course était mitigée. Parmi les propriétaires de chevaux avec lesquels nous avons fait affaire se trouvait le colonel James E. Pepper, regretté distillateur réputé et propriétaire d'une grande ferme d'élevage et d'une écurie de chevaux de course. Il était un fervent amateur de chevaux et affirmait que sa connaissance native des pur-sang dans le Kentucky lui donnait l'occasion de choisir les gagnants probables des courses de chevaux mieux que n'importe lequel d'entre eux « – faux pronostiqueurs. » Il avait une grande confiance en son jugement pendant un moment.

LE COLONEL DU KENTUCKY FAIT LA LIGNE

Après s'être séparé de beaucoup d'argent liquide, alors qu'un de ses amis très intimes « nettoyait » beaucoup d'argent sur nos sélections, il est finalement entré dans notre bureau un matin et a déclaré d'un air penaud qu'un de ses « amis imbéciles » lui avait demandé de se retirer. entrez et récupérez nos "sélections idiotes" pour lui. Nous lui avons expliqué qu'il était contraire à notre règle de donner nos choix avant 12h30 , ce qui l'a mis extrêmement en colère. Il a finalement accepté nos conditions, a payé son argent et a reçu l'ordre d'aller chercher les sélections à l'entrée de la piste d'un de nos messagers.

Presque tous nos choix ont gagné ce jour-là. Le colonel Pepper arriva le lendemain matin et paya un autre abonnement, cette fois pour une semaine de service. Nous étions « dans notre foulée », la majorité de nos sélections gagnant de jour en jour, et le colonel Pepper avait de quoi se réjouir. Un de ces jours, nous avons divulgué, sur notre feuille de course, le nom d'un "dormeur" dont nous étions sûrs qu'il gagnerait à 10 contre 1, un grand coup de paris ayant été planifié par ce Napoléon du gazon, John Madden. Le cheval a gagné avec une grosse cote, et le colonel Pepper a fait une « mise à mort » sur la base de l'information.

Le lendemain, nos horlogers avaient repéré un autre cheval qui avait été préparé à la lumière de la lune, et nous avons dit assez fort dans nos publicités que le cheval que nous nommerions pourrait simplement tomber, se relever et ensuite "rouler". seul à la maison." Le cheval n'est pas tombé ; mais il a gagné ; il a « roulé seul jusqu'à la maison » d'une dizaine de longueurs. Il appartenait au colonel Pepper. On s'attendait à ce qu'il soit à 20 contre 1, mais grâce à notre fort pourboire, il a ouvert à 10 contre 1 et a été réduit à 3 contre 1. Les bookmakers étaient très malmenés.

Le lendemain, dès l'ouverture du bureau, le colonel Pepper, plus sexy sous le col que son nom ne l'indique, entra dans la pièce extérieure. Abattant sa canne sur la grande table en acajou, il demanda d'une voix de stentor : « Qu'est-ce que ça veut dire, ça ? ça veut dire que j'ai donné mon fils pour la bonne chose d'hier ! Qu'est-ce que ça veut dire, hein ; qu'est-ce que ça veut dire ? »

Il a fallu faire preuve d'une diplomatie considérable pour calmer le colonel en colère, qui n'avait aucun scrupule à remporter un gros pari sur le « dormeur » de M. Madden, mais « —— c'est scandaleux de *me traiter* ainsi.

Le Colonel ne s'est jamais remis de cet incident, et bien qu'il ait gagné un gros pari sur son propre cheval, il a toujours affirmé que Maxim & Gay avaient ruiné les cotes du pari pour lui et que sans la vigilance de nos chronométreurs, ses gains auraient été deux fois plus élevés. grand. C'était vrai, et à maintes reprises, nous avons ruiné le prix pour de nombreux autres propriétaires qui pensaient qu'ils allaient s'en tirer en catimini.

En règle générale, les bookmakers sont très satisfaits de leur connaissance des mathématiques du jeu. Afin de leur montrer qu'ils ne savaient pas tout, la société Maxim & Gay a inséré un jour une annonce qui disait en substance ce qui suit :

VOUS PAYEZ 5 $

NOUS REMBOURSONS 6 $

Si le cheval que nous désignons comme

LE MEILLEUR PARI

aujourd'hui ne gagne pas, nous ne rembourserons pas seulement nos frais de 5 $, qui nous sont payés pour l'information, mais paierons à chaque client un DOLLAR SUPPLÉMENTAIRE en guise de forfait.

Payez-nous 5 $ aujourd'hui pour notre meilleur pari, et si le cheval ne gagne pas, nous vous paierons 6 $ demain.

MAXIM & GAY CO.

Nos reçus ce jour-là s'élevaient à environ 5 000 $. Le cheval n'a pas gagné. Nous avons remboursé 6 000 $ le lendemain et gagné une somme d'argent considérable grâce à l'opération.

Il s'agissait d'une course à deux chevaux. Notre cheval avait une cote de 1 contre 6 dans les paris, c'est-à-dire que les bookmakers ne mettaient qu'un dollar contre six paris du public. L'autre cheval a gagné avec une cote de 5 contre 1, ce qui signifie que les bookmakers ont misé cinq dollars contre celui du public.

La société Maxim & Gay a envoyé à l'hippodrome 1 000 $ sur les 5 000 $ payés par ses clients et a parié les 1 000 $ sur le cheval en lice avec une cote de 5 contre 1, tirant ainsi 4 000 $ de gains. Sur cet argent, elle a versé à ses clients un forfait de mille dollars, soit 4 000 dollars sur l'opération, après leur avoir bien sûr restitué leurs propres 5 000 dollars.

Si le coup 1 à 6 avait gagné, les clients qui avaient reçu le pourboire gagnant auraient été heureux, tandis que la société Maxim & Gay n'aurait pas été obligée de rembourser quoi que ce soit et aurait avancé 4 000 $ sur l'opération, les 1 000 $ misés et dans ce cas, la perte dans le ring sur l'autre cheval était soustraite des 5 000 $ payés par ses clients. Quel que soit le cheval gagnant, notre gain était assuré d'être de 4 000 $ et nous avions ici l'idéal d'une « valeur sûre ».

Il s'agissait de « prendre des bonbons à un bébé » ; et pourtant, de nombreux bookmakers avisés ne parvenaient pas à le comprendre au début. Presque tous se sont abonnés pour recevoir l'information. Quant au public, il ne semble pas du tout comprendre.

MISER L'ARGENT DU PUBLIC AVEC DE GRANDS PROFITS

La saison des courses de l'Est était sur le point de se terminer et il fut décidé de retirer toute la force des commis à la Nouvelle-Orléans pour l'hiver et de s'écarter de la pratique habituelle consistant à vendre uniquement des pourboires et de parier l'argent du public américain sur les chevaux. à l'hippodrome, quelles que soient les sommes qu'ils souhaitaient envoyer. La société a employé Sol Lichtenstein, alors le bookmaker le plus réputé sur le territoire américain, pour parier l'argent, et l'a intégré à l'organisation, lui donnant ainsi un intérêt dans les bénéfices.

À cette époque, la société Maxim & Gay avait gagné près de 1 000 000 $ et, par imprudence et imprévoyance, je l'avais laissé filer entre mes doigts. C'était « facile à venir et facile à partir ». En repensant à cette période de ma carrière, je me souviens que toute l'entreprise m'est apparue à la lumière d'une expérience : il s'agissait simplement d'essayer une idée et de prendre beaucoup de plaisir à la faire. En raison de son succès fulgurant, je suis devenu tellement sûr de ma capacité à gagner de l'argent à tout moment que je ne me suis pas vraiment soucié de savoir si j'accumulais ou non. D'ailleurs, je n'avais jamais aimé l'argent pour l'argent. Tout le plaisir était dans la réalisation.

Les courses à la Nouvelle-Orléans devaient commencer le jour de Thanksgiving. Le 15 octobre, j'ai commandé pour 20 000 $ de publicité à afficher dans trente grands journaux des États-Unis, quatre jours par semaine, jusqu'à Thanksgiving. Le crédit a été accordé pour la facture par l'une des plus anciennes agences de publicité d'Amérique.

Les publicités invitaient le public à envoyer son argent à Maxim & Gay, Canal Street, Nouvelle-Orléans. À mon arrivée là-bas, deux jours avant Thanksgiving, j'ai appelé au bureau de poste et j'ai demandé s'il y avait du courrier pour Maxim & Gay. L'employé de la poste parut surpris. Il m'a regardé comme s'il observait un cambrioleur en flagrant délit. Son attitude était presque étrange. Il n'a pas parlé. Il n'a même pas bougé. Il a juste regardé. Finalement, j'ai demandé : « Qu'est-ce qu'il y a ?

"Attends une minute," marmonna-t-il.

Il a quitté la fenêtre. Il n'est pas revenu. Au lieu de cela, ce qui m'a semblé être un maréchal adjoint des États-Unis s'est approché de moi et m'a dit : « Regardez ici, le maître de poste veut vous voir.

J'ai été escorté dans une pièce isolée du bâtiment de la poste, et quelques minutes plus tard, un fonctionnaire de la poste, accompagné de trois ou quatre assistants, est entré dans la pièce.

"Quel est le problème?" J'ai demandé.

"Vous nous apportez une recommandation sur qui vous êtes, ce que vous êtes et tout sur vous-même avant que nous répondions à vos questions sur la quantité de courrier qu'il y a ici pour vous", a déclaré le responsable.

J'ai souri. La publicité fut donc un succès.

Ayant travaillé comme journaliste à la Nouvelle-Orléans quelques années auparavant, je connaissais l'un des principaux avocats de la ville et plusieurs responsables de banque. Trente minutes plus tard, j'avais un avocat et des banquiers devant le maître de poste, qui se portaient garants de mon identité. Là-dessus, j'ai été informé qu'il y avait 1 650 pièces de courrier recommandé, contenant évidemment de l'argent liquide, et, en outre, douze sacs de courrier de première classe, qui contenaient de nombreux mandats, chèques et demandes de renseignements. Le responsable a déclaré que le service des mandats avait des avis concernant près de 2 000 mandats émis à la Nouvelle-Orléans pour la société Maxim & Gay.

J'ai envoyé un chariot pour le courrier, et bien qu'un groupe de quatre hommes sous mes ordres ait ouvert les lettres et soit resté au travail pendant deux jours, la tâche n'était pas terminée lorsque la première course a été déclenchée le jour de Thanksgiving. En additionnant les recettes, nous avons trouvé un peu plus de 220 000 $.

La réunion a duré 100 jours et nos recettes totales pour toute la période se sont élevées à 1 300 000 $.

Le système de gain d'argent de Maxim & Gay à la Nouvelle-Orléans était le suivant :

Nous facturions à chaque client 10 $ par semaine pour les informations. Nous avons facturé 5 pour cent. des gains nets en plus, et nous nous sommes en outre engagés à régler avec les clients uniquement à la cote de clôture pour les paris placés, conservant pour nous-mêmes la différence entre la cote d'ouverture et la cote de clôture. Le bénéfice moyen était d'environ 7 000 $ par jour pendant 100 jours, pour nous.

En garantie de bonne foi, la société Maxim & Gay a convenu avec ses clients qu'elle déposerait chaque jour à la poste et leur posterait une lettre oblitérée avant l'heure du déroulement de la course, nommant le cheval. leur argent devait être parié ; et cela a toujours été fait. De même, un effort honnête était toujours fait pour choisir un cheval susceptible de gagner, car même un enfant peut comprendre que si nous n'avions pas l'intention de parier de l'argent et voulions choisir des perdants, tout ce que nous aurions eu à faire était de faire des réservations sur le ring des paris sur les hippodromes et ne pas dépenser des milliers de dollars en publicité pour de l'argent à mettre contre nous-mêmes.

Avons-nous toujours parié l'argent de nos clients sur le cheval que nous avons nommé ?

Oui, toujours, sauf une fois !

130 000 $ SONT PERDUS ET GAGNÉS EN UNE JOURNÉE

Cet incident n'est pas facilement oublié par plusieurs. Ce jour-là, l'entrée que nous avons sélectionnée faisait partie de la chaîne Durnell & Hertz. Le cheval était connu pour avoir un faible pour les pistes sèches. Le "drogue" a déclaré qu'il ne pouvait pas gagner dans des conditions difficiles. C'était une belle matinée ensoleillée lorsque nous avons sélectionné ce cheval pour gagner, et à midi les enveloppes contenant le nom du cheval ont été postées à la poste, comme d'habitude.

Quelque chose est arrivé.

Une demi-heure avant le début de la course, il s'est mis à pleuvoir à torrents et la piste s'est transformée en une mer de boue. Durnell & Hertz, se rendant compte qu'ils tentaient le destin en espérant que leur cheval gagne dans de telles conditions, se sont présentés à la tribune des juges et ont demandé la permission de rayer leur inscription. Les juges ont refusé. J'ai demandé à Sol Lichtenstein, qui était en charge des paris sur l'argent de notre client, ce qu'il se proposait de faire concernant les paris sur le cheval dans les nouvelles conditions. Il s'est exclamé : « Parier ? Voulez-vous brûler l'argent ?

"Eh bien, s'il gagne", répondis-je, "nous devrons payer, car s'il gagne et que vous ne pariez pas et que nous disons que nous avons modifié la sélection à cause de la pluie, ils ne nous croiront pas et nous devrons inquiéter."

"Très bien", dit-il. "Vous pariez tout l'argent sur mon book, et nous le ferons, pour la première fois, contre notre propre choix. C'est juste, car nous devons payer si nous perdons, et il n'y a aucun moyen de s'en sortir. Mais ne vous épuisez pas. cet argent." J'ai été d'accord.

La cote d'ouverture contre le cheval était de 2 contre 1. Si la piste avait été sèche, il aurait ouvert un favori à 4 contre 5 environ. Lentement, les cotes se sont allongées jusqu'à 10 contre 1, ce qui était le prix en vigueur à la clôture. Durnell & Hertz ont parié sur un autre cheval pour gagner. Devant le livre de Sol Lichtenstein, j'ai dit :

"Treize mille sur notre sélection, Sol."

"Cent trente mille à 13 000 dollars", répondit-il. "Voici votre billet."

Sol et moi nous rendîmes au stand de presse pour voir la course. L'entrée de Durnell & Hertz est arrivée en tête. Au quart-temps, il était devant de deux longueurs. À la moitié de l'intervalle de lumière du jour, il y avait cinq longueurs. Au tournant du tronçon, le cheval menait de près d'un seizième de mille. Puis j'ai entendu un bruit derrière moi, comme si une bombe miniature à la dynamite avait explosé. Les lourdes jumelles de Sol étaient tombées au sol.

Sol n'a pas attendu de voir l'arrivée. Le cheval a gagné au galop.

Au bureau de Maxim & Gay, les comptes étaient chiffrés et les chèques signés pour le montant total de nos obligations, et ils étaient immédiatement postés à tous les abonnés.

A minuit, j'ai rencontré Sol dans le hall de l'hôtel St. Charles. Il avait l'air usé.

"Je suppose que ça va nous retenir !" il gémit.

"Nous tenir?" J'ai répondu. "Rien de mieux n'est jamais arrivé. Ça va nous faire!"

"Espèce de pauvre fou !" il s'est excalmé. "Perdez 130 000 $ en une journée et cela vous fera du bien ! Arrêtez votre bruit !"

"Écouter!" J'ai rejoint. "Au prix de 3 000 $ pour les péages, j'ai télégraphié une annonce d'une page entière à cinquante principaux journaux de la ville, disant au public que nous avions donné un pourboire à ce cheval aujourd'hui à 10 contre 1 et que nous avions envoyé ce soir des chèques à nos clients pour 130 000 $. Le gain que nous récolterons en prestige et en nouvelles affaires compensera notre perte sur le cheval. »

Le lendemain, la Western Union Telegraph Company a jugé nécessaire d'affecter trois caissiers à l'émission de chèques à la Maxim & Gay Company pour l'argent télégraphié par de nouveaux clients. Certains envois de fonds individuels atteignaient 2 000 dollars. L'argent qui nous a été télégraphié s'élevait à environ 150 000 $ et, en dix jours, à quatre-vingts pour cent. de nos propres chèques de dividendes nous ont été retournés par nos clients, endossés avec des instructions de doubler leurs mises, et en deux semaines, nous avons pu estimer qu'environ 375 000 $ nous avaient été envoyés en conséquence.

UNE LIQUIDATION DE JOURNAL désastreuse

Au cours de la réunion de la Nouvelle-Orléans, j'ai acheté une participation majoritaire dans le New York *Daily America* – un journal calqué sur le *Morning Telegraph* – auprès d'un groupe de membres de la Metropolitan Turf Association, qui avait investi environ 75 000 $ dans l'entreprise. Le *Morning Telegraph* était entre les mains d'un récepteur. J'ai calculé qu'en transférant les publicités Maxim & Gay du *Morning Telegraph* au *Daily America* , je pourrais faire payer le *Daily America* et forcer le *Morning Telegraph* à quitter le terrain. Plus tard, feu William C. Whitney, qui était une lumière brillante tant dans le domaine économique que financier, a été incité à acheter le *Morning Telegraph* . Puis des ennuis ont commencé à se produire pour moi.

Un matin, j'ai été convoqué dans les bureaux d'August Belmont, rue Nassau.

"Pour le bien du territoire, vous devez supprimer vos publicités Maxim &
Gay du *Daily America* et des autres journaux par la suite", a déclaré M.
Belmont en entrant dans sa chambre.

"Pourquoi?" ai-je demandé.

"Ils attirent de manière flagrante l'attention sur les paris sur les courses", a-t-
il répondu.

"Mais vous autorisez les paris sur les hippodromes."

"Oui", a-t-il répondu, "mais l'opinion publique commence à s'élever contre
les paris, et une attaque en résultera inévitablement."

Il m'est venu à l'esprit qu'à ce moment précis, M. Whitney était en train de
céder ses actions dans diverses entreprises de traction de New York à M.
Belmont et à son syndicat, et que, selon toute probabilité, M. Whitney avait
demandé l'aide de M. Belmont. mettre ainsi le *Daily America en faillite*. Il était
évident que le *Daily America* perdrait rapidement de l'argent sans la publicité
Maxim & Gay. Maxim & Gay serait également pratiquement obligé de
fermer boutique s'il ne pouvait pas faire de publicité. J'ai promis d'y réfléchir.

De retour au bureau du *Daily America* , j'ai décidé de ne pas prêter attention
à la demande de M. Belmont, étant convaincu qu'elle était conçue dans
l'intérêt du *Morning Telegraph* .

Quelques jours plus tard, j'ai été de nouveau convoqué par téléphone au
bureau de M. Belmont. Lorsque j'ai été introduit en présence de M. Belmont,
il a dit :

"Si vous n'arrêtez pas de faire de la publicité pour Maxim & Gay Company
dans le *Daily America* , je verrai William Travers Jerome, et il vous arrêtera."

M. Jerome était alors procureur de district, et l'idée de faire quelque chose
que M. Jerome considérait comme illégal me consternait.

"Si M. Jérôme me fait savoir que la publicité Maxim & Gay est illégale, j'y
mettrai fin", ai-je dit.

Je n'ai pas eu de nouvelles de M. Jérôme et j'ai donc continué la publicité.

Quelques semaines plus tard, la réunion des courses de Washington s'ouvrait
à Bennings. Lorsque le personnel de Maxim & Gay est arrivé sur place, nous
avons tous été informés que le service des Postes était sur le point de
commencer une enquête sur nos affaires commerciales, et tout notre
personnel s'est présenté volontairement devant les inspecteurs et a subi un
examen. Nos livres ont également été soumis. Cette enquête, faisant suite à
la menace de M. Belmont, m'a convaincu que l'influence de M. Belmont et
de M. Whitney s'étendait jusqu'à Washington, et j'ai conclu que si je ne cessait

pas la publicité Maxim & Gay dans le *Daily America*, et puis, bien sûr, interrompre le *Daily America*, cela créerait de sérieux problèmes. Alors j'ai accroché le drapeau blanc. J'ai annoncé ma retraite de la Maxim & Gay Company et proposé de vendre mon journal à M. Whitney.

Mon Trésor était faible. Presque chaque dollar que j'avais gagné dans l'entreprise Maxim & Gay avait été perdu en me lançant moi-même dans les courses.

Au cours de la semaine suivante, M. Whitney m'a reçu dans son somptueux domicile de la Cinquième Avenue, juste après son petit-déjeuner. Il m'a interviewé pendant environ une heure, a obtenu mon prix pour le journal, soit ce que j'y avais mis, soit 60 000 $, et a promis de télégraphier au colonel Harvey, alors, comme aujourd'hui, l'éminent rédacteur en chef des publications Harper, qui était à Paris, lui demandant son avis, disant que le colonel Harvey le conseillait pour toutes les affaires de presse. Je n'ai plus eu de nouvelles de M. Whitney; mais j'ai découvert que mon directeur commercial était en communication étroite avec M. Whitney et que l'état de ma situation financière lui était religieusement rapporté chaque soir.

Quelques semaines plus tard, j'ai été obligé de remettre le journal entre les mains d'un séquestre, et un représentant de M. Whitney l'a acheté pour 6 500 $, soit environ 10 cents par dollar, et l'a endormi, laissant le terrain au *matin. Télégraphe*. À partir de ce moment, le *Morning Telegraph*, qui avait pendant une courte période refusé toute publicité par des pronostiqueurs, a recommencé à accepter de telles affaires et a poursuivi cette politique jusqu'à ce jour.

Un an après avoir pris ma retraite chez Maxim & Gay, le procureur général Knox a décidé que les pourboires sur les chevaux de course constituaient une infraction à l'ancienne loi sur les loteries, et ceux qui annoncent désormais des pourboires demandent qu'aucun argent ne soit envoyé par courrier.

Après avoir perdu le *Daily America* et avoir « fait exploser » la Maxim & Gay Company, j'étais de nouveau fauché. Mais mon crédit était bon, particulièrement auprès des bookmakers d'hippodromes. Cet été-là 1904, je suis devenu un plongeur sur les hippodromes, d'abord grâce à l'argent emprunté, puis grâce à mes gains. En juin, j'avais accumulé 100 000 $. En juillet, j'étais à nouveau presque fauché. En août, j'étais à nouveau au ras du sol, après avoir récupéré environ 50 000 $. Au début de septembre, je suis allé trop loin ; c'est-à-dire que j'ai quitté la piste en perdant tout l'argent que j'avais et en devant environ 8 000 $ à un bookmaker sympathique.

Dégoûté de moi-même, j'avais envie de changer d'ambiance. Je suis resté quelques jours à New York, lorsque l'envie de m'éloigner de mes amarres et de me débarrasser de la fièvre du jeu est devenue irrésistible. J'ai acheté un billet de train pour la Californie et, avec 200 $ de vêtements, je me suis rendu dans un ranch à moins de cinquante milles de San Francisco, où j'ai sarclé des pommes de terre et effectué d'autres travaux manuels destinés à guérir l'hippodrome. En moins de six semaines, je me suis senti un homme nouveau et j'ai décidé de m'en tenir pour toujours à une vie simple, loin des hippodromes et des autres formes de jeu.

Mais je ne l'ai pas fait.

CHAPITRE II

FINANCEMENT MINIER CHEZ GOLDFIELD

Je n'avais jamais visité San Francisco. Étant proche de la ville du Golden Gate – à moins de cinquante kilomètres – j'ai décidé de « jeter un oeil ». Ainsi, un soir, à la fin de l'automne 1904, j'ai emballé mes affaires et, deux heures plus tard, j'étais confortablement installé dans l'ancien Palace Hotel.

Le premier homme que j'ai rencontré en entrant dans le hall était WJ Arkell, ancien propriétaire du *Weekly de Frank Leslie* et du *Judge* .

« Bonjour, Bill ! » M'écriai-je. "Que faites-vous ici?"

"Comme toi," répondit-il. "Morse m'a paré en American Ice, et je suis fauché. Je suis en lien avec l'hôtel. Ils pensent que je vaux 2 000 000 $. Je n'ai pas 20 cents."

Au cours de la soirée, nous nous sommes consolés autour d'une série de gin fizz argentés, dont Arkell a payé plusieurs avec un bout de crayon. Mon compagnon a promulgué un plan pour remettre rapidement sur pied deux rovers de l'Est à la dérive dans la grande ville côtière, et cette nuit-là fut créée l'agence de publicité WJ Arkell. Ensuite, l'entreprise de basculement pour chevaux "Jack Hornaday" a été créée. J'ai déclaré que je préférais ne m'occuper que de montrer à "Willie" comment cela avait été fait à New York par Maxim & Gay.

"Je le ferai pour toi, Bill," dis-je; "mais pas plus pour moi, j'en ai assez."

Des publicités « Jack Hornaday » paraissaient quotidiennement dans tous les journaux de San Francisco. Des chronométreurs et des handicapeurs compétents ont été embauchés et d'excellentes informations ont été obtenues. Les amateurs de courses en ont eu pour leur argent.

Mais quelque chose s'est produit. La fiducie des hippodromes, qui jouissait d'une grande influence au sein du bureau de l' *Examinateur de San Francisco* , s'est vite rendu compte que quelqu'un en dehors du cercle restreint obtenait l'argent du public, et chaque jour où "Jack Hornaday" donnait un pourboire à un perdant, l' *Examinateur* poursuivait son programme sportif. page un avis indiquant que le pourboire de "Jack Hornaday" avait eu des résultats très désastreux pour ses clients.

UN PARTENARIAT DE PURE NERVE

"Jack Hornaday" a arrêté ses activités.

J'ai commencé à aimer San Francisco et la côte. Étant jeté parmi les associés d'Arkell dans le hall du Palace Hotel, j'entendais naturellement de temps en temps beaucoup de discussions sur le nouveau camp minier de Tonopah dans le Nevada.

"Rice", dit Arkell un soir, "viens avec moi à Tonopah et sois mon attaché de presse. Nous mettrons la main sur une propriété minière là-haut, ferons la promotion d'une entreprise et gagnerons beaucoup d'argent."

« Que sais-tu des mines ? J'ai demandé.

"Eh bien, j'en ai assez perdu pour en savoir beaucoup", répondit-il.

"Je ne distingue pas une mine d'un trou dans le sol, et je ne connais rien au commerce des valeurs mobilières ; je ne vois donc pas en quoi je pourrais être d'une quelconque aide", dis-je.

"Ne laissez pas cela vous déranger", répondit-il. "Je vais te montrer comment. Tu viens avec moi."

"J'y vais à une condition", dis-je. "Je suis pour la moitié de tout ce que tu fais."

Nous nous sommes serré la main et c'était une bonne affaire.

Nous sommes allés au dépôt. J'avais un peu moins de 150 $ en poche. Arkell avait 75 $.

« Supposons que nous soyons bloqués là-bas, que se passera-t-il ? » J'ai proposé.

"Oh oublie ça!" il a répondu. "Comment quelques Orientaux comme nous, bien éveillés et dotés d'un cerveau phosphoreux, peuvent-ils se retrouver bloqués dans un endroit où ils extraient de l'argent et de l'or du sol ?"

Nous sommes allés à Tonopah – un trajet de trente-six heures. L'altitude est de 6 000 pieds et il faisait un hiver froid, désagréable et pénétrant. Au cours des cent derniers kilomètres de notre voyage à travers le désert montagneux, nous avons regardé par la fenêtre de la voiture et avons vu des trains après trains de ce qui était censé être du minerai venant de la direction opposée, et nous avons décidé que Tonopah était en effet un camp minier et que certaines des histoires sensationnelles que nous avions entendues sur les mines à but lucratif étaient vraiment vraies.

COMBATTRE LE TIGRE DANS LE DÉSERT

En arrivant à Tonopah après le crépuscule, nous avons cherché un hébergement à l'hôtel. Le mieux que nous puissions obtenir était un lit dans une annexe à un étage à l'aspect inhospitalier, aux murs de pin brut et au toit de bâche. Il était situé à 100 pieds à l'arrière de l'hôtel, qui était déjà rempli de mineurs et de soldats de fortune attirés de tous les coins du monde par l'effervescence minière. Son aspect était si inhospitalier qu'Arkell et moi décidâmes de ne pas nous retirer pendant un moment. Nous nous sommes dirigés vers le bar, où le clic de la roulette a attiré nos oreilles.

Nous nous sommes assis pour regarder le match. Bientôt, nous achetions des piles de chèques et nous affrontions le tigre avec enthousiasme. En une heure, le reste de mes 150 $ est passé à la propriété de l'homme derrière le jeu, et Arkell avait mis sa dernière pièce de deux bits sur le noir et avait perdu.

Je l'ai regardé. Il m'a regardé.

"Euh!" grogna-t-il. "Mieux vaut frapper les plumes !"

Doucement, je l'ai suivi jusqu'à l'annexe. Quand nous sommes arrivés sous les couvertures de laine grise et souillées, j'ai remarqué : « J'ai une canne, un parapluie et trois costumes. Pensez-vous que nous pouvons les vendre le matin pour de quoi payer le petit-déjeuner ?

"Oh, descends !" s'exclama mon partenaire. "Attendez que je présente ma carte dans ce bourg demain matin ; nous aurons alors tout le petit-déjeuner que nous voulons."

Nous nous sommes réveillés affamés, comme tous les hommes ont l'habitude de le faire lorsqu'ils sont fauchés.

"Je me rends au bureau de la Montana-Tonopah Mining Company", a déclaré Arkell. "Un ingénieur minier du nom de Malcolm Macdonald a établi son quartier général là-bas et il souhaite vendre des propriétés minières à Goldfield et dans d'autres parties de l'État pour environ trois millions de dollars."

"Trois millions !" M'écriai-je.

"Oui", a déclaré Arkell. "Je vais obtenir les faits et les transmettre à mon ami Joe Hoadley à New York."

"Dis, Bill," leur ai-je remontré, "ils ont un télégraphe à jerkline privé dans cette ville, et si vous envoyez des télégrammes "faux" par fil, ils vous contacteront. Alors ne faites rien de tout cela. ce genre d'affaires."

"Rien de la sorte!" répondit-il promptement. "Tous les messages que j'envoie à Hoadley, il répondra."

"Je suppose que vous l'avez réparé à l'autre bout du fil", ai-je remarqué. Il rit.

Nous nous sommes dirigés vers le bâtiment de la State Bank and Trust Company, de l'autre côté de la rue, et y avons rencontré Malcolm Macdonald, un ingénieur minier de Butte, Montana, et son ami, M. Dunlap, qui était à l'époque secrétaire de la Montana-Tonopah Mining. Entreprise. La conversation ne durait pas plus de cinq minutes quand Arkell suggéra qu'il aimerait prendre son petit-déjeuner, mais "ne voulait pas de restaurant dans le sien", laissant entendre qu'il aimerait avoir une bonne cuisine maison à l'ancienne. M. Dunlap a fait remarquer modestement que le camp était trop jeune pour se vanter de cuisiner beaucoup à la maison, mais que si nous acceptions d'être ses invités, il garantirait de prendre des dispositions pour une cuisine spéciale au restaurant du Palace.

ENCHÈRE 3 000 000 $ LORSQUE CASSÉ

Après le petit-déjeuner, composé de truite de montagne, dont la saveur était plus délicieuse que tout ce que j'avais goûté depuis de nombreuses années – probablement à cause de la faim artificielle qu'avait créée une bourse vide – nous retournâmes au bureau de la banque. Arkell y expliqua à M. Macdonald qu'il voulait « une grosse proposition minière ou rien ». Il a déclaré qu'il représentait le grand capital oriental et qu'il était prêt à payer de un à trois millions pour le bon type de propriété. M. Macdonald a nommé quelques mines et prospects qu'il s'est dit prêt à sacrifier pour 3 000 000 $.

L'un d'eux était le Simmerone, de Goldfield, que M. Macdonald a offert pour 1 000 000 $. Nous avons appris par la suite qu'il avait payé 32 000 $ pour cela. À cette époque, il y avait un trou de six pieds dans le sol et la propriété entière contenait moins de cinq acres. Une palissade avait été construite autour des chantiers en raison de l'extrême richesse du minerai découvert à la base.

M. Macdonald a également offert à la vente une propriété de plomb à Reveille et une propriété de plomb et d'argent à Tybo, toutes deux situées à environ 70 à 100 milles d'une voie ferrée. (Plus tard, ces propriétés, ainsi que quelques autres, furent promues par Charles Minzesheimer & Company, une maison de la Bourse de New York, sous le nom de Nevada Smelters & Mines Company et transmises au public à une valorisation de 5 000 000 $. La valeur marchande de l'ensemble la capitalisation de cette société est maintenant inférieure à 10 000 $.) Ces « mines » devaient être mises dans la transaction à 1 000 000 $ chacune.

DES MILLIONS DANS LA VISTA N'ONT AUCUN CHARME

Arkell a écrit une dépêche vers l'Est en présence de nos nouveaux amis, décrivant l'offrande. Ensuite, lui et moi avons tenu une consultation, et il a garanti que nous aurions certainement un trajet gratuit en automobile jusqu'à Goldfield et que nous aurions la chance de voir là-bas le nouveau camp minier du boom.

J'ai « les pieds froids ». Le discours d'Arkell sur des millions de visionnaires dans cet environnement sombre de désert enneigé et de montagnes balayées par les vents ne m'a pas du tout enthousiasmé. J'ai protesté contre le voyage proposé à Goldfield et j'ai insisté pour que je sois autorisé à télégraphier à mes proches pour obtenir de l'argent avec lequel retourner sur la côte.

Mais Arkell a persisté. Il déclara que les frais du voyage à Goldfield et du retour à Tonopah seraient supportés par les vendeurs des mines et que notre voyage de retour à San Francisco ne serait retardé que d'un jour. J'ai laissé ma poignée, mon parapluie et ma canne à Tonopah, avec l'intention de revenir le soir même, et je suis monté à bord de l'automobile pour Goldfield.

Arrivés à Goldfield, nous avons été escortés jusqu'au Simmerone. Arkell a semblé très impressionné, même s'il m'a fait remarquer quelques minutes plus tard qu'il ne donnerait pas 34 $ pour l'ensemble du réseau. Et en cela, il était sage. Le Simmerone a ensuite été capitalisé pour 1 000 000 d'actions, chaque action d'une valeur nominale de 1 $, gonflée sur les bourses de San Francisco et de Goldfield à 1,65 $ par action, puis autorisée à reculer sans aucune offre, un cent par action demandé. Le riche minerai « s'est essoufflé ».

Il y avait quelque chose d'indéfinissable dans l'atmosphère de Goldfield – un nouveau camp minier naissant, à 5 000 pieds d'altitude et à la frontière – qui m'a ému et j'ai décidé d'y rester un moment.

Arkell a déterminé qu'il retournerait à Tonopah et obtiendrait une option sur le contrôle d'une société minière connue sous le nom de Tonopah Home, dont M. Dunlap lui avait parlé dans l'automobile en route vers Goldfield. Il a dit qu'il se rendrait ensuite à San Francisco pour en faire la promotion. La raison pour laquelle il a décidé de gérer la maison Tonopah, j'ai découvert par la suite, était qu'elle était déjà constituée et que les certificats d'actions avaient été imprimés, éliminant ainsi les délais et les dépenses liés à la préparation de quelque chose pour la consommation immédiate du public de San Francisco.

"Comment vais-je survivre ici pendant quelques jours jusqu'à ce que je puisse commencer à gagner ma vie ?" J'ai demandé à Arkell.

"Comment vais-je retourner à Tonopah et de là à San Francisco ?" Arkell m'a demandé.

À ce moment-là, nous nous trouvions devant le bâtiment de la Goldfield Bank and Trust Company – une banque en fer blanc au propre comme au figuré. Il était construit en tôle ondulée et en étain. Quelques mois plus tard, lorsque la banque remonta le canal, le solde en espèces trouvé dans le coffre-fort s'élevait à 80 cents.

"Vous m'emmenez dans cette banque, vous me présentez et j'encaisserai un chèque", a-t-il déclaré.

« Un contrôle sur quoi ? J'ai demandé.

"Sur ma banque à Canajoharie, New York", a-t-il déclaré. "Je suis né et j'ai grandi là-bas, et ils ne voulaient pas qu'un de mes chèques soit utilisé pour protester. De plus, je peux retourner à Frisco et le protéger par télégraphe, si nécessaire, avant qu'il n'atteigne Canajoharie."

Nous sommes entrés dans la banque. Je me suis présenté au caissier comme un journaliste de l'Est, puis j'ai présenté WJ Arkell comme l'ancien éditeur de *Leslie's Weekly*, *Judge*, etc.

Après une brève négociation, Arkell a échangé son papier contre de l'argent réel pour un montant de 50 $. En quittant la banque, j'ai dit :

"Maintenant, Bill, viens ! Je suis complètement fauché, dans le désert."

Il m'a donné 15 $. J'étais satisfait, car il avait besoin de la totalité des 35 $ pour revenir à la civilisation.

« INTÉRÊT HUMAIN » CONTRE MINIÈRE TECHNIQUE

Après le départ d'Arkell pour Tonopah, je me rendis au bureau du Goldfield *News* et demandai un emploi. Je l'ai eu, à 10 $ par jour. Ma première mission consistait à interviewer un vieux mineur nommé Tom Jaggers. J'ai écrit ce que je considérais comme une histoire d'intérêt humain de première classe et je l'ai remis au propriétaire et éditeur, "Jimmy" O'Brien. Il pensait que c'était une écriture juste, mais pas le genre de sujet que souhaitait Goldfield *News*. Il voulait des trucs techniques miniers. Bien sûr, je ne connaissais pas le treuil d'un guindeau, ni le puits d'un chantier, et certaines des histoires étranges que j'ai racontées sur les développements miniers ont certainement fait parfois sursauter M. O'Brien.

En une semaine, j'ai été libéré pour incompétence.

Je n'ai pas du tout été consterné de perdre mon emploi au Goldfield *News*. J'avais commencé à aimer cette vie et j'étais convaincu qu'il y avait de véritables mines d'or dans le camp. J'étais un pied-à-terre et je connaissais peu ou rien du secteur minier, mais l'aspect visible de l'expédition après l'expédition du minerai à haute teneur quittant le camp par un attelage de mulets était convaincant. Ce qui m'a probablement le plus impressionné, c'est la sincérité évidente des pionniers présents sur le terrain depuis la naissance du camp. Ces hommes avaient enduré toutes sortes de difficultés pour tenir bon et s'enfuir du camp qui, une fois découvert, était situé à 100 milles d'une gare ferroviaire et à au moins 25 milles d'un point d'eau connu. La tradition disait que des hommes étaient morts de soif à l'endroit même où Goldfield ajoutait chaque jour à la richesse mondiale.

Mon environnement est devenu une source d'inspiration.

Il y avait quelques sociétés de courtage en valeurs mobilières qui faisaient des affaires avec le monde extérieur, et l'idée de créer une agence de publicité m'a beaucoup séduit. C'était là une opportunité pour le grand public spéculateur américain de prendre « un dépliant » sur quelque chose de beaucoup plus tangible et durable qu'une course de chevaux, ai-je déterminé.

A défaut de trouver un magasin de meubles, j'ai commandé une longue table en planches de pin brutes fabriquée par un menuisier, j'ai loué un bureau à la Goldfield Bank and Trust Company juste en face du comptoir de la caisse et j'ai retenu les services d'un sténographe expert de sexe masculin. Ruisseau Infirme. L'agence de publicité Goldfield-Tonopah était née.

DÉBUT DE L'ENTREPRISE PUBLICITAIRE

L'idée de demander une reconnaissance à l'American Newspaper Publishers' Association ne m'est pas venue à l'esprit. Je ne savais pas que telle était la pratique des agents. Cependant, grâce à mon expérience de rédaction publicitaire chez Maxim & Gay Company, à New York, je pensais pouvoir rédiger des textes publicitaires rémunérateurs. De plus, mon expérience dans la conclusion de contrats avec des agents de publicité pour la publication de la publicité de Maxim & Gay dans les journaux de tout le pays m'avait, semble-t-il, apporté suffisamment d'informations sur cette fin de l'entreprise pour me fortifier dans mon nouveau domaine.

Le lendemain matin, je suis entré dans le bureau de la société Mims-Sutro, une société de courtage nouvellement créée, et j'ai exhorté à faire de la publicité.

"Nous dépensons déjà environ 100 dollars par mois", a déclaré le gérant.

"Cent dollars par mois !" M'écriai-je. "Eh bien, tu devrais dépenser autant chaque heure!"

Au début, ils me considéraient comme un fanatique du sujet, mais en quinze jours, j'ai réussi à les convaincre de dépenser 1 000 $ en une seule journée en publicité. Ce n'est pourtant qu'après que je leur ai montré comment bien suivre leur correspondance qu'ils ont commencé à croire en moi. J'ai télégraphié à presque tous les journaux municipaux importants du pays pour connaître les tarifs. Après avoir obtenu leurs réponses, j'ai décidé de dépenser 500 $ dans le Chicago Sunday *American* et 500 $ dans le San Francisco *Examiner* dans un seul numéro. J'ai envoyé la copie avec l'argent et elle est apparue rapidement. Les résultats furent bons, si bons en fait qu'en deux mois la société Mims-Sutro dépensait entre 5 000 et 10 000 dollars par semaine en publicité, et mes commissions s'élevaient à des milliers.

Mes contrats avec les annonceurs exigeaient qu'ils me paient des tarifs uniques, et mes contrats avec les éditeurs me permettaient d'envoyer des copies à des tarifs à long terme, et le bénéfice était d'environ 45 pour cent. Et comme j'envoyais toujours du cash avec la commande, mon exemplaire était très demandé. En effet, mon agence était inondée jour après jour de contrats vierges émanant de journaux de tout le pays, dont les dirigeants réclamaient à grands cris les affaires de Goldfield. En plus du compte Mims-Sutro, j'en ai vite eu bien d'autres ; en fait, j'avais tous les autres. Six mois après mon arrivée à Goldfield, mon agence m'a rapporté 65 000 $.

QUELQUES PUBLICITÉS PAYANTES

Mon deuxième meilleur client était January Jones, le célèbre mineur gallois, et plus tard, lorsque la société Patrick, Elliott & Camp s'est lancée dans les affaires en tant que promoteur, j'ai placé sa publicité. Je l'ai détenu également jusqu'à la mort de CH Eliott, lorsque le contrôle de cette entreprise est tombé entre d'autres mains et qu'elle a finalement fait faillite. En trois ans, mon agence de publicité a inséré pour environ un million de dollars de publicité dans les journaux des États-Unis, principalement dans ceux des grandes villes, et toute cette publicité a rapporté de l'argent. Il lui fallait simplement gagner de l'argent, car les courtiers qui faisaient la publicité n'avaient pas grand-chose, voire rien, pour commencer leurs opérations, à l'exception des mines, et les mines n'étaient pas leur propriété.

Ce qui m'a le plus marqué dans cette campagne publicitaire, c'est que je n'avais jamais été courtier en valeurs mobilières, ni promoteur de mines et n'avais jamais été dans un camp minier auparavant ; mais néanmoins, malgré mon manque total de connaissances, au départ, des aspects techniques du métier, mes publicités rapportaient des dollars.

J'étais un passionné. Je croyais aux mérites du camp et mon enthousiasme se transmettait sans aucun doute aux lecteurs de mes annonces. Mais la qualité du texte publicitaire n'expliquait pas entièrement mon succès à rapporter de l'argent à Goldfield. Les offres d'actions ont sans aucun doute *touché une corde sensible* . Des dizaines de milliers de personnes qui, depuis des années, s'imprégnaient des chroniques financières quotidiennes des journaux, mais dont les revenus n'étaient pas suffisants pour leur permettre de s'adonner à la spéculation boursière sur les chemins de fer et les industries, ont trouvé dans les valeurs minières bon marché ce qu'elles cherchaient. pour – une opportunité pour ceux qui disposent d'un capital limité de donner libre cours à leur instinct de jeu ou de spéculation.

À maintes reprises, les promotions étaient presque entièrement souscrites par télégraphe avant que les réponses par courrier n'atteignent Goldfield ; et il suffisait souvent de publier une demi-page d'annonce dans 40 ou 50 journaux des grandes villes, le dimanche, pour apporter à Goldfield par télégramme avant le lundi soir suffisamment de réservations pour garantir un surabonnement en quelques jours.

Il a été facile de donner libre cours à mon penchant pour l'expérimentation dans l'évolution de la promotion des stocks miniers à Goldfield. L'ancien système, et celui qui a récemment joui d'une grande vogue parmi les annonceurs financiers, consistait à s'efforcer d'abord d'obtenir des noms d'investisseurs plutôt que des résultats immédiats des annonces, et de les suivre par correspondance. En dépensant les premiers 1 000 $ affectés à la publicité de Goldfield, j'ai partagé l'argent entre deux journaux en une seule journée. J'ai construit des publicités sur grand écran et j'ai demandé des réponses directes et rapides. Cela a réussi.

CONSTRUIRE DES MINES D'OR AVEC PUBLICITÉ

Un peu plus tard, j'ai organisé un bureau de presse en complément de l'agence de publicité.

Il est reconnu que ce bureau de presse a accompli beaucoup pour le Nevada. En fait, il est généralement admis par les pionniers de Goldfield et par les courtiers en valeurs minières dans tout le pays que le bureau de presse était directement responsable de l'apport dans l'État du Nevada de dizaines de millions de dollars à investir, et qu'il était indirectement responsable de l'investissement. ouverture de la Mohawk et d'autres grandes mines d'or du camp Goldfield et de l'État.

Les prospecteurs qui ont localisé Goldfield étaient sans moyens. George Wingfield, l'homme qui est maintenant président de Goldfield Consolidated, est arrivé dans les camps miniers avec seulement 150 $. Aucun fonds important n'était disponible auprès de sources nationales. L'argent qui fit plus tard de Goldfield le « plus grand camp aurifère du monde » venait de l'extérieur, et le bureau de presse l'obtint en focalisant l'attention du public américain sur les grandes possibilités spéculatives d'investissements dans les titres miniers et les baux du camp. L'une des concessions, connue sous le nom de Hayes-Monnette, exploitée avec l'argent de Chicago, a ensuite ouvert le grand gisement de minerai de Mohawk à une époque où il n'y avait pas d'argent dans la trésorerie de la Mohawk Mining Company pour effectuer ses propres travaux de développement. Et il existe des dizaines d'autres exemples qui me confirment.

J'étais chef du bureau de presse, et le bureau de presse était l'agent de publicité du Nevada. J'ai toujours considéré mon travail dans ce sens à la lumière d'une réalisation. Personne n'a contribué un dollar au bureau de presse, à part moi.

DES HISTOIRES ÉCOIFFANTES POUR LES LECTEURS DISTANTS

Ce bureau de presse, dont le siège était dans le désert, à une époque où l'eau coûtait 4 dollars le baril à Goldfield et où le charbon ne pouvait être obtenu dans le camp par amour ou par argent, était géré avec autant de jugement calculateur qu'il aurait pu l'être s'il avait été il a été subventionné par les intérêts les plus puissants d'Amérique. Les histoires d'intérêt humain qui étaient écrites autour du camp, de ses mines et de ses hommes, étaient publiées chaque jour par des journalistes compétents. Celles-ci ont été transmises aux quotidiens des grandes villes de l'Est et de l'Ouest pour publication dans les colonnes de l'actualité.

La plupart des histoires ont été acceptées et publiées. Chaque fois qu'une hésitation était observée, les éditeurs étaient tentés par le bureau de presse, doté de gros textes publicitaires, de continuer à faire de la publicité pour le camp.

J'ai trouvé d'une grande aide pour susciter l'intérêt du public ce travail dans lequel des magazines de renom comme James Hopper ont été importés dans le camp et mis à contribution par le bureau de presse pour écrire des articles lisibles. Parfois, lorsque l'intérêt du public semblait à la traîne, les fils étaient utilisés par les correspondants des journaux du camp pour obtenir de la publicité pour toutes sortes d'événements sensationnels qui étaient courants dans le désert. Des rapports faisant état de découvertes d'or, de jeux d'argent aux tables de jeu, de fusillades, de querelles de joueurs, de bousculades, de braquages, d'évasions étroites, de meurtres, etc., ont été utilisés pour attirer l'attention du public sur le fait qu'un camp minier appelé Goldfield était à l'horizon.

J'étais convaincu que le public spéculateur allait commettre une grande « tuerie » à Goldfield. Tonopah, à vingt-six milles au nord, se rétablissait à merveille. Cela avait déjà enrichi les investisseurs de Philadelphie à hauteur de millions. Je ne voyais aucune raison pour que Goldfield ne reproduise pas au moins l'histoire de Tonopah. Jamais de ma vie je n'avais vécu dans un environnement qui m'inspirait autant que celui-ci. Les visages de ceux qui m'entouraient étaient, en règle générale, grossièrement taillés ; les traits de beaucoup étaient marqués de toutes les imperfections que leur avaient imposées le temps, les nuits d'insomnie, l'anxiété et le contact avec les éléments ; mais le courage, la sincérité et l'honnêteté de leurs intentions étaient inscrits sur chaque ligne de leurs visages.

Je me suis imprégné de l'idée que les investisseurs qui investissaient dans les actions de Goldfield allaient non seulement en avoir pour leur argent, dans la mesure où les mines allaient être développées et que beaucoup d'entre elles s'en sortiraient, mais que l'opportunité de gagner de l'argent... La création, si elle était adoptée par le public à cette époque, gagnerait une grande réputation à l'homme qui a éduqué le public pour qu'il comprenne pleinement la situation.

LE MERCURE DE LA SPÉCULATION

Les spéculateurs miniers et les investisseurs à distance qui ont répondu à la campagne publicitaire brûlante qui a marqué les débuts de Goldfield ont engrangé d'énormes profits, et je ne me suis pas trompé. Des pertes terribles survinrent dix-huit mois plus tard, à la suite d'une folie de spéculation sur les titres miniers qui suivit le grand boom mohawk et la fusion de divers producteurs de Goldfield en une société de 36 000 000 $. Les "chasseurs sauvages" en ont profité dans toutes les grandes villes du pays, et le public a été escroqué jusqu'au bout. Mais nous en reparlerons beaucoup plus tard.

À cette époque, mon agence annonçait Goldfield Laguna à 15 cents par action afin de financer l'exploitation minière de l'entreprise. Moins d'un an plus tard, Goldfield Laguna s'est vendue à 2 dollars l'action à la Bourse de San Francisco et a été absorbée par Goldfield Consolidated à ce chiffre. Et il y en avait bien d'autres qui dupliquaient ou dépassaient les performances de Laguna.

À l'époque dont je parle, lorsque Laguna était promue à 15 cents, Goldfield avait environ un an. Une population d'environ 1 500 personnes s'y était rassemblée, venant de toutes les régions du pays. Il y avait des experts miniers de Salt Lake, de San Francisco et du Colorado, ainsi que des mineurs de toutes les régions de l'empire minier occidental ; des gardiens de salon d'Alaska et du Mexique ; des courtiers immobiliers de pratiquement tous les États occidentaux et une poignée de « cornes d'étain ». C'était un rassemblement aussi hétéroclite qu'on pouvait en trouver n'importe où dans le monde, mais dans l'ensemble, ils formaient un groupe solide.

Le camp connaissait son premier essor. En soixante jours, la valeur de l'immobilier est passée de 25 $ pour un terrain sur Main Street à 5 500 $. Des maisons de commerce grossièrement construites bordaient l'artère principale sur deux ou trois pâtés de maisons. Le trafic intense lié au transport des fournitures en provenance de Tonopah avait réduit la saleté de la rue en une masse impalpable de poussière jusqu'à une profondeur de quinze pouces, et les vents incontrôlés du désert, balayant la Sierra Nevada jusqu'aux hautes collines à l'est de Goldfield , soulevait la poussière en nuages aveuglants qui rendaient la vie quotidienne presque insupportable.

La quasi-totalité de la population était hébergée dans des tentes qui parsemaient les contreforts. La nuit, ceux-ci présentaient l'apparence d'un campement militaire. Les provisions étaient rares et répondaient à peine aux besoins. Le principal lieu de restauration était le Mocha Café, qui consistait en une tente de 14 x 18 avec un sol en terre battue et un comptoir-repas grossièrement construit. Ici, les hommes faisaient la queue pendant des heures, attendant de payer un dollar pour une tasse de café sale, un petit morceau de jambon salé et deux œufs qui avaient longtemps survécu aux poules qui les avaient pondus.

Le rendez-vous populaire était le salon et maison de jeu Northern, détenu et géré par « Tex » Rickard et ses associés. Ici, soixante-quinze pour cent. de la population masculine du camp se rassemblait tous les soirs et jouait au faro, à la roulette et au stud-poker, parlait des mines et de l'exploitation minière, vendait des propriétés et se protégeait des explosions qui venaient avec une intensité perçante des sommets enneigés des Sierras. Les courtiers du camp se réunissaient chaque nuit dans le Nord et tenaient des séances informelles, négociant fréquemment jusqu'à 30 000 ou 40 000 actions des actions les plus actives.

Les actions minières qui étaient annoncées par mon agence à l'époque de Goldfield étaient généralement de 10, 20 et 30 cents par action. Les fondateurs des sociétés étaient enthousiastes quant à la réussite de leur "prospect", mais je me suis dit que si les chances qu'un prospect minier de ce caractère se révèle être une mine n'étaient que d'environ une sur 25 ou une sur 50, et mon agence faisait de la publicité pour 25 ou 50 sociétés de qualité moyenne, et l'une d'elles réussissait bien, celui qui achetait un nombre égal d'actions dans chacune d'elles atteindrait au moins le seuil de rentabilité avec les bénéfices de l'unique gagnant.

Plus tard, ce principe a été « renversé » en guise de conservatisme par Mohawk de Goldfield, qui a avancé le prix de 10 cents à 20 $ l'action, prouvant que si Mohawk avait été l'une des 50 sociétés dont les actions étaient achetées par un investisseur à 10 cents, il aurait largement gagné. Les premiers acheteurs de Mohawk ont récolté 200 contre 1 pour leur argent, bien plus que ce que l'on pouvait habituellement gagner à long terme aux courses de chevaux, et pas tellement moins que ce que gagnaient autrefois les heureux gagnants de la loterie de Louisiane. Et Mohawk n'était que l'un des douze premiers à avoir progressé en bourse et freiné les marchés de plus de 1 000 pour cent.

À ce stade précoce, à Goldfield, le « chat sauvage » n'était pas pratiqué depuis le camp, à moins que ce jeu à long terme sur les actions des « prospects » puisse, par un effort d'imagination grave, être qualifié de tel, les promoteurs-courtiers étant capables de proposer des stocks de propriétés proches. Parmi les prix figuraient Red Top, qui a progressé dans les deux ans qui ont suivi, passant de 8 cents à 5,50 $ par action ; Daisy, qui est passée de 10 cents à 6 dollars ; Goldfield Mining, qui est passé de 10 cents à 2 dollars ; Jumbo, qui est passé de 50 cents à 5 dollars ; Jumbo Extension, qui est passée de 15 cents à plus de 3 $; Great Bend, qui est passé de 20 cents à environ 2,50 dollars ; Silver Pick, qui est passé de 10 cents à 2,65 $; Atlanta, qui était promu à 10 et 15 cents et vendu jusqu'à 1,25 $; Kewanas, qui est passé de 25 cents à 2,25 dollars, et d'autres. Le « chat sauvage » était, dans une certaine mesure, poursuivi à l'époque au nom de Goldfield, avec Denver comme quartier général des escrocs.

Dix-huit mois plus tard, alors que la mine Mohawk de Goldfield était au milieu de son plus grand semestre de production, au rythme de 1 000 000 $ par mois, et que la consolidation des principales sociétés minières du camp était en cours, « " est devenu généralisé à partir des immeubles de bureaux des grandes villes. Il y a eu plus de 2000 sociétés constituées au cours de cette dernière période, dont aucune n'a réussi, et le public a perdu de 150 000 000 $ à 200 000 000 $ à cause de cette seule opération. Au total, 150 000 000 $ de plus ont été perdus à cause de la montée en flèche à des niveaux injustifiés par les indices miniers des actions Goldfield cotées au New York Curb et à la Bourse de San Francisco, en même temps.

Mais je suis en avance sur mon histoire.

C'était la fin du printemps 1905. Je travaillais à Goldfield depuis plus de six mois et ma campagne publicitaire commençait à prendre de l'ampleur. Mais les mines ne suivaient pas pour le moment un rythme soutenu. Le Mohawk n'était pas encore découvert.

LA NAISSANCE DE BULLFROG

C'est à ce moment-là que le nouveau camp minier de Bullfrog, à 65 milles au sud de Goldfield, est né. Mes installations publicitaires étaient recherchées par les propriétaires de propriétés à Bullfrog « pour mettre le camp sur la carte ».

CH Elliott, un pionnier de Goldfield, a mis une automobile à ma disposition et à celle de mon sténographe, et nous sommes partis pour Bullfrog. Elliott et ses associés avaient jalonné un lotissement urbain qu'ils appelaient Rhyolite. On m'a présenté sept lots de coin à mon arrivée, pour soutenir mon enthousiasme.

Là, dans le salon d'une maison de jeu, qui était le principal lieu de villégiature du camp, j'ai rencontré pour la première fois George Wingfield, alors principal propriétaire du Tonopah Club à Tonopah, une maison de jeu qui l'avait sorti de la classe des joueurs impécunieux à la division des millionnaires ; Le sénateur américain George S. Nixon, [1] son partenaire ; TL Oddie, élu plus tard gouverneur du Nevada ; Sherwood Aldrich, aujourd'hui l'un des principaux propriétaires des mines Chino et Ray

Consolidated, et valant des millions, et d'autres qui ont depuis accumulé de grandes richesses.

Ils étaient sur place et achetaient des propriétés. M. Aldrich a acheté la participation majoritaire dans Tramps Consolidated pour environ 150 000 $. Elle a été constituée pour 2 000 000 d'actions d'une valeur nominale de 1 $ chacune, a explosé un an plus tard à 3 $ l'action sur le New York Curb et se vend maintenant à 3 cents, sans jamais avoir versé de dividende.

M. Elliott détenait une participation importante dans la mine Amethyst et dans la mine Banque Nationale, qui étaient capitalisées respectivement à hauteur de 1 000 000 d'actions, et il m'a présenté 10 000 actions dans chacune. Lui et son partenaire ont vendu le contrôle de l'Amethyst à Malcolm Macdonald de Tonopah. Plus tard, lorsque le voisin d'Amethyst, Montgomery-Shoshone, vendait à 20 dollars l'action, le prix du marché d'Amethyst a été poussé au-dessus de 1 dollar par action à la Bourse de San Francisco, et j'ai pris mon profit. L'Améthyste s'est depuis révélée être un échec minier majeur, comme pratiquement toutes les autres propriétés du camp, aucune n'ayant jamais gagné de dividende.

J'ai cédé les actions de la Bullfrog National Bank, qui représentaient une autre propriété qui semblait pendant un certain temps susceptible d'être rentable, à la Bourse de San Francisco à 40 cents l'action, et j'ai vendu les lots de la ville à des prix qui m'ont rapporté, en tout. , plus de 20 000 $ pour mon voyage d'une journée à Bullfrog.

Durant mon séjour à Bullfrog, j'ai été très impressionné par la mine Montgomery-Shoshone. Cette propriété, en fait, était le puissant aimant qui attirait tout le monde au camp.

J'ai été escorté à travers un tunnel de soixante-dix pieds de long. De chaque côté, tandis que je marchais, se trouvaient des murs de talc. On m'a dit que ces analyses coûtaient entre 200 et 2 000 dollars la tonne. Des informations étaient également disponibles selon lesquelles la largeur du gisement de minerai dépassait soixante-dix pieds. (Il s'est avéré par la suite que le tunnel avait été tracé le long du gisement et non à travers celui-ci, et que le gisement mesurait environ 10 pieds de large.) Certains échantillons de minerai m'ont été donnés à analyser, et les résultats ont été stupéfiants, courant entre 500 et 2 500 dollars la tonne.

Dans mon enthousiasme, j'ai écrit des histoires sur la propriété en vue de les publier, qui ont dû inciter le lecteur à croire que lorsque toutes les richesses de ce grand trésor seraient extraites, l'or serait démonétisé. En fait, les articles de mon bureau de presse, décrivant les richesses de Golconde, seraient indirectement responsables de l'achat du contrôle de la propriété par Charles M. Schwab et ses associés.

L'histoire des Montgomery-Shoshone est triste mais très instructive. Aux fins de l'exposé des pièges de la spéculation sur les titres miniers, il possède des réserves frappantes. Voici les faits :

Malcolm Macdonald, ingénieur minier, a acquis la moitié des intérêts dans la mine auprès de Tom Edwards, un marchand de Tonopah, pour 100 000 $, à temps. Grâce aux résultats obtenus dans le tunnel de 70 pieds, un effort a été fait pour vendre le contrôle à la Tonopah Mining Company avec profit. Cela n'a pas réussi. Oscar Adams Turner, de New York et Baltimore, le promoteur de la très prospère Tonopah Mining Company, qui a jusqu'à présent remboursé aux actionnaires d'origine 16 $ pour chaque dollar investi, a examiné le Montgomery-Shoshone et l'a refusé parce que la propriété ne l'était pas. ne lui montra aucune veine bien définie ni aucune autre marque de permanence, et le gisement de minerai lui parut n'être qu'un gisement superficiel et de peu d'étendue.

De nombreux « espoirs » intéressants ont été condamnés par des mineurs de haut rang, et ont ensuite réussi, particulièrement au Nevada. Le refus de M. Turner n'a pas intimidé les propriétaires.

ENTREZ, CHARLES M. SCHWAB

L'ingénieur Macdonald a constitué une société pour 1 250 000 actions d'une valeur nominale de 1 $ chacune, pour posséder et exploiter la mine. Il a autorisé les investisseurs à souscrire à de petits blocs d'actions propres à 2 $ par action. Peu de temps après, M. Macdonald et le propriétaire de l'autre moitié de la participation, Bob Montgomery, ont vendu une participation majoritaire à M. Schwab et associés pour une somme qui n'a jamais été rendue publique. M. Schwab a immédiatement réorganisé la société, a acquis deux propriétés adjacentes non développées et a changé la capitalisation en 500 000 actions d'une valeur nominale de 5 $ chacune. À son tour, il a permis à ses amis et au public de souscrire aux nouvelles actions à 15 $ par action. Plus tard, les actions ont grimpé jusqu'à 22 $ sur le New York Curb.

Sans aucun doute, M. Schwab a bien accueilli la proposition, car il a prêté à la société 500 000 $ pour construire un ouvrage de réduction sur le terrain.

À ce jour, la mine n'a pas réussi à payer son équipement. Les travaux sur la propriété ont été abandonnés et le moulin a été mis en vente.

La société doit encore à M. Schwab environ 225 000 $, les bénéfices nets sur le minerai en six ans étant insuffisants pour rembourser son prêt à la société. En fait, l'entreprise s'est avérée être l'un des échecs les plus lamentables du Nevada. En six ans, la mine a produit 2 000 000 $ BRUT, et bien que la mine et l'usine aient été exploitées de manière économique, le produit net des minerais était insuffisant pour rembourser la dette de

L'enquête m'a prouvé que M. Schwab n'était qu'un simple « arriviste » minier et a laissé son enthousiasme s'enfuir avec lui, mais le public a souffert autant que si M. Schwab avait commis une escroquerie de sang-froid.

J'ai entendu la question posée par un actionnaire : « Quelle excuse possible un homme, avec un bon chef d'entreprise comme celui de M. Schwab, pourrait-il avoir pour promouvoir le Montgomery-Shoshone à une valeur de 15 $ l'action, ou 7 500 000 $ pour la propriété. , permettant ensuite aux actions d'être cotées jusqu'à 22 $ l'action sur le New York Curb, ou à une valorisation de 11 000 000 $ pour la propriété, alors qu'à la suite de six années d'exploitation minière, la société est pratiquement insolvable ?

Une excuse acceptable pour les mineurs pourrait être offerte si la propriété Montgomery-Shoshone était située dans un nid d'autres grandes mines, valant intrinsèquement plusieurs fois la valeur attribuée à la propriété Montgomery-Shoshone au moment de sa promotion. Selon l'expérience minière approuvée, des "prospects" de cette variété ont parfois droit à une évaluation d'une grande valeur prospective lorsque les mines voisines ont démontré un enrichissement en profondeur. Mais il n'y avait aucune excuse de ce genre dans ce cas, parce que le trou le plus profond dans le sol de tout le camp mesurait moins de 200 pieds au moment où le Montgomery-Shoshone a été promu par M. Schwab, et il n'y avait aucune mine prouvée dans ou à proximité. le camp.

J'étais présent à Reno il y a environ trois ans lorsque M. Schwab est passé par la ville du divorce en route vers la Californie. À cette époque, le prix de Montgomery-Shoshone avait déjà explosé à environ 3 dollars par action, et des histoires étaient publiées au Nevada selon lesquelles M. Schwab avait été snobé par les membres d'un club exclusif de Pittsburg pour avoir recommandé Montgomery-Shoshone pour un investissement. M. Schwab, en discutant précipitamment de la question à la gare, a été cité selon lequel la propriété lui avait été grossièrement déformée. Cette déclaration a été largement publiée au Nevada. Sur ce, Don Gillies, l'ingénieur de M. Schwab au Nevada, qui, avec Malcolm Macdonald, était considéré comme le conseiller minier de M. Schwab, a télégraphié à M. Schwab et lui a demandé directement s'il faisait référence à lui. M. Schwab a répondu que non. Ce démenti a également fait l'objet d'une large publicité. Il n'y avait donc qu'un seul corollaire raisonnable, à savoir que M. Schwab faisait référence à M. Macdonald.

In fine, il semble que M. Schwab ait effectivement acheté le Montgomery-Shoshone sur la seule base des représentations du vendeur, la partie intéressée, et qu'il ait effectivement fait la promotion de la propriété sur la base des déclarations non vérifiées du vendeur. Il se peut que le vendeur n'ait fait aucune fausse déclaration ; il a peut-être été trop enthousiaste et a communiqué son enthousiasme à M. Schwab.

Il est possible que M. Schwab se soit appuyé sur des articles de journaux et ait fait la promotion de la propriété sur cette base. Une lettre de M. Schwab, qui paraît plus loin, donne un peu de couleur à cette idée.

Même avant cette époque, M. Schwab avait participé au jeu minier à Tonopah. Son entreprise Tonopah était l'extension Tonopah. Le contrôle de la Tonopah Extension Mining Company a été acheté par John McKane, plus tard membre de la Chambre des communes anglaise, à Thomas Lockhart à 15 cents par action. La capitalisation était de 1 000 000 d'actions. John McKane a intéressé Robert C. Hall, membre de la Bourse de Pittsburg, à cette proposition. À son tour, il a conclu un accord avec M. Schwab. Le titre a ensuite grimpé au-dessus de 17 dollars par action sur les bourses de San Francisco et de Pittsburg ainsi que sur le New York Curb. Le prix a ensuite pu baisser jusqu'à environ 65 cents par action. Au cours du dernier semestre, il a maintenu une cotation moyenne de 2,00 $ par action.

Bien que le prix du marché des actions au moment où M. Schwab était censé détenir le contrôle ait été avancé à une évaluation de la mine de 17 000 000 $, la société n'a depuis pas versé jusqu'à 1 000 000 $ de dividendes, et une somme considérable Une évaluation récente par Henry Krumb, un ingénieur réputé, de la valeur nette du minerai en vue dans la mine ne la plaçait pas à 1 000 000 $. L'exactitude de ce rapport est contestée, au motif que les affleurements de minerai à l'époque ne permettaient pas un échantillonnage équitable. Cela permet un écart, mais à peine de 16 000 000 $.

Après que Tonopah Extension soit passée d'environ 17 dollars par action à moins de 1,00 dollars par action, les actionnaires de Tonopah ont allégué que M. Schwab et ses associés avaient débarqué au sommet. M. Schwab a répondu qu'il possédait autant d'actions après l'effondrement du marché qu'au moment de son entrée dans l'entreprise. Certains actionnaires ont allégué que même si M. Schwab pouvait probablement prouver que son intérêt était aussi important dans la période ultérieure qu'il l'avait été au début, cela ne signifiait pas que M. Schwab et ses *confrères* n'avaient pas débarqué à le haut et racheté en bas.

La lettre suivante de M. Schwab à Sam C. Dunham, ancien commissaire américain au recensement en Alaska, puis rédacteur en chef du Tonopah *Miner*, puis rédacteur en chef du *Mining Financial News* de New York lorsque j'étais rédacteur en chef, nie toute culpabilité personnelle, bien que cela laisse le lecteur libre de croire que si M. Schwab n'avait pas personnellement vendu ses actions à des prix élevés, ses associés auraient pu le faire.

CHARLES M. SCHWAB
111 BROADWAY
NEW YORK

1er novembre 1907.

M. SAM C. DUNHAM,
rédacteur en chef *de The Tonopah Miner*,
Tonopah, Nevada,

MON CHER M. DUNHAM :

Mon attention a été attirée sur votre numéro du samedi 26 octobre 1907. Aux critiques que ce numéro contient à mon égard, je ne réponds généralement pas, car elles sont inutiles et ne font qu'entraîner de nouvelles discussions. Mais votre journal a été jusqu'ici si uniformément bon envers moi, si juste à tous égards, et comme je vous ai toujours considéré comme un ami, nos relations ayant été si agréables, il me fait sentir que je voudrais faire une brève réponse à les critiques évoquées, comme démontrant la cohérence de ma position.

La seule chose que j'ai critiquée à propos du Nevada était l'inexactitude des déclarations émanant du Nevada. Vous semblez m'attaquer à cause de cette déclaration, et la force de ma position est pleinement confirmée par votre article car peu de choses, voire rien, de ce qui y est dit sont vraies ou exactes.

Je reprendrai vos déclarations une à une. Vous dites que j'ai acheté à John McKane pour 25 000 $ d'actions de la Tonopah Extension Mining Company à 15 cents l'action. C'est absolument faux.

Vous dites que j'ai acheté 100 000 actions d'Extension à Robert C. Hall à 6 $ par action et que j'ai payé ces actions avec des actions d'usine de papier. Aucune partie de cette affirmation n'est correcte. Je n'ai jamais donné à M. Hall aucune action d'usine de papier et je ne lui ai pas non plus acheté 100 000 actions. Le montant qui lui a été acheté était de 60 000 actions. Le prix que vous dites que je lui ai payé pour le stock n'est pas exact et, comme je l'ai dit, je n'ai donné aucun stock de papeterie en échange.

Vous dites en outre que lors de la dernière assemblée annuelle des actionnaires de Tonopah Extension, tenue à Pittsburg en mai dernier, il s'est avéré que j'avais vendu toutes les actions que j'avais achetées à M. Hall et plus des deux tiers de mes avoirs initiaux de 166 000 actions. C'est absolument faux. Je détiens aujourd'hui exactement le montant que je détenais après que tous mes achats aient été effectués par moi, et depuis le début, totalisant quelque 285 000 actions, et je pense que si vous prenez la peine de consulter les registres, vous trouverez ma déclaration à ce sujet. pour être vrai. Lorsque j'ai initialement acheté Extension, il y avait aussi des actions à mon nom appartenant à d'autres, que je leur ai ensuite transférées, laissant mes propres avoirs de 285 000 actions où elles restent maintenant, intactes, en ma possession personnelle.

En poursuivant l'article, vous dites que j'ai acheté le contrôle de Shoshone et Polaris pour moins de 2 $ par action. Cette déclaration de votre part est inexacte. Vous dites que j'ai vendu un gros bloc d'actions Shoshone à 20 $ l'action. C'est également sans aucune vérité. Le fait est que 3 000 actions ont été vendues à ce chiffre, 20 $, et ces 3 000 actions provenaient de la trésorerie de la société, et vous trouverez toutes ces actions dans les archives.

Il est vrai que j'ai prêté à la société près de 500 000 $ pour construire le nouveau moulin, et je serai heureux que tout autre actionnaire de la société assume sa part au prorata de ce montant.

Vous vous demandez pourquoi je critique les déclarations du Nevada.

Respectueusement vôtre,

(*Signé*) CM Schwab

L'impression générale au Nevada, telle que je l'ai recueillie, est que les entreprises minières de M. Schwab lui ont causé de grandes déceptions, mais qu'il n'a pas perdu de très grosses sommes d'argent et que le public a perdu. Ses ennemis vont jusqu'à prétendre que lui, son frère et son beau-frère, le Dr MR Ward, ont gagné des millions grâce au public.

J'ai une opinion et je peux être autorisé à l'exprimer. M. Schwab, au moment où il est devenu promoteur des mines du Nevada, était un sidérurgiste expert. Il connaissait peu ou rien des mines d'argent, d'or et de cuivre. Le fait que des amis de Philadelphie, qui connaissaient aussi peu le jeu que lui, avaient fait fortune à Tonopah (sur les conseils d'un homme qui le savait) n'aurait pas dû l'influencer. Parce que la mine Mizpah à Tonopah, promue par Oscar A. Turner sous le nom de Tonopah Mining Company, avait connu un succès phénoménal, les actionnaires de Pennsylvanie avaient engrangé des bénéfices fabuleux dans cette entreprise. Sous cet hypnotisme, M. Schwab "est tombé" amoureux de Tonopah Extension.

Plus tard, lorsque Tonopah Extension a montré une amélioration du marché de plus de 16 000 000 $, M. Schwab était dans un état d'esprit idéal pour succomber à Montgomery-Shoshone.

Et lorsque Montgomery-Shoshone, lors du boom de Bullfrog, a montré une amélioration du marché de 8 000 000 $, il n'a pas fallu beaucoup d'arguments pour le faire entrer dans Greenwater, un autre « bloomer », décrit plus loin.

Les bénéfices du marché séduisaient évidemment M. Schwab. Il n'a pas réalisé que son propre grand nom était en grande partie responsable de la hausse du prix de ses titres.

Sam C. Dunham m'a informé que M. Schwab lui avait dit qu'il avait remboursé à ses amis personnels de Pittsburg, qui avaient souscrit aux actions Montgomery-Shoshone sur sa recommandation, entre 2 000 000 et 3 000 000 $. Cela devrait convaincre que M. Schwab n'était coupable d'aucune intention de profiter aux dépens des autres.

Le manque de prudence de M. Schwab est cependant instructif pour le spéculateur perdant. Il fournit un exemple frappant du danger qu'il y a à miser uniquement sur un nom honoré pour le succès d'une entreprise, et il met également en évidence la vérité de l'adage : « Chaque cordonnier doit s'en tenir à son dernier. »

Soit dit en passant, la carrière minière de M. Schwab révèle une autre morale. La voici : ne pensez pas, monsieur le spéculateur, parce qu'un promoteur estime que les chances de profit d'une entreprise minière sont énormes et que vous constatez plus tard que ses attentes ne se réalisent pas, que le promoteur est *ipso facto* un escroc. Les grands financiers sont susceptibles de commettre des erreurs, tout comme les petits. Sans aucun doute, de graves fausses déclarations sont faites chaque jour et des méthodes insidieuses sont utilisées pour vous inciter à vous forger une opinion plus élevée sur le mérite de divers titres que ne le justifient les faits. Mais les promoteurs de mines ne sont que des êtres humains, et il n'est pas rare que les honnêtes gens se laissent emporter par leur propre enthousiasme et se perdent eux-mêmes dans la même entreprise à laquelle ils vous incitent à participer.

POURQUOI LE FOND EST TOMBE

Lorsque Montgomery-Shoshone connaissait son apogée sur le marché, la Bullfrog Gold Bar Mining Company était promue à environ 15 cents l'action sur la capitalisation habituelle d'un million d'actions. Un an plus tard, le prix a grimpé à 2,65 dollars à la Bourse de San Francisco et le titre a été largement distribué parmi les investisseurs. Récemment, l'entreprise était entre les mains du shérif. Les plus grands perdants de cette entreprise furent les habitants de l'Alabama, qui avaient une grande confiance dans les promoteurs.

D'autres épaves de Bullfrog dans lesquelles le public a perdu d'énormes sommes d'argent étaient Gibraltar, Bullfrog Steinway, Shoshone National Bank, Bullfrog Homestake, Bullfrog Extension, Denver Rush Extension, Mayflower, Four Aces, Golden Scepter, Montgomery Mountain, Original Bullfrog, etc., etc. .

Les courtiers en valeurs minières des villes se sont extasiés sur Bullfrog au plus fort du boom dans ce camp. Les courtiers en valeurs minières de Philadelphie ont donné à leurs clients Tramps Consolidated de Bullfrog. Les courtiers de Pittsburg ont recommandé Montgomery-Shoshone. Les courtiers de Butte ont placé de gros blocs d'améthyste. Le lingot d'or était distribué par les courtiers du Sud. Les courtiers new-yorkais étaient derrière Gibraltar, Four Aces, Denver Rush, Montgomery Mountain, Eclipse, Golden Scepter, National Bank et une vingtaine d'autres.

Pratiquement chaque dollar des millions investis dans les actions Bullfrog a été perdu.

La cause de l'échec du district de Bullfrog n'était pas l'absence de roche aurifère, car il y en a beaucoup dans le district, mais il a été constaté que les valeurs par tonne sont trop faibles pour faire des mines un succès commercial. Bullfrog est situé dans le désert et n'a pas de bois et très peu d'eau. Les promoteurs et les investisseurs ne s'en sont rendu compte qu'après la construction des usines. Puis il était trop tard. Si le camp était situé sur les rives boisées de la rivière Hudson, les stocks de plusieurs mines du district seraient probablement très demandés au-dessus de la moyenne.

Le fait probablement le plus remarquable concernant Bullfrog est que ses titres étaient plus fortement recommandés par les courtiers de l'Est que les émissions de Goldfield et sont devenus plus à la mode à cette première période de l'histoire de Goldfield. Les courtiers de l'Est avaient alors peu confiance en Goldfield ; et au moment même où les actions de Goldfield représentant des propriétés intérieures, qui se renforçaient ensuite d'une manière extraordinaire, étaient proposées, ils conseillèrent à leurs clients de ne pas acheter. Le cri général était alors qu'il s'agissait d'une émanation insolite du premier grand boom de Tonopah, et l'idée a prévalu à l'Est, en raison de l'influence ascendante de George Wingfield, alors principal propriétaire du principal enfer du jeu de Tonopah, que Goldfield était un refuge pour les joueurs et les sauvages.

C'est au début du boom de Bullfrog que la carrière de mon ami WJ Arkell en tant que promoteur minier a pris fin brutalement. On se souvient que lorsqu'il a quitté Goldfield pour se rendre à Tonopah afin de conclure l'affaire Tonopah Home, son capital en espèces était de 35 $. Il a clôturé la transaction portant sur l'option sur le million d'actions de la capitalisation de Tonopah Home à un prix d'environ cinq cents par action. C'est alors que notre « partenariat », d'une durée de trois jours, a pris fin. Arkell est retourné à San Francisco et m'a déclaré exclu.

Arkell a été pendant un certain temps une figure éminente en tant que promoteur de titres miniers à San Francisco. Il a inscrit Tonopah Home à la Bourse de San Francisco. Puis il a commencé à faire monter le prix en flèche.

La hausse s'est poursuivie jusqu'à ce que le titre se vende à 38 cents, soit une progression d'environ 700 pour cent, en quelques mois.

Puis le moment psychologique est arrivé pour Arkell.

Il a été divulgué qu'il avait financé sa campagne boursière en achetant des rames de ses propres actions avec une marge d'un tiers et en les vendant en même temps, en quantité égale, au comptant par l'intermédiaire d'autres courtiers. Cela équivalait à emprunter 66,2 à 3 pour cent. de la valeur marchande. Les courtiers et les banques se chargeaient du portage. Lorsque les tactiques d'Arkell ont été découvertes, des ventes à découvert aveugles par des tireurs d'élite du marché ont suivi. Le propre stock hypothéqué d'Arkell a été utilisé pour effectuer les livraisons.

Afin de tenir bon et de retirer du marché l'offre flottante d'actions, Arkell a organisé une consolidation. La Tonopah Home Consolidated a été constituée et les détenteurs d'actions de Tonopah Home ont été invités à échanger leurs certificats originaux contre des actions de la société consolidée.

À ce moment-là, quelqu'un a lancé une brique. Les noms du sénateur américain George S. Nixon et de l'hon. TL Oddie, plus tard gouverneur du Nevada, avait été publié comme directeur de la nouvelle société, et lorsque ces messieurs virent les publicités d'une demi-page dans lesquelles leurs noms étaient utilisés, et furent informés qu'Arkell semblait être en lambeaux, ils a télégraphié à la Bourse de San Francisco pour refuser la connexion.

Tonopah Home s'est déchaîné lors de l'annonce à la Bourse d'environ 3 cents par action. Puis c'est tombé à néant. Les méthodes d'Arkell étaient trop « brutes » et je savais que le fracas devait arriver, tôt ou tard.

C'était fin octobre 1905. Bullfrog était encore à son apogée. Le boom initial de Goldfield semblait vaciller. Le travail se poursuivait jour et nuit dans les mines, mais, faute de nouvelles découvertes, le camp était déserté par certains retardataires.

Des correspondants de journaux de l'extérieur de la ville sont arrivés sur les lieux, et des histoires et des photos du camp, intitulées « Un boom de camp minier brisé », etc., sont rapidement parues dans les journaux de Los Angeles et de San Francisco. Les propriétaires de mines Goldfield ont été accusés de tromper le public. Les promoteurs étaient traités comme de simples hommes de bunco. Curieusement, Bullfrog, la sœur cadette de Goldfield, qui s'est depuis révélée être un véritable cimetière d'espoirs miniers, était à l'abri. Là, des hommes importants étaient aux commandes, disaient les auteurs, tandis que Goldfield était décrit comme un terrain de prédilection pour les joueurs et les « sauvages ». Les histoires ont eu leur effet même à Goldfield. Les dirigeants du camp commencèrent à chercher de nouveaux champs à conquérir. La majorité des propriétaires de la mine Goldfield n'étaient pas « tombés » amoureux de Bullfrog, mais le succès des promotions de la société par actions Bullfrog dans l'Est les a inspirés.

Le grand boom des camps miniers de Manhattan, à 80 milles au nord de Goldfield, qui suivit, doit une grande partie de son succès à ces circonstances fortuites. J'ai été l'un des premiers à avoir attrapé la fièvre de Manhattan.

WF ("Billy") Bond, un courtier-promoteur de Goldfield dont l'oreille était toujours collée au sol, m'a montré un spécimen de minerai littéralement recouvert d'or gratuit. Il a dit que cela venait de Manhattan et que Manhattan était un autre Cripple Creek. C'était seulement la nuit précédente que j'avais perdu plusieurs milliers de dollars en « combattant le tigre ». Faro était le passe-temps de pratiquement tout le monde à Goldfield à cette époque, et je jouais faute d'autres moyens de récréation et j'ai beaucoup perdu.

J'étais aussi fauché que le jour de mon entrée dans le camp. J'ai acheté des couvertures, un ensemble de vêtements en toile doublés de peau de mouton et un lit de camp pliant en fer, le tout à crédit. J'ai emballé la tenue à Tonopah. Là, je montai à bord d'une vieille diligence branlante du type réglementaire du Far-Western et partis pour Manhattan. Nous avons traversé un désert enneigé, gravi des montagnes et descendu des canyons – un voyage périlleux que je ne voudrais pas reproduire. Les 10 $ que j'avais en poche, après avoir payé mon billet, étaient de l'argent emprunté. Quand je suis arrivé cette nuit-là à Manhattan, situé dans un canyon à 7 000 pieds d'altitude, j'ai installé mon lit de camp sur la neige, je me suis enveloppé dans mes couvertures et j'ai dormi à l'air libre. Il n'y avait que trois cabanes et moins d'une vingtaine de tentes dans le camp.

Le lendemain matin, je m'égarais dans les fouilles. Des sacs de minerai dans lesquels l'or était visible à l'œil nu étaient entassés de tous côtés. Le Stray Dog, le Jumping Jack et le Dexter en furent les trois principaux producteurs. Ils se sont nidifiés. J'ai interrogé certains prospecteurs sur les noms des claims uniques adjacents à Stray Dog, Jumping Jack et Dexter. Ils m'ont informé qu'il y avait un groupe de claims adjacents qui pouvaient être achetés pour 5 000 $. Avec 10$ en poche, j'ai procédé à son achat. J'ai donné un chèque de 100 $, j'ai signé un contrat pour payer le solde de 5 000 $ dans 30 jours ou renoncer aux 100 $, et je suis immédiatement retourné à Goldfield pour inciter le président de la banque à honorer mon chèque sur présentation. Il a fait.

À mon retour à Goldfield, j'emportais avec moi de nombreux spécimens de minerai à haute teneur. Ils ont été exposés dans une bijouterie. Il y eut une grande excitation et, avant la nuit, une bousculade de Goldfield à Manhattan s'ensuivit, dont l'ampleur dépassa la première ruée vers Goldfield.

Quelques jours plus tard, je suis retourné à Manhattan et j'ai vendu mon option pour 20 000 $ en espèces. Pendant que j'étais là-bas, j'ai rencontré CH Elliott. M. Eliott avait « fait le ménage » à Bullfrog. Il m'a dit qu'il avait formé un partenariat à Goldfield avec LL Patrick, l'un des propriétaires de la grande mine Combine, qui a ensuite été vendue à Goldfield Consolidated pour 4 000 000 $, et Sol. Camp, un ingénieur minier du Colorado. Le nom de l'entreprise était Patrick, Elliott & Camp, Inc. Elle était organisée pour promouvoir les sociétés minières. M. Patrick est maintenant président de la First National Bank of Goldfield.

M. Elliott m'a demandé de rester au camp un autre jour jusqu'à ce qu'il puisse récupérer une bonne propriété. Il a conclu un accord avec des cowboys pour une grande superficie englobant le groupe de claims du poisson d'avril, théâtre de la découverte originale de l'or. Vingt baux sur cette propriété étaient en opération et les indices de surface étaient prometteurs. Si le minerai « tombait en panne », la mine se révélerait être une aubaine. M. Elliott a constitué une société connue sous le nom de Seyler-Humphrey pour posséder et exploiter le terrain.

Nous sommes retournés à Goldfield. Mon bureau de publicité a télégraphié la nouvelle des découvertes de Manhattan à une longue chaîne de journaux de l'Est et de l'Ouest. Ensuite, j'ai publié une grande ligne d'annonces « display » dans les grandes villes, proposant à la vente des stocks de Seyler-Humphrey. La totalité de l'émission de 1 000 000 d'actions Seyler-Humphrey a été sursouscrite à 25 cents l'action en deux semaines. C'était le résultat de 15 000 $ de publicité et les bénéfices de l'entreprise s'élevaient à 100 000 $. Rapidement, M. Elliott a fait la promotion du Manhattan Combination et du Manhattan Buffalo. En six semaines, les bénéfices promotionnels de l'entreprise se sont élevés à environ 250 000 $.

QU'EN EST-IL DES CHANCES DU PUBLIC ?

Un soir, j'ai demandé à M. Elliott, peu après que Patrick, Elliott & Camp aient gagné leurs premiers 250 000 $ grâce à leurs trois promotions à Manhattan, s'il ne pensait pas que le public avait le droit de souscrire à ces actions à un prix inférieur et avec un bénéfice inférieur à celui de son client. société.

Je me souviens qu'il a dit : « L'article que nous vendons est quelque chose que quelqu'un veut et est prêt à payer. Ce que nous lui avons vendu vaut ce que nous lui avons demandé. Le fait que nous soyons sur le terrain et que nous ayons enduré des difficultés nous donne le droit de un bon profit, à condition que les indices d'or à la surface des propriétés ne soient pas exagérés. La vente des stocks a été accélérée par votre don de présentation par le biais de publicités. Les grands magasins et les spécialistes de la publicité dans les villes paient de 15 000 $ à 30 000 $ par an. pour ce genre de talent, et nous, dans le désert, avons aussi le droit d'en profiter.

"Mais supposons que les propriétés ne fonctionnent pas ?" J'ai demandé.

Il répondit : « Ce n'est pas un cas d'optimisme excessif que de s'attendre à ce que les propriétés de Manhattan se transforment en mines, en présence d'aussi merveilleux indices de surface ; et tant que nous ne sommes pas sciemment coupables de tromperie, aucun mal n'est fait. Si les actions de Manhattan dont nous avons fait la promotion se portent bien, 5 dollars seront un prix raisonnable pour elles, et si elles ne se portent pas bien, un cent sera trop élevé pour elles. Alors pourquoi remettre en question l'éthique de facturer 25 cents par action pour Seyler. -Humphrey alors que nous aurions pu le vendre pour 15 cents et avoir quand même gagné de l'argent ; ou de facturer 15 cents pour Manhattan Buffalo alors que nous aurions pu le vendre avec un profit pour 10 cents ; le public sait que c'est du jeu si les gens veulent acheter ? où ils ne perdront en aucun cas la totalité de leur investissement, ils savent qu'ils peuvent acheter Union Pacific, Pennsylvania Railroad ou New York Central, mais les profits y sont limités, tout comme les pertes dans le cas des valeurs minières. , représentant des perspectives dans le cadre d'un développement réel, le public peut perdre ou gagner énormément. "

M. Elliott, qui m'a avoué qu'il jouait souvent aux courses de chevaux lorsqu'il était à San Francisco, a ensuite rédigé une liste d'actions et de prix, représentant ce qu'il disait être un « livre » sur les actions, comparable au livre d'un joueur sur les actions. courses de chevaux, se lisant essentiellement comme suit :

Action	Prix	Chances
Union Pacifique	165,00 $	6 à 5
En lisant	155,00	8 à 5
Missouri Pacifique	56h00	2 à 1
Érié	28h00	3 à 1
Seyler-Humphrey	.25	20 contre 1
Buffle de Manhattan	.15	30 contre 1
Combinaison Manhattan	.dix	50 contre 1

« Là, » dit M. Elliott, « vous avez les différents prix des titres ferroviaires et miniers avec leurs chances de gain pour le spéculateur qui sont contre eux.

Quand un homme va à une course de chevaux et joue le favori, il fait exactement ce qu'il fait. C'est ce que fait l'homme qui donne à son courtier l'ordre d'acheter Union Pacific pour lui aux cotations actuelles. Il s'agit d'environ 6 à 5 contre l'investissement qui réalise un bénéfice par rapport aux cotations actuelles un jour donné, même si l'investisseur ne gagnera guère 6 pour ses 5 si. le titre bénéficie de son avance probable la plus élevée. Il est d'environ 20 contre 1 contre l'homme qui achète Seyler-Humphrey et gagne de l'argent, mais il gagnera 20 pour sa part si la mine s'avère être une aubaine. Cependant, le rail est un investissement et le sien. exploiter une spéculation.

"Voulez-vous dire que les chances pour qu'un homme gagne de l'argent sur Union Pacific un jour donné ne sont que de 6 à 5 lorsqu'il achète les actions *sur marge* ?"

"Pas sur ta vie!" il a dit. "Un trader sur marge à la Bourse de New York, à moins qu'il ne dispose d'un capital suffisant pour résister aux manipulations 'internes', qui ont pour but de 'secouer' le spéculateur, n'a *aucune* chance ! Il est obligé de le faire. à la fin, je parle de gens qui achètent des actions, les paient intégralement, prennent possession de leurs certificats et les respectent. »

M. Elliott était un plongeur et a perdu de grosses sommes dans les maisons de jeu de Goldfield et de Tonopah. Il a perdu 20 000 $ lors d'une soirée de jeu au Tonopah Club, alors propriété de George Wingfield et de ses associés. Lorsqu'on lui a demandé de régler, il a présenté un chèque de 5 000 $ et un certificat pour 100 000 actions de la Goldfield Laguna Mining Company, qu'il a ensuite vendues à 15 cents. Cela a été accepté. En un an, Laguna s'est vendue librement à 2 dollars l'action.

Cet incident illustre comment les fondations ont été jetées pour certaines des grandes fortunes amassées lors du boom minier de Goldfield. Lorsque George Wingfield est arrivé à Tonopah en 1901, il a apporté avec lui 150 $, empruntés à George S. Nixon, alors président d'une banque nationale à Winnemucca, Nevada, et plus tard sénateur des États-Unis. La fortune de M. Wingfield est désormais estimée entre 5 000 000 et 6 000 000 $.

Le succès ayant été remporté par les promotions Patrick Elliott & Camp, je me demandais si une grande partie de l'argent gagné par les promoteurs autour de Goldfield n'était pas due à ma propre capacité particulière à atteindre le public, et j'ai même médité sur mon aptitude à devenir promoteur à mon propre compte. Les meilleures propriétés de Manhattan, d'un commun accord, étaient le Stray Dog, le Jumping Jack et le Dexter. C'étaient certainement des producteurs de métal jaune. Ils étaient des expéditeurs et étaient tenus en haute estime par les mineurs. J'ai trouvé impossible d'acheter le Dexter parce que la société était déjà promue et que les actions étaient largement distribuées à environ 1 $ l'action. George Wingfield était alors et est toujours intéressé par le Dexter. Le Jumping Jack n'était pas constitué en société. Le stock de Stray Dog était pratiquement intact entre les mains des propriétaires. Le prix demandé pour le Jumping Jack était de 85 000 $. Stray Dog était détenu à 500 000 $.

SAUTEUR MANHATTAN

J'étais de nouveau en fonds grâce aux bénéfices réalisés lors du boom de Manhattan, et j'avais de nouveau l'habitude, faute d'autre passe-temps, de jouer au faro le soir. Je me suis retrouvé à bavarder avec des hommes comme January Jones, Zeb Kendall, CH Elliott, Al. Myers et d'autres qui ont gagné de l'argent un jour et ont été fauchés le lendemain.

La deuxième plus grande maison de jeu de Goldfield appartenait à « Larry » Sullivan et Peter Grant, tous deux originaires de Portland, dans l'Oregon. Sullivan a affirmé qu'il avait été attiré par Goldfield par les articles parus dans la section du magazine du dimanche d'un journal Coast, dont le texte avait été soigneusement et méthodiquement rédigé dans l'arrière-boutique de notre bureau de presse de Goldfield. Sullivan et Grant gagnaient beaucoup d'argent. J'avais l'habitude de fréquenter la maison Sullivan, et Sullivan présidait généralement les jeux lorsque j'y étais. Un soir, j'ai encaissé 2 500 $ de gains. L'argent a été empilé sur la table en pièces d'or de 20 $ par le marchand. Alors que j'étais sur le point de le mettre dans un sac pour le ranger dans le coffre-fort de la maison jusqu'au lendemain, Sullivan a commencé à me plaisanter ainsi :

"Dis, jeune homme, pourquoi ne me participes-tu pas à certaines de tes affaires minières ? Je suis partant !"

"Vraiment ? Eh bien, cumulez 2 500 $ avec cet argent, et je verrai si c'est le cas."

Il se dirigea vers le coffre-fort et traîna jusqu'à la table un grand sac en toile contenant 20 dollars de pièces d'or. En empilant l'argent sur la table en tas de 400 $ chacun, il a égalé ma mise.

"Bien?" a-t-il dit.

"Mettez cet argent dans un sac," dis-je, "et allez chercher votre gros manteau en peau de raton laveur, faites un tour de nuit en automobile jusqu'à Tonopah et, le matin, prenez l'étape jusqu'à Manhattan. Quand vous y arrivez, regardez le propriétaire de la mine Jumping Jack. Je l'ai rencontré. Il est membre de l'Ancien Ordre des Hiberniens. Un Irlandais peut lui acheter cette propriété beaucoup moins cher que n'importe qui d'autre.

"Que vais-je payer ?" » demanda Larry.

"Il veut 85 000 $, mais obtenez-le le moins cher possible", répondis-je.

"Quoi ? Avec ces 5 000 $?"

"Oui", dis-je. "Payez-lui les 5 000 $ d'acompte et signez un contrat pour payer le solde dans 60 ou 90 jours; mais ramenez-le à Goldfield et demandez-lui d'apporter les actes."

Quelques jours plus tard, Sullivan retourna à Goldfield, rayonnant d'excitation. Descendant de la diligence, il m'entraîna dans son bureau privé.

"Dites," dit-il, "j'ai ce type avec moi et il a les actes. J'ai acheté le Jumping Jack pour 45 000 $. Il fera tout ce que vous voulez qu'il fasse."

"Bien!" J'ai dit.

Le propriétaire m'a été présenté et je l'ai remis à mon avocat, le regretté sénateur Pyne. M. Pyne a rédigé un document par lequel le titre de propriété transféré à la Jumping Jack Manhattan Mining Company, capitalisé pour 1 000 000 d'actions, dont 300 000 actions ont été placées dans la trésorerie à des fins minières, et 700 000, représentant les actions de propriété, mises en séquestre, à remettre à Sullivan et à moi-même contre le paiement de 6½ cents par action. Un conseil d'administration a été sélectionné.

À ce stade, Sullivan, qui en savait autant sur la promotion et le courtage miniers qu'une autruche sur les marées océaniques, m'a demandé quelle serait ma prochaine action. Sullivan semblait déconcerté, mais plein de foi. Ma situation était la suivante : j'avais conçu une campagne de promotion déchirante pour la meilleure propriété jamais proposée au public depuis Manhattan, mais je n'avais pas d'argent pour la présenter. Me tournant vers Sullivan, je dis :

« Connaissez-vous le directeur Goldfield de la Western Union Telegraph Company ?

"Oui, je le connais bien."

"Appelez-le par téléphone ou faites-lui savoir que vous garantirez le paiement de tous les télégrammes que je déposerai ici ce soir ou au cours des trois prochains jours ; je veux envoyer des télégrammes", dis-je.

"Je vais le faire", a déclaré Sullivan, et quelques minutes plus tard, j'ai été informé que le crédit de Sullivan était incontesté.

Je suis retourné au bureau de presse et j'y ai rédigé un télégramme de 300 mots, exposant les mérites de la propriété Jumping Jack Manhattan et proposant des options à court terme sur de gros blocs d'actions. Le message a été envoyé à pratiquement toutes les maisons de courtage connues du pays qui gèrent des valeurs minières. La facture des péages télégraphiques s'élevait à 1 200 $. Lorsque Sullivan apprit sa taille, il faillit s'effondrer.

"Jusqu'où comptez-vous aller ?" Il haletait.

"Eh bien," dis-je, "comment pouvez-vous perdre ? Votre ami, Frank Golden, président de la Nye & Ormsby County Bank, a accepté la présidence de la société à notre demande, et les autres dirigeants que nous avons recrutés sont tous des citoyens représentatifs. de cette communauté, et, en outre, la banque du comté de Nye & Ormsby a accepté de recevoir des abonnements. Pouvez-vous battre cela pour une mise en page ? Jamais, d'après mon expérience dans ce camp, avec toutes les promotions que j'ai annoncées, le public n'a eu un plat ? ce qui lui est tout à fait acceptable : une mine en production, en premier lieu ; une direction de haute classe dirigée par un président de banque, en deuxième lieu ; et une véritable banque comme agent de vente, en troisième et dernier lieu. allez comme une traînée de poudre !"

J'ai travaillé toute la nuit dans mon agence de publicité sur un texte publicitaire aux termes forts recommandant au public l'achat d'actions du Jumping Jack Manhattan. Dans la matinée, j'ai convaincu Sullivan d'avancer 10 000 $ pour payer les factures de publicité. L'exemplaire a été expédié par premier courrier aux quotidiens importants du pays, avec instruction de paraître le lendemain de la réception de l'exemplaire.

En six jours, toute la publicité était apparue. L'effet était magique. Les affichages publicitaires aidaient les courtiers des différentes villes, qui avaient demandé des réserves de stock, à écouler leurs lots en quelques jours. Dix jours après l'offre initiale de la promotion par télégraphe aux courtiers de l'Est, Sullivan m'a montré des ordres télégraphiques pour 1 280 000 actions Jumping Jack Manhattan à 25 cents l'action, soit une sursouscription de 280 000 actions. Avant que les livrets de certificats d'actions ne soient imprimés et livrés par l'imprimerie locale, nous étions en fait survendus.

Cette semaine-là et la suivante, Sullivan m'a donné *carte blanche* pour spéculer sur les actions minières locales avec l'argent du partenariat, et en quinze jours, nous avions fait une autre petite fortune grâce aux titres de Manhattan. Leur prix augmentait à pas de géant à la Bourse de San Francisco.

Je me souviens d'un gain du jour au lendemain, d'un montant d'environ 12 000 $, si facile que j'avais presque honte de prendre l'argent. L'action Manhattan Seyler-Humphrey, promue par Patrick, Elliott & Camp à 25 cents par action, était désormais cotée aux bourses de Goldfield et de San Francisco. Il était très demandé à 30 cents.

Une dépêche parvint à Goldfield depuis New York, prétendant être signée par John W. Gates et se lisant comme suit :

"A quel prix me donnerez-vous une option de 48 heures sur 200 000 actions de Manhattan Seyler-Humphrey ? Réponse à l'hôtel Willard, Washington, ce soir."

C'était pour Patrick, Elliott & Camp. En une demi-heure, une demi-douzaine de messages similaires sont parvenus à d'autres courtiers de Goldfield.

Je me trouvais dans le bureau de Patrick, Elliott & Camp lorsque le premier télégramme fut reçu, et je ne perdis pas de temps pour sortir dans la rue et annexer toutes les offres de Goldfield sur les actions aux cours en vigueur. Au début, Lou Bleakmore, directeur de Patrick, Elliott & Camp, « sentait le rat », mais lorsqu'il a appris que j'achetais les actions, il est devenu convaincu que je pensais que John W. Gates voulait vraiment du Seyler-Humphrey, et il a décidé d'acheter. commandes pour sa propre entreprise à San Francisco.

Personnellement, je considérais ce message comme un piège. Je suppose que quelqu'un dans l'Est avait acheté un bloc de Seyler-Humphrey à environ 25 cents lors de sa promotion quelques semaines auparavant et avait décidé de faire un tour. Les courtiers de Goldfield ayant reçu des télégrammes, j'ai supposé que le même message avait été envoyé aux courtiers de San Francisco, où le titre était également coté. Il me semblait qu'une avance serait certainement enregistrée le lendemain. Effectivement, le lendemain matin, le titre a progressé jusqu'à 38 cents l'action et le marché a bouilli. A ce chiffre, et un peu plus haut, j'ai débarqué aux alentours de 100 000 actions à Goldfield et à San Francisco. J'avais récupéré une bonne partie de ce stock la nuit précédente. Mais je me souviens qu'un bloc de 10 000 actions m'avait été attribué des semaines auparavant au prix de 20 centimes de courtier, et qu'un autre bloc de 10 000 actions m'avait été offert en prime pour mes mesures publicitaires.

Après avoir remis à la trésorerie de la Jumping Jack Manhattan Mining Company le montant net de la vente des actions propres et payé le montant encore dû sur le prix d'achat initial, Sullivan et moi, dans les trois semaines suivant mon petit défi, avions nettoyé un bénéfice net de 250 000 $.

"Voulez-vous une coupe?" J'ai demandé à Sullivan quand nos bénéfices communs avaient atteint le quart de million.

"Non, je suis partant. Reste avec ça", répondit-il.

Le lendemain, la LM Sullivan Trust Company, destinée à gagner et à perdre des millions dans le grand boom de Goldfield qui suivit et à façonner pour moi une carrière passionnante de promoteur, fut créée avec un capital libéré de 250 000 $. Sullivan a été nommé président et moi vice-président et directeur général.

---

[1]

À la mort de M. Nixon à Washington, DC, en juin 1912, M. Wingfield fut nommé son successeur au poste de sénateur américain par le gouverneur Oddie. Le journal Goldfield de M. Wingfield a félicité son propriétaire et a déclaré que la nomination était logique et méritée. Cependant, M. Wingfield, après avoir entendu Washington lui dire comment la nouvelle de sa nomination avait été reçue par les membres du Sénat, informa le gouverneur Oddie trois semaines plus tard qu'il devait refuser cet honneur. Il a donné d'autres raisons.

CHAPITRE III

LE BRASSAGE D'UNE SATURNALE DE SPÉCULATION

L'affiliation de M. Sullivan à une maison de jeu n'a pas été considérée comme un inconvénient pour la société de fiducie. George Wingfield, vice-président et principal actionnaire de la principale banque de Goldfield, était un joueur et M. Wingfield détenait également d'importants intérêts dans les mines. Ses mines aussi fonctionnaient bien. Les propriétaires des établissements de jeux de hasard défendaient désormais autant la solidité financière à Goldfield que les directeurs des caisses d'épargne de l'Est.

Quant à moi, je n'avais pas peur. J'ai juré de faire désormais exception à la règle des camps miniers et d'abandonner toute forme de jeu. Mon nouveau poste l'exigeait. Et j'ai trouvé facile d'obéir à l'inhibition que je m'étais imposée. Bientôt, les opérations boursières de la société fiduciaire donnèrent à mon instinct spéculatif tout l'éventail dont il aurait pu avoir besoin en toutes circonstances.

Quelques jours plus tard, le sentiment de tristesse qui m'a poussé à décider de m'absenter des tables de jeu s'est transformé en une ferme ambition d'accomplir de grandes choses pour la société de fiducie. Je m'occupais de mes affaires comme un homme qui voit éblouir devant lui un sceptre d'or et qui est imprégné de l'idée que s'il exerce le pouvoir, il peut remporter le prix. Il avait été convenu que la société de fiducie se spécialiserait dans la promotion des sociétés minières, et j'ai déterminé que la société de fiducie devrait mener ses activités comme le devrait une société de fiducie.

John Douglas Campbell, connu dans le désert sous le nom de «Jack» Campbell, a été engagé par la société de fiducie en tant que conseiller minier et directeur de la mine. Nous avons accepté de lui verser un salaire de 20 000 dollars par an, avec une prime d'actions dans chaque nouvelle société minière que nous promouvions, une allocation qui s'est avérée plus tard équivalente à 50 000 dollars par an.

M. Campbell était associé aux intérêts miniers de Tonopah et Goldfield depuis trois ans et était bien connu. Pendant huit ans, avant de venir à Tonopah, il a été employé comme surintendant minier dans le Colorado par Sam Newhouse, l'exploitant minier multimillionnaire de l'Utah. Au Colorado, la réputation de M. Campbell était bonne. À son arrivée à Tonopah, il fut employé par John McKane, alors associé à Charles M. Schwab. Plus tard, il fut chargé des baux Kernick et Fuller-McDonald sur la mine Jumbo de Goldfield d'où, pendant un an, 1 000 000 $ d'or furent retirés. Après cela, M. Campbell s'est emparé du bail Quartzite à Diamondfield, près de Goldfield, et il a produit 200 000 $ en quelques mois de cet avoir. Il a enchaîné avec une production record de la célèbre concession Reilly sur la mine Florence de Goldfield, s'élevant à 650 000 $ en deux mois. Ce fut dans les trente jours suivant la date d'expiration du bail Reilly que M. Campbell fut incité à prendre charge du département minier de la société de fiducie.

L'avènement de M. Campbell en tant que directeur de la mine s'est immédiatement reflété sur le marché boursier par la progression des actions de Jumping Jack Manhattan Mining Company, qui étaient désormais régulièrement cotées au San Francisco Stock & Exchange Board, à 40 cents par action, en hausse de 15 points par rapport à le prix promotionnel. Cette forte hausse a fait incontestablement sensation dans les milieux boursiers. Les courtiers des villes qui avaient vendu Jumping Jack à leurs clients réclamaient une nouvelle promotion Sullivan. Toute nouvelle entreprise minière pour laquelle la société de fiducie parrainerait était assurée d'un nombre important de souscriptions et d'un vaste marché public.

L'essayer sur le chien errant

La mine Stray Dog Manhattan fournissait des sensations quotidiennes sous la forme de fréquentes découvertes de minerai fabuleusement riche. J'ai insisté pour que, aussi modeste que soit le bénéfice, la Sullivan Trust Company commence sa carrière d'entreprise par la promotion d'une propriété aussi bonne que le Stray Dog. Le Stray Dog était à vendre – à un prix. Un intérêt de 350 000 actions, détenu par Vermilyea, Edmonds & Stanley, le cabinet d'avocats le plus prestigieux de Goldfield, pouvait être acquis à 45 cents l'action, et un autre intérêt, de 350 000 actions, détenu par des prospecteurs qui avaient localisé le terrain, on pouvait l'obtenir à 20 cents l'action, tout ou rien. Le reste des actions se trouvait dans la trésorerie de la société. Le total demandé pour 700 000 actions de propriété s'élevait à 227 500 $, entièrement en espèces. Une propriété probable attenante au Stray Dog, connue sous le nom de Indian Camp, pourrait être achetée dans son intégralité pour 50 000 $. Nous savions que dès qu'on apprendrait que nous avions acheté le Stray Dog, la valeur du terrain d'Indian Camp doublerait, et nous avons donc décidé d'annexer l'Indian Camp en même temps que nous reprenons le Stray Dog.

La dépense proposée s'élevait à plus d'argent que nous n'en avions, et j'ai cherché de l'aide. Henry Peery, un homme d'affaires minier de Salt Lake, avait négocié le rachat du Stray Dog dans l'intérêt des banquiers de l'Utah. Nous avons convenu que M. Peery devrait être autorisé à participer sur la base d'un intérêt d'un tiers pour lui et de deux tiers pour la société de fiducie. En plus de fournir sa part des liquidités nécessaires pour conclure l'affaire, M. Peery a accepté de fournir un président à la société qui, a-t-il dit, s'intéressait très fréquemment aux entreprises minières. Il s'agissait d'Henry

McCornick, le banquier de Salt Lake, fils du chef de la société McCornick & Company, réputée pour être l'un des banquiers privés les plus riches à l'ouest du fleuve Mississippi. L'accord a été conclu.

Nous avons immédiatement procédé à la promotion de la Stray Dog Manhattan Mining Company à 45 cents par action, le coût moyen pour nous du titre étant de 32½ cents. Il était impossible de réaliser un bénéfice énorme dans Stray Dog avec une marge de 12,5 cents par action entre notre prix de revient et le prix de vente, car les dépenses de promotion semblaient devoir être presque égales à cette valeur. Nous avons pensé que tous les bénéfices de la promotion devaient provenir du camp indien. Le camp indien était capitalisé à hauteur de 1 000 000 d'actions, dont 650 000 ont été versées à la société de fiducie et à M. Peery pour la propriété. Les 350 000 actions restantes ont été placées dans la trésorerie de la société pour être vendues à des fins de développement minier. Le coût moyen par action pour la société de fiducie de ses actions de propriété était d'une fraction inférieure à 8 cents. Nous avons décidé que dès que Stray Dog serait promu, nous proposerions des actions d'Indian Camp sur une base de 20 cents nets par action aux courtiers et de 25 cents au public, et nous attendions avec impatience, en cas de succès, de gagner environ 75 000 $ net sur les deux. entreprises.

Immédiatement après avoir pris le contrôle de Stray Dog et d'Indian Camp, la société de fiducie a acheté des actions propres dans chacune de ces sociétés et a mis un grand nombre d'hommes au travail pour ouvrir les propriétés. Dans les trente jours qui suivirent la constitution de la société fiduciaire Gold Hill à Manhattan, où se trouvaient les Stray Dog, Jumping Jack et Indian Camp, grouillaient de mineurs. Les ordres donnés à l'ingénieur « Jack » Campbell étaient de mettre un homme au travail partout où il pouvait en employer un, et de ne pas épargner les dépenses tant qu'il pouvait obtenir des résultats. D'imposants cadres de potence et des moteurs à essence de 25 chevaux ont été installés et d'autres équipements miniers nécessaires ont été commandés et expédiés vers les propriétés. Des forges, des dortoirs et des entrepôts ont été érigés sur le terrain. Des équipes de mineurs étaient employées de jour et de nuit. Afin de garantir la présence constante sur les propriétés de l'ingénieur responsable, la Sullivan Trust Company a construit à l'usage de l'ingénieur une maison d'habitation de 6 000 $ sur le terrain d'Indian Camp.

Après avoir convaincu les indigènes que nous étions très sérieux quant à nos intentions de créer une mine, nous nous sommes occupés de proposer des actions Stray Dog en souscription à 45 cents par action. Il était bien connu dans le camp que nous avions payé 45 cents par action pour un bloc de 350 000 actions, et les partisans du camp minier furent parmi les premiers à souscrire aux actions. On s'efforça alors d'en distribuer des quantités au public oriental par la publicité et par l'intermédiaire des courtiers en valeurs minières.

Cette campagne publicitaire a été abordée avec beaucoup de prudence. En premier lieu, le prix d'abonnement de Stray Dog, 45 centimes, était de 80 pour cent. supérieur à celui de toute autre promotion annoncée qui avait déjà été réalisée dans les camps de Goldfield ou de Manhattan ; et en second lieu, la conduite d'une campagne de promotion des titres miniers par une société de fiducie m'a paru justifier plus que des soins ordinaires. D'autres facteurs sont également entrés en jeu pour la première fois à Goldfield.

Les premiers succès des campagnes publicitaires sur grand écran dirigées depuis Goldfield semblaient être dus au fait que le public américain avait accueilli la spéculation sur les titres miniers comme répondant à un besoin ressenti depuis longtemps, à savoir un canal de spéculation dans lequel il pouvait se livrer à ses désirs. un esprit de jeu avec des ressources relativement limitées – des ressources qui n'étaient pas suffisantes pour leur permettre d'avoir un aperçu des grandes bourses où s'échangent les produits ferroviaires et industriels à prix élevé.

PUBLICITÉ POUR LES PENSEURS

Ayant « essayé sur le chien » mes méthodes de publicité pendant près de deux ans, c'est-à-dire ayant dirigé une agence de publicité pour des promoteurs de mines, et appris le métier avec leur argent, j'avais passé par le stade expérimental et j'étais désormais enrôlé un cardinal. principal ou deux qui, selon moi, devaient me guider dans les opérations qui m'intéressaient plus directement.

J'ai pris la résolution de ne jamais laisser sortir du bureau une publicité qui ne convaincrait pas un penseur. Si mon argument convainc l'homme d'affaires, ai-je déterminé, il gagnera certainement l'homme sans affaires.

Exprimée de manière dogmatique, l'idée était la suivante :

Ne faites jamais appel à l'intelligence des imbéciles, même s'ils peuvent facilement se séparer de leur argent. Allumez vos batteries sur ceux qui réfléchissent et convainquez-les, et les irréfléchis suivront.

Ce principe a été appliqué à l' *argumentation* de la publicité.

Les gros titres étaient construits sur un principe totalement différent, à savoir être positifs à l'extrême.

La Bible était mon exemple. Elle dit : « C'est » ou « C'était », « Tu feras » ou « Tu ne feras pas », et la Bible explique ou dit rarement pourquoi.

La force d'un titre réside dans son côté positif.

La logique qui voulait que le titre flamboyant de mon texte publicitaire sur grand écran contienne une déclaration très positive et que l' *argument* qui suivait en petits caractères soit convaincant pour le penseur, était basée sur la reconnaissance du fait que, même si l'audace de la déclaration attire invariablement l'attention, l'analyse est le dernier recours du penseur avant d'être convaincu.

Une plus grande circonspection a également été utilisée dans le processus de sélection des médias pour la publicité. Les journaux qui ne publiaient pas dans leurs colonnes d'information les cotations des actions minières des émissions négociées sur le New York Curb, le Boston Stock Exchange, le Boston Curb, le Salt Lake Stock Exchange ou le San Francisco Stock Exchange étaient, en théorie, tabous. qu'à cette époque, le commerce des valeurs minières était devenu suffisamment populaire pour attirer un public régulier, et qu'il était plus facile de faire appel à ceux qui avaient une certaine expérience de la spéculation sur les valeurs minières qu'à ceux qui ne s'y étaient jamais aventurés auparavant.

Les campagnes publicitaires ultérieures ont toujours été menées dans cette perspective. Je n'ai pas mis le feu à l'océan avec ma promotion Stray Dog, dont la campagne publicitaire a été menée sur ces lignes, mais cela est dû à des circonstances que j'explique plus loin. Plus tard, lorsque la Sullivan Trust Company grandit et prospéra, et ensuite lorsque j'atteignis l'Est et que j'appris de plus en plus le mécanisme interne du grand jeu de promotion de Wall Street dans les secteurs ferroviaires et industriels ainsi que dans les valeurs minières, j'ai découvert que mes principes de publicité étaient comparables à ceux acceptés par la rue en général.

Les puissants pouvoirs de Wall Street reconnaissent le fait qu'il n'est pas dans la nature des choses que les imbéciles aient beaucoup d'argent, et que les penseurs, et non les imbéciles, sont la proie du promoteur à succès des temps modernes, haut ou bas, honnête ou malhonnête.

Un peu de connaissances est une chose dangereuse, et l'homme qui pense tout savoir parce qu'il a accumulé beaucoup d'argent dans sa propre entreprise commerciale est un personnage typique sur lequel le financier multimillionnaire à succès de Wall Street des temps modernes entraîne ses batteries.

Le promoteur honnête vise à la fois le penseur qui pense savoir mais ne le sait pas, et le penseur qui sait réellement. Il est obligé de faire appel aux deux classes parce que le nombre de membres de la première dépasse celui de la seconde dans une proportion d'environ 1 000 pour 1.

In fine, pour chaque dollar d'argent « sage » jeté dans le vortex de la spéculation , 1 000 $ sont « imprudents », ou sont considérés comme tels.

La campagne de promotion initiale de Stray Dog et Indian Camp n'a été qu'à moitié réussie au début. Environ 650 000 actions de Stray Dog et 350 000 actions d'Indian Camp avaient été cédées lorsque le boom de Manhattan commençait à perdre de son intensité. Les promotions avaient été faites un peu trop rapidement pour être digérées par le public. Il y avait plus de mineurs au travail que jamais dans le camp de Manhattan, mais la demande de titres ne suivait pas l'offre. Le boom initial de Manhattan semblait s'aplatir, tout comme le premier boom de Goldfield.

Nous avons rencontré un revers venant d'une autre direction. Les relations bancaires d'Henry McCornick à Salt Lake se sont opposées à l'utilisation de son nom en tant que président du Stray Dog. Au plus fort de notre campagne publicitaire, M. McCornick a démissionné. Nous avons élu notre ingénieur, « Jack » Campbell, président, mais le mal était fait.

OUI, "LES AFFAIRES C'EST LES AFFAIRES"

Les bureaux de la société de fiducie étaient meublés à une échelle élaborée, ressemblant à l'intérieur d'une institution bancaire d'une grande ville. Les bureaux devenaient le siège des courtiers en valeurs minières de l'Est chaque fois qu'ils arrivaient au camp.

Un matin, JC Weir, un courtier en valeurs mobilières de New York, dont la société détenait une option de la société de fiducie sur 100 000 actions de Stray Dog, était installé dans l'une des deux pièces luxueusement meublées utilisées comme bureaux de direction. La société de M. Weir était l'un de nos agents commerciaux à New York. Il était le doyen des courtiers en valeurs minières à New York. À cette époque, le service téléphonique de Goldfield n'était pas encore perfectionné et il suffisait qu'une personne, pour entendre une conversation téléphonique dans nos bureaux, décroche le combiné du crochet le plus proche et écoute. On m'a rapporté que M. Weir avait utilisé cette méthode pour apprendre des choses de première main.

"Dites, Rice", a déclaré M. Sullivan un matin, "Weir entend vos messages chaque fois que vous êtes appelé au téléphone. Il profite de vous. J'aimerais que vous me laissiez le soigner."

"Très bien, que veux-tu faire ?" J'ai répondu.

"Dites", a déclaré M. Sullivan, "Campbell, notre ingénieur, est à Manhattan. Je vais l'appeler depuis la station publique et lui dire de vous téléphoner pour vous donner des nouvelles brûlantes sur les développements miniers de Stray Dog, et je Je veillerai à ce que Weir soit dans son bureau au moment où vous recevrez le message. Si Weir ne vole pas la nouvelle et ne s'empare pas d'un gros bloc de Stray Dog, je suis un mauvais devineur.

Toutes nos options auprès des courtiers devaient expirer le 15 mars et nous étions le 13.

A quatre heures de l'après-midi, j'étais dans ma chambre. M. Weir était au bureau dans la pièce d'en face. La cloche du téléphone a sonné.

"Bonjour," dis-je, "qui est-ce ?"

"Campbell, à Manhattan", fut la réponse.

"Quelles sont les nouvelles, Jack ?" J'ai demandé.

"Nous venons de heurter six pieds de minerai à 2 000 $! C'est une baleine ! Je n'ai jamais vu une mine aussi grosse que celle-ci de ma vie ! Ne vendez plus de Stray Dog à moins de 5 $ l'action !" » a crié M. Campbell.

"Bully, Jack," dis-je, "mais garde cette information pour toi. Ne le dis pas à ta mère et ne laisse plus aucun mineur descendre dans le puits. Ferme-le jusqu'à ce que je puisse racheter une partie du puits. stock que j'ai vendu si bon marché.

Quinze minutes plus tard, M. Sullivan et moi avons rencontré M. Weir qui quittait la pièce.

"Weir", dis-je, "votre option sur Stray Dog expire le 15 à midi. Jusqu'à présent, votre bureau de New York n'a commandé que 85 000 actions sur les 100 000 qui vous ont été attribuées. Nous avons décidé de clôturer les souscriptions sur le moment. et j'aimerais que vous télégraphiiez à votre bureau de New York pour qu'il ne vende plus."

"Vous avez tort", a déclaré M. Weir; "Eh bien, quand j'ai quitté New York, nous avions survendu la totalité de notre lot ! Si le bureau ne vous en a pas informé, c'est une erreur. En fait, nous aurons besoin d'au moins 25 000 actions supplémentaires."

"Vous ne pouvez pas les avoir", dis-je.

"Pas dans mille ans !" » intervint M. Sullivan.

M. Weir a envoyé un tas de messages codés à New York. M. Sullivan passa toute la journée suivante avec M. Weir. Il a permis à M. Weir de le cajoler pour qu'il lui cède la totalité du bloc de stock. Finalement, il a été convenu entre M. Weir et M. Sullivan que M. Sullivan lui donnerait le stock supplémentaire, que j'y consente ou non. Subrepticement, selon l'idée de M. Weir, M. Sullivan lui cédait, à mon insu et contre ma volonté.

Le lendemain, la Sullivan Trust Company expédia à la société de M. Weir à New York 25 000 actions de Stray Dog attachées à la traite au prix de 45 cents l'action. La traite a été payée. L'ange vengeur est resté sur la trace de M. Weir, car juste après l'achat de Stray Dog par le courtier new-yorkais, une calamité a presque anéanti la valeur marchande des actions minières du Nevada et en particulier celles des sociétés minières de Manhattan. San Francisco a été détruite par un tremblement de terre et un incendie. Pas moins de la moitié des capitaux investis dans les actions de Manhattan provenaient de la ville de San Francisco. Le tremblement de terre a été fatal à Manhattan.

La Bourse de San Francisco, qui était le principal marché pour les actions minières de Manhattan, a été contrainte d'interrompre ses activités pendant plus de deux mois. Les courtiers et les sociétés de transfert ont perdu leurs dossiers, et les pertes de biens et d'argent de la Côte ont été si épouvantables que plus d'argent n'a été versé aux entreprises minières. Toutes les banques du Nevada ont fermé leurs portes, comme toutes les banques de Californie, les gouverneurs des deux États ayant déclaré une série de jours fériés pour permettre aux institutions financières de gagner du temps. En règle générale, les banques du Nevada avaient effectué leurs compensations par l'intermédiaire des banques de San Francisco, et pratiquement toutes les liquidités du Nevada étaient immobilisées par la catastrophe.

La Sullivan Trust Company était confrontée à une crise. J'avais décidé que c'était une bonne affaire de soutenir Jumping Jack en bourse lorsque le boom de Manhattan commençait à se relâcher de ses premières tensions et j'avais accumulé plusieurs centaines de milliers d'actions à une moyenne de 35 cents. La société Trust n'avait que 8 000 $ d'or dans ses coffres le jour du séisme. Les fonds déposés en banque n'étaient pas disponibles. Sur les 8 000 $ en pièce d'or, 6 500 $ ont été payés deux jours après le tremblement de terre à la Wells-Fargo Express Company pour une automobile qui était en transit à ce moment-là et pour laquelle Wells-Fargo a exigé la pièce. Il était impossible d'hypothéquer des titres miniers de quelque nature que ce soit au Nevada ou à San Francisco. Avec les fonds de la Sullivan Trust Company immobilisés dans des banques fermées et avec une ligne de titres invendables dans ses coffres, elle était « contre elle ».

Pendant un certain temps, il a semblé que nous devions aller au mur. Pendant deux mois, nous avons gagné notre subsistance en vendant directement à prix réduits des titres de Manhattan aux courtiers de l'Est. Ce pouvoir d'achat provenait en grande partie de courtiers qui étaient « à court » de stocks destinés au public sur des engagements pris à des prix beaucoup plus élevés et qui avaient besoin de certificats réels pour les livraisons.

Il a fallu plus de soixante jours aux banques du Nevada et à la Bourse de San Francisco pour se redresser. A peine la Bourse de San Francisco a-t-elle ouvert ses portes qu'il est devenu possible pour la Sullivan Trust Company d'emprunter des liquidités indispensables sur les titres de Manhattan, dont elle disposait en pléthore. Par l'intermédiaire des membres de la Bourse de

San Francisco, elle a ainsi obtenu environ 100 000 $. Les banques Goldfield ont fourni 100 000 dollars supplémentaires un peu plus tard par le même processus. Puis les nuages sont passés.

DES FORTUNES MANQUÉES

Bientôt, les Mohawks de Goldfield commencèrent à donner des indications infaillibles comme étant le merveilleux trésor qu'ils ont depuis prouvé être. Hayes et Monnette, qui possédaient un bail sur une petite partie de la propriété, avaient découvert du minerai à haute teneur et produisaient au rythme de 3 000 $ par jour. Quelques semaines plus tard, on rapportait que la production était passée à 5 000 dollars par jour.

Le Mohawk étant situé à seulement un jet de pierre de la mine Combine, l'idée que le Mohawk pourrait se révéler être une autre combinaison était courante à Goldfield. Hayes et Monnette furent surpris, presque effrayés, par leur succès. Cédant pour le moment à l'avertissement de leurs amis, qui leur faisaient valoir la possibilité que le minerai soit bientôt épuisé, Hayes et Monnette se rendirent aux bureaux de la Trust Company et proposèrent de vendre leur bail, qui avait six mois à courir, pour 200 000 $. en espèces et 400 000 $ à prélever sur le produit net du minerai. Mon instinct de joueur était éveillé.

"Je vais le prendre", dis-je.

Je l'ai envoyé à la State Bank & Trust Company et j'ai fait certifier un chèque de 200 000 $. J'étais sur le point de conclure l'affaire lorsque M. Sullivan et "Jack" Campbell ont protesté.

"Je devrais avoir quinze jours pour examiner la mine", a insisté M. Campbell.

"C'est une trop grande chance à prendre", a déclaré M. Sullivan.

Interrogés en appel, Hayes et Monnette ont déclaré que permettre un examen de quinze jours signifierait pratiquement fermer la propriété pour cette période et entraînerait une perte positive pour eux en raison de la durée limitée de leur bail. L'ampleur de la perte, si l'accord échouait, était trop importante pour être envisagée, et ils ont refusé.

Jour après jour, tandis que M. Campbell et M. Sullivan traînaient, le rendement du bail augmentait, et lorsque, quinze jours plus tard, nous étions tous les trois unanimes en faveur de la proposition, Hayes et Monnette refusèrent catégoriquement de vendre. En six mois, ce bail sur le Mohawk a produit environ 6 000 000 $ de minerai brut et a rapporté aux locataires environ 4 500 000 $. La Sullivan Trust Company a certainement « négligé un pari ».

Durant cette période j'ai passé une soirée avec Henry Peery et WH ("Daddy") Clark. M. Clark, comme M. Peery, était originaire de Salt Lake. M. Clark avait réussi à promouvoir le Bullfrog Gibraltar. Assis autour d'une table du restaurant Palm, la conversation s'est tournée vers de nouveaux camps.

"Rice", a déclaré M. Clark, "j'espère pouvoir vous proposer dans quelques semaines un accord sur un lotissement urbain qui vous rapportera de l'argent si vous entreprenez de donner un peu de publicité au camp."

"Bien", dis-je.

« Je fais faire des analyses, » dit-il, « de quelques échantillons qui ont été apportés au camp la nuit dernière par quelques prospecteurs, et s'ils s'avèrent correspondre à ce que prétendent les prospecteurs, ou à quelque chose qui s'en rapproche, nous aurons besoin de vos services pour mettre un nouveau camp sur la carte.

Cette nuit-là, M. Peery a appris de l'essayeur que le dosage le plus bas sur 16 échantillons était de 86 $ et le plus élevé de 475 $ la tonne. Le lendemain matin, M. Peery m'a informé qu'il était resté toute la nuit avec M. Clark pour savoir d'où venait le minerai. M. Peery a déclaré que M. Clark lui avait dit, au petit matin, que l'endroit était Fairview Peak, à cinquante milles à l'est de Fallon.

"Rice", dit M. Peery, "allons le devancer. Il va traverser le désert à pied à bord de mules avec une tenue de camp demain, et il lui faudra une semaine pour y arriver."

"Billy" Taylor, qui était intéressé avec M. Peery par une entreprise Bullfrog, s'est joint au parti, et nous avons chacun remis à M. Peery un chèque de 500 $, formant ainsi une réserve de 1 500 $ pour envoyer un homme à Fairview pour y acheter des propriétés. M. Peery a télégraphié à la Banque de la République à Salt Lake pour payer à Ben Luce 1 500 $ et a demandé par télégramme à M. Luce de prendre l'argent, de se rendre à Fairview et de faire des affaires.

Il a fallu près de deux semaines avant que nous entendions parler de M. Clark ou de M. Luce. M. Clark est retourné au camp et a déclaré qu'il avait acheté à un groupe de prospecteurs itinérants la propriété de Nevada Hills, théâtre de la grande découverte, pour 5 000 $, et qu'il s'agissait d'un « record mondial ».

"Avez-vous rencontré des étrangers là-bas ?" » demanda M. Peery.

"Oui", a déclaré M. Clark, "j'ai rencontré un homme nommé Luce qui a failli me devancer. En fait, il a acheté la propriété avant mon arrivée, mais il n'avait pas d'argent et ils n'ont pas accepté son chèque pour 500 $, c'était le dépôt requis. J'avais l'or avec moi, et cela a réglé le problème. »

Quelques jours plus tard, M. Luce est venu à Goldfield.

"Je n'ai pas eu le gros", dit-il, "mais j'ai acheté le Nid d'Aigle, à proximité, pour 7 000 $, dont 500 $ devaient être payés, et il y a du minerai dedans et ça me semble bien. " Je n'avais pas d'argent sur moi quand je suis arrivé à Fairview. Ils ont refusé mon chèque pour les Nevada Hills, mais les garçons d'Eagle's Nest l'ont accepté comme premier paiement de 500 $. "

M. Luce n'était pas chez lui lorsque la dépêche de M. Peery a été livrée à Salt Lake. Quand il lui parvint, la banque était fermée. Pour prendre le premier train, il fut obligé de laisser l'argent derrière lui. Il est arrivé à Fairview moins les 1 500 $ et a ainsi perdu les collines du Nevada au profit de M. Peery, M. Taylor et de la Sullivan Trust Company.

M. Clark et ses associés ont constitué Nevada Hills pour 1 000 000 d'actions d'une valeur nominale de 5 $ chacune et ont accepté des souscriptions à 1 $ par action.

En quelques mois, les Nevada Hills versèrent 375 000 $ de dividendes sur le minerai et peu de temps après, au plus fort du boom de Goldfield, il fut rapporté que les propriétaires du contrôle avaient refusé une offre de 6 000 000 $ pour la propriété. La mine s'est avérée être une aubaine. Les actions de la société se sont vendues récemment à la Bourse de New York et à la Bourse de San Francisco à une valorisation pour la mine de 3 000 000 $, et les mineurs bien informés estiment qu'elles valent ce chiffre. George Wingfield, président de Goldfield Consolidated qui a suivi la Sullivan Trust Company à Fairview et a acheté le Fairview Eagle, qui est pris en sandwich entre les collines du Nevada et le nid d'aigle, est maintenant président des collines du Nevada. Les actions propres du Fairview Eagle ont été vendues à Goldfield à 40 cents l' action. Récemment, les sociétés Nevada Hills et Fairview Eagle ont fusionné.

"Jack" Campbell a fait un rapport favorable sur Eagle's Nest et nous avons décidé d'organiser et de promouvoir une entreprise pour posséder et développer la propriété.

La Sullivan Trust Company a acheté la participation de M. Taylor dans Eagle's Nest pour 8 000 $, celle de M. Luce pour 8 000 $ (il avait reçu un quart d'intérêt pour son travail) et celle de M. Peery pour 30 000 $. Elle a fait de la propriété la base de la promotion de la Eagle's Nest Fairview Mining Company, capitalisée pour 1 000 000 d'actions d'une valeur nominale de 5 $ chacune. Le gouverneur John Sparks a accepté notre invitation à devenir président de la société. L'intégralité de la capitalisation a été vendue au public par l'intermédiaire de courtiers en valeurs mobilières de l'Est et de l'Ouest dans un délai de trente jours au prix de souscription de 35 cents par action.

Après avoir payé la propriété, nos bénéfices nets étaient aux alentours de 150 000 $.

L'accord Eagle's Nest a permis à la société de fiducie de rembourser la majeure partie de l'argent qu'elle avait emprunté après le tremblement de terre de San Francisco et de remettre l'entreprise sur Easy Street.

LE CONTE DE BULLFROG RUSH

Suite à la promotion Eagle's Nest, la Sullivan Trust Company est devenue sponsor de Bullfrog Rush. J'avais rencontré le Dr J. Grant Lyman, propriétaire de la propriété, sur la pelouse d'un des cottages de l'hôtel United States à Saratoga, quelques années auparavant, où il courait avec une série de chevaux et fréquentait de bonnes personnes, et j'ai ne savait rien qui puisse le discréditer. Le Dr Lyman a acheté la propriété Bullfrog Rush pour 150 000 $. J'étais présent lorsqu'il a payé 100 000 $ de cet argent en espèces à la banque John S. Cook & Company à Goldfield. La propriété Bullfrog Rush était d'une grande superficie, jouissait de splendides indices de surface et était située à côté de la Tramps Consolidated, qui se vendait alors environ 3 $ l'action. Cela semblait être une belle perspective.

Le Dr Lyman a constitué la société en société pour 1 000 000 d'actions d'une valeur nominale de 1 $ chacune. Les services de la Sullivan Trust Company ont été utilisés pour financer l'entreprise de développement minier. La société de fiducie a obtenu une option sur les actions propres de la société à 35 cents par action et a procédé à sa cession par l'intermédiaire de courtiers de l'Est et directement au public par voie publicitaire, à 45 cents par action pour les courtiers et 50 cents par action pour les investisseurs. . Nous avons vendu 200 000 actions, réalisant 90 000 $ en moins de trente jours, conservé 20 000 $ pour commissions et dépenses, et mis dans la trésorerie de la société Bullfrog Rush 70 000 $, le tout mis à la disposition de la société pour le développement de la mine.

Une demi-douzaine de tunnels ont été creusés et plusieurs puits ont été creusés. Jusqu'au niveau de 400 pieds, la mine semblait très prometteuse. On a alors appris que le puits situé à la pointe de 400 pieds avait rencontré un lit de chaux. Il est apparu que toutes les propriétés de Bonanza Mountain, où se trouvait le Bullfrog Rush, y compris le Tramps Consolidated, qui se vendait alors sur le marché pour une valeur de 3 000 000 $, allaient forcément se révéler être de graves échecs miniers. La colline entière, selon notre ingénieur, était une « glissade », et le minerai en dessous de 400 points ne pouvait pas exister.

Nous avons alors informé le Dr Lyman que nous cesserions la vente du stock jusqu'à ce que la propriété donne de meilleures indications quant à la création d'une mine.

Quelques semaines plus tard, le Dr Lyman est entré sans prévenir dans mon cabinet privé. À cette époque, Jumping Jack, Stray Dog, Indian Camp et Eagle's Nest se vendaient tous à la Bourse de San Francisco à une moyenne de 35 pour cent. au-dessus des prix promotionnels. La LM Sullivan Trust Company « faisait du bien » aux investisseurs. Bullfrog Rush n'était pas encore coté et nous avions peur de lui donner une cotation boursière.

"J'ai créé ici à Goldfield la Union Securities Company", a déclaré le Dr Lyman en s'asseyant près de mon bureau, "et je me lance moi-même dans le secteur de la promotion. Je ne crois pas un mot des rapports que vous avez. que le Bullfrog Rush est un échec, je poursuis la promotion."

J'ai protesté. "Nous ne le permettrons pas", dis-je. "Le gouverneur Sparks, qui est le meilleur ami de la Sullivan Trust Company, a accepté la présidence de Bullfrog Rush sur la base de notre assurance que la propriété était en bonne santé. John S. Cook, le principal banquier de cette ville, a accepté la direction du trésorier. mêmes représentations. M. Sullivan, président de cette société de fiducie, est vice-président du Rush. Nous sommes déjà assez mal dans l'état actuel des choses. N'osez pas poursuivre la promotion pour le moment.

Le Dr Lyman a quitté le bureau sans prononcer un mot.

Deux jours plus tard, j'ai reçu une dépêche du gouverneur Sparks annonçant qu'une annonce pleine page de l'Union Securities Company avait paru dans le *Nevada State Journal* à Reno, proposant des actions Bullfrog Rush à la souscription. Le gouverneur protesta vigoureusement contre la vente des actions. Nous l'avions préalablement informé des nouvelles conditions qui régnaient à la mine.

J'ai envoyé Peter Grant, l'un des partenaires de M. Sullivan au Palais, chez le Dr Lyman pour protester. La réponse fut que la publicité du *Nevada State Journal* était sur le point d'être reproduite dans tous les journaux à grand tirage de tout l'Est et que les commandes de publicités ne seraient pas annulées. Une demi-heure plus tard, le Dr Lyman entra dans le bureau avec M. Grant. M. Grant avait l'air agacé. Le Dr Lyman lança un regard noir.

J'ai demandé au Dr Lyman de prendre une chaise.

"Si vous bougez un petit doigt pour m'arrêter", dit-il en s'asseyant devant moi, "je dénoncerai chacun de vos actes depuis votre naissance et je révélerai qui est le patron de cette société de fiducie !"

Le Dr Lyman était grand comme un peuplier et musclé comme un Samson. Il venait tout droit de l'Est, les joues rouges et soigné comme un Chesterfield. J'étais cadavérique, usé par le désert, fatigué du bureau et de petite taille en comparaison. Dans un combat avec des gants, le Dr Lyman aurait probablement pu m'achever en un demi-tour. Mais cette disparité ne m'est pas venue à l'esprit. Le sentiment d'injustice m'a fait tout oublier, sauf la menace de chantage du Dr Lyman. J'ai sauté sur mes pieds. Le Dr Lyman recula jusqu'à la porte vitrée. Je lui ai porté un coup. Il recula pour l'esquiver. En une seconde, il heurta la grande vitre qui tomba avec fracas. L'instant d'après, il reprit ses esprits, tourna les talons et courut. Son visage était couvert d'égratignures, résultat de sa rencontre avec la vitre brisée. Plusieurs employés qui le suivaient, pensant qu'il avait commis un acte de violence, rapportèrent qu'il ne s'arrêta de courir qu'au bout d'une rue située à 200 mètres.

"Oh," haleta-t-il, "Je ne veux plus jamais voir un tel regard dans les yeux d'un homme. Je pensais l'avoir vu prendre une arme à feu."

Une telle idée était la plus éloignée de mon esprit, même si j'étais très en colère. La conscience avait fait du médecin un lâche.

J'ai rapidement décidé d'un plan d'action.

La position de la société de fiducie était la suivante : à l'exception de Bullfrog Rush, nous avions une série de gagnants boursiers à notre actif auprès du public. Si nous permettions au Dr Lyman de poursuivre sa promotion de Bullfrog Rush, nous devrions, à moins que nous abandonnions notre règle visant à protéger nos actions sur le marché, être obligés un jour de racheter toutes les actions qu'il a vendues. La vérité sur la mine allait forcément éclater, et nous nous sommes présentés au public en tant que sponsors.

J'ai décidé que la société de fiducie devrait rembourser l'argent versé par les actionnaires de Bullfrog Rush et empêcher le Dr Lyman de vendre davantage d'actions.

Aux courtiers, par l'intermédiaire desquels nous avions vendu une grande partie des actions au public, nous avons télégraphié que nous rembourserions le montant exact que nous auraient payé les courtiers lors de la livraison des certificats. Nous avons également télégraphié au gouverneur Sparks et lui avons demandé la permission d'insérer une annonce dans les journaux au-dessus de sa signature, annonçant que la propriété s'était avérée être un échec minier et conseillant au public de ne plus acheter d'actions. Cela a énormément plu au gouverneur, car il a immédiatement renvoyé son accord avec des félicitations pour la position que nous avons prise.

Cette nuit-là, un avertissement au public, portant la signature du gouverneur John Sparks, et une publicité distincte de la Sullivan Trust Company, proposant de rembourser l'argent payé pour les actions de Bullfrog Rush, furent télégraphiés à tous les principaux journaux de l'Est. Le lendemain, ces deux annonces sont apparues côte à côte avec les publicités d'une demi-page et d'une page entière de l'Union Securities Company du Dr Lyman de Goldfield proposant Bullfrog Rush pour souscription publique. Curieusement, les journaux ont réalisé cette opération sans frémir.

Le public n'a plus acheté d'actions Bullfrog.

L'incident de Bullfrog Rush a coûté à la Sullivan Trust Company un peu moins de 90 000 dollars, qui ont été remboursés aux actionnaires, ainsi que la somme supplémentaire dépensée pour faire connaître notre dénonciation de l'entreprise. Le Dr Lyman a été dépouillé de la totalité de son investissement dans la propriété. Les journaux ont perdu plusieurs milliers de dollars, représentant les factures publicitaires impayées du Dr Lyman. Un certain nombre de courtiers en valeurs minières ont également perdu de l'argent ; ils furent obligés de rembourser leurs commissions.

JC Weir, le courtier en valeurs minières de New York, qui fait affaire sous le nom de Weir Brothers & Company, avait vendu environ 100 000 actions de Bullfrog Rush à ses clients, et il s'est violemment opposé à notre décision de ne pas rembourser. un montant supérieur au prix net qui nous a été payé. Il a estimé que son entreprise ne devrait pas être obligée de restituer ses bénéfices. Nous sommes restés fidèles et avons soutenu qu'il devrait être fier de partager avec nous la gloire de « faire du bien » d'une manière si inhabituelle aux actionnaires. C'était la première fois dans l'histoire des promotions minières occidentales qu'une telle chose était faite, et nous avons fait remarquer à M. Weir que cela gagnerait en réputation tant pour lui que pour la société de fiducie. Pendant un certain temps, M. Weir mena une guerre épistolaire contre la société de fiducie. Pendant près de deux mois, il refusa de céder. Finalement, nous avons reçu une lettre de M. Weir disant que puisque nous refusions de respecter ses conditions, il accepterait les nôtres et qu'il avait tiré sur nous 4 500 $, auquel était attaché un lot de 10 000 actions Bullfrog Rush. Dès réception de la lettre, j'ai donné instruction au caissier d'honorer rapidement la traite.

Une heure plus tard, le caissier rapporta que la traite avait été présentée et qu'un examen des certificats d'actions montrait qu'aucun d'entre eux n'avait été vendu par la société de fiducie par l'intermédiaire de la société de M. Weir et, en fait, n'avait jamais été cédé. de la société de fiducie à quiconque. Un examen rapide des livres de certificats d'actions de la Bullfrog Rush Company, qui étaient entre les mains du secrétaire de la société à Goldfield, un employé du Dr Lyman, révéla le fait qu'un grand nombre de certificats vierges avaient été arrachés du carnets de certificats sans aucune inscription apparaissant sur les talons.

Les certificats qui nous ont été retournés par M. Weir portaient des dates antérieures de plusieurs mois, et notre hypothèse immédiate était que le Dr Lyman, au moment même où nous commercialisions les actions propres en vertu d'un contrat contraignant qui lui interdisait, à lui ou à quiconque, d'en disposer de toute action Bullfrog Rush, quelles que soient les circonstances, se débarrassait clandestinement de ces actions. Il semblerait que M. Weir ait négligé de séparer les certificats du Dr Lyman de ceux que lui avait envoyés la société de fiducie. Une autre hypothèse était que ces certificats n'avaient jamais été vendus, mais avaient simplement été reçus du Dr Lyman pour nous être réexpédiés afin de réclamer le remboursement de ce pour quoi nous n'avions jamais été payés.

Bien entendu, nous avons rendu la traite impayée. Mais cela n'a pas mis fin à l'incident. Mon partenaire, M. Sullivan, a pris sur lui de faire part de ses sentiments à Weir Brothers & Company, comme suit : « Vous êtes tellement tordu que si vous avaliez un clou de dix penny et vomiez, il en ressortirait un tire-bouchon. » C'était la manière simple de "Larry" d'exprimer son opinion.

L'année de vent et de poussière de Goldfield s'était éclaircie dans la lueur de l'été. Le souffle tranquille du mois d'août se diffusait dans l'air raréfié et doux de la haute altitude. Ce vide, qui, près de deux ans auparavant, avait incité un esprit de camp à commenter la naissance de mon bureau de presse en disant que « la haute altitude était idéale pour la concoction de l'étoffe visionnaire dont sont faits les rêves », semblait peu prophétique. Il y avait de nombreuses preuves concrètes de la présence du métal jaune. La production des mines augmentait de jour en jour et l'argent des spéculateurs affluait de toutes parts dans le camp.

Un boom du secteur minier aux proportions gigantesques se préparait. Mohawk of Goldfield, qui a été constituée pour 1 000 000 d'actions d'une valeur nominale de 1 $ chacune et qui, au début, mendiait à 10 cents l'action, vendait maintenant environ 2 $ l'action à la Bourse de San Francisco, la Bourse de Goldfield. et le trottoir de New York. D'autres Goldfields avaient progressé proportionnellement. La fraction combinée est passée de 25 cents à 1,15 $. Silver Pick, qui était promu à 15 cents l'action, se vendait à 50 cents. Jumbo Extension est passé de 15 à 60. Red Top, qui était proposé en gros blocs à 8 cents par action deux ans auparavant, se vendait à 1 $. Jumbo est passé de 25 cents à 1,25 $. Atlanta est passé de 12 à 40. Cinquante autres, représentant des prospects, ont bénéficié d'avancées proportionnelles.

Les actions Sullivan étaient en plein essor. Jumping Jack était très demandé à la Bourse de San Francisco et à New York Curb à 45 cents, Stray Dog à 70 cents, Indian Camp à 80 cents et Eagle's Nest à 50 cents. Les abonnés à Indian Camp pourraient encaisser un bénéfice de plus de 200 pour cent.

Le pays a donné des signes de devenir « fou de Goldfield ». Mon bureau de publicité Goldfield faisait des heures supplémentaires. James Hopper, le célèbre écrivain de fiction et magazine, assisté de manière compétente par Harry Hedrick et d'autres journalistes compétents dans le domaine minier, était « au travail » et rendait un service remarquable. Les chroniques des quotidiens du pays regorgeaient d'histoires sur l'excitation de Goldfield.

Les gens ont commencé à affluer en masse dans le camp. La ville était un lieu d'agitation et de vie. Des groupes hétéroclites se sont rassemblés à chaque coin de rue et ont discuté de l'importante production réalisée à partir des Mohawks et des formidables progrès du marché rapportés par les stocks miniers représentant toutes sortes et descriptions de propriétés Goldfield. Chaque fois que Hayes et Monnette, propriétaires du bail Mohawk, apparaissaient dans les rues, ils étaient suivis par une foule mélangée de la racaille du camp, qui les saluait bouche bée comme des merveilles.

La folie de la spéculation sur les actions minières dans le camp lui-même commençait à dépasser en intensité le jeu passionnant aux tables de jeu. Il y avait une contagion de l'excitation jusque dans les espaces ouverts de la rue.

À chaque réunion de la Bourse de Goldfield, la salle du conseil d'administration était bondée. Les séances étaient tumultueuses. Chaque marche et chaque couloir menant à la pièce étaient remplis d'hommes et de femmes sur les visages desquels flottaient toutes les lumières et les nuances d'expression. Les enchères pour les émissions minières étaient frénétiques. Les bénéfices sont montés en flèche. Tout le monde semblait acheter et personne ne semblait disposé à vendre, sauf en cas de hausse substantielle par rapport aux dernières cotations. La construction de châteaux et les fumées de la fantaisie ont usurpé la raison.

Les dépôts bancaires ont augmenté à pas de géant. Le camp s'enivrait rapidement de la joie de faire fortune.

Manhattan brillait désormais principalement dans la gloire reflétée par Goldfield, mais les actions de Manhattan étaient en plein essor. Cela a permis à la Sullivan Trust Company de se débarrasser de la quasi-totalité de ses titres de Manhattan reportés après la catastrophe de San Francisco et d'accumuler une grande réserve de liquidités.

Une forte demande se développait pour les actions des sociétés de Fairview. Nevada Hills de Fairview se vendait en bourse à 3 $ par action, soit une valorisation de 3 000 000 $ pour la mine. Quelques mois seulement auparavant, il était tombé entre les mains de Goldfield et Salt Lake pour 5 000 $. Fairview Eagle's Nest, dont les souscriptions avaient été acceptées à 35 cents par action par la Sullivan Trust Company, se vendait à 70 cents à la Bourse de San Francisco.

La Sullivan Trust Company a annoncé l'offre de 1 000 000 d'actions, englobant la totalité de la capitalisation de la Fairview Hailstone Mining Company, à 25 cents. Nous avons acheté le titre à 8 cents. Nous avons vendu en une semaine. San Francisco et Salt Lake étaient les principaux acheteurs, et il n'était même pas nécessaire d'insérer une publicité proposant le stock. Les courtiers se sont affrontés pour garantir l'offre par télégraphe.

COMBATS DE PRIX ET PROMOTION MINIERE

Pendant quinze jours, il y eut une accalmie dans les nouvelles concernant les découvertes sensationnelles d'or, mais le combat imminent Gans-Nelson, qui devait avoir lieu à Goldfield le jour de la fête du Travail, le 3 septembre, fournissait suffisamment de matière à lecture passionnante pour que les journaux de tout le pays puissent en tenir compte. la marmite des nouvelles de Goldfield est en ébullition. La Sullivan Trust Company avait garanti les promoteurs de la lutte contre les pertes à hauteur de 10 000 $, et d'autres intérêts du camp ont apporté 50 000 $ de plus. Gans, le combattant, n'avait pas les fonds nécessaires pour payer son forfait et participer au match, et la Sullivan Trust Company avait également avancé l'argent à cette fin. M. Sullivan est devenu le manager de Gans. Lorsque Gans est arrivé en ville, M. Sullivan l'a interviewé à cet effet :

"Gans, si tu perds ce combat, ils te tueront ici à Goldfield ; ils penseront que tu t'es couché. Mes amis et moi allons parier une tonne d'argent sur toi, et tu dois gagner."

Gans a promis qu'il ferait de son mieux.

"Tex" Rickard et ses amis ont parié sur Nelson. Le caissier de la Sullivan Trust Company avait pour instruction de couvrir tout l'argent que chacun voulait parier à des cotes de 10 contre 8 et de 10 contre 7 sur Gans, nous prenant la partie longue. Une pancarte était accrochée à la fenêtre indiquant : "Une grosse somme d'argent a été placée chez nous pour parier sur Gans. L'argent de Nelson a été rapidement recouvert à l'intérieur." M. Sullivan était dans sa gloire. Les combats pour les prix convenaient mieux à ses goûts que la haute finance, et il était aussi occupé qu'un cintre à papier manchot avec la démangeaison.

Une dispute a éclaté pour savoir qui devait arbitrer le combat. "Tex" Rickard a nommé George Siler, de Chicago, et Battling Nelson a rapidement approuvé la sélection. M. Sullivan s'y est ouvertement opposé. Il pensait que c'était une bonne stratégie. Il fit venir les journalistes et donna une interview dans laquelle il déclarait que M. Siler avait des préjugés contre Gans parce qu'il était nègre, et il ne croyait pas que M. Siler donnerait à Gans un accord équitable.

"Rice", murmura Sullivan après que les journalistes eurent quitté le bureau, "Je n'en reviens pas de cette histoire de préjugés raciaux, mais cela ne fera aucun mal. Siler a besoin de ce travail. Il est fauché et je vais le faire manger. de ma main avant que j'accepte de le laisser arbitrer le combat. Ils ont déjà invité Siler à venir ici, et je ne pourrai pas trouver un autre arbitre, mais je les battra à leur propre jeu. Quand. Siler arrive, je vais discuter avec lui et accepter sa sélection, mais je veux d'abord qu'il sache qui est le patron.

M. Siler est arrivé. Une heure plus tard, il était enfermé avec M. Sullivan dans l'une des arrière-salles des bureaux de la société de fiducie. Le dialogue qui s'ensuivit fut essentiellement le suivant :

M. Siler. Vous me trompez complètement, Sullivan. Je veux arbitrer ce combat et je veux que vous retiriez vos objections.

M. Sullivan. Eh bien, j'ai entendu de sources dont je ne peux rien vous dire que vous n'aimez pas Gans, et je ne peux pas vous défendre.

M. Siler. J'ai besoin de ce combat, et je suis venu de Chicago dans l'espoir de l'arbitrer. Je ne pourrais pas donner le pire à Gans si je le voulais. C'est un combattant propre et je n'aurais aucune excuse.

M. Sullivan. Gans est un combattant propre, mais Nelson ne l'est pas ; il utilise des tactiques sales et il est un fauteur de foire.

M. Siler. S'il commet une faute dans ce combat, je le ferai abandonner ou je le déclarerai éliminé.

M. Sullivan. Quelle garantie ai-je que vous ne donnerez pas le pire à Gans ?

M. Siler. Eh bien, je vais vous le dire, Sullivan, si vous retirez vos objections, je vous garantis que je serai aussi juste. Si Nelson utilise des tactiques déloyales, ou s'il ne le fait pas, je montrerai mon équité envers Gans en lui accordant le bénéfice de tous les doutes. Maintenant, est-ce que cela vous satisfera ?

M. Sullivan. Oui, cela me satisfera, mais n'oubliez pas que si vous ne tenez pas parole, vous aurez autant de chances de sortir vivant de cette ville que Gans s'il se couche ! Vous comprenez?

M. Siler. Oui.

Dans l'après-midi du combat, la Sullivan Trust Company a établi des comptes et a découvert qu'elle avait parié 45 000 $ sur Gans contre un total de 32 500 $ mis en jeu par les partisans de Nelson.

M. Sullivan, après en avoir discuté avec moi, avait accepté le poste honorifique d'annonceur au bord du ring. Même s'il n'était pas d'allure aristocratique, "Larry" était d'un physique raffiné, avec un visage audacieux et bluffant, et j'étais convaincu que ses manières cordiales plairaient à cette assemblée de l'Extrême-Occident.

Juste avant que les combattants n'entrent sur le ring, "Larry" a sauté dans l'arène. Debout au-dessus de la masse des têtes mobiles et levant ses deux mains, il salua ainsi la grande foule :

"Messieurs, nous sommes rassemblés dans cette grande *arène* pour assister à un combat carré. Ce combat se déroule sous les auspices de 'Tex' Rickard, un homme aux grandes *accumulations* ———"

"Larry" n'est pas allé beaucoup plus loin. Le public a ri, puis s'est moqué et a hué jusqu'à ce qu'il devienne rauque. Ses paroles furent noyées dans la tempête de la dérision. J'ai été informé par des amis proches du ring qu'il avait continué de la même manière décousue pendant quelques minutes encore, mais je ne peux pas en témoigner de ma propre connaissance, car les "accumulations" et les "areno" m'ont vaincu et J'ai bouché mes oreilles.

Le combat a duré vingt rounds ou plus, lorsque j'ai commencé à douter de la capacité de Gans à gagner. M. Sullivan avait un commissaire au bord du ring qui, jusqu'à présent, avait parié sur tout le monde tous les 10 contre 6 recherchés contre Nelson. J'ai salué M. Sullivan au bord du ring.

"Cela ne ressemble pas à la solution facile pour Gans que tu avais dit," murmurai-je.

"Attendez une minute", a répondu M. Sullivan, "J'irai au coin de Gans dès que ce tour sera terminé et découvrirai ce qu'il fait avec lui."

M. Sullivan est allé au coin de Gans et est revenu.

"Gans dit qu'il ne peut pas gagner ce combat, mais il ne perdra pas. C'est un bon général du ring et il nous retirera. Ne pariez plus d'argent. Je vais rester près du ring. . Regardez attentivement."

Il était évident au cours des dix rounds suivants que Gans profitait de toutes les occasions pour faire comprendre au public que Nelson était enclin à utiliser des tactiques de combat sales, et bientôt Nelson fut hué pour combat déloyal. Gans, en revanche, semblait se battre loyalement et comme un gentleman. Bientôt, il devint évident que Gans avait gagné la sympathie et les faveurs du public.

Le combat s'était poursuivi jusqu'au quarantième round, lorsque M. Sullivan se rendit de nouveau dans le coin de Gans et eut avec lui une autre conversation animée à voix basse.

Au quarante-deuxième round, Gans tomba brusquement, se retourna et, tenant sa main sous sa ceinture, poussa un cri d'angoisse qui indiqua à la multitude excitée que Nelson l'avait horriblement trompé.

En un instant, M. Sullivan était monté sur le ring. La confusion régnait. Le public était debout. Poussant son poing vers le visage de l'arbitre, M. Sullivan s'écria : "Maintenant, Siler, tu as vu cette faute, n'est-ce pas ? C'est une faute, n'est-ce pas ? Gans gagne, n'est-ce pas ?"

Tout cela s'est produit aussi vite qu'un éclair. M. Siler, pâle comme un fantôme, murmura quelque chose de manière inaudible.

M. Sullivan, se tournant vers l'assemblée et levant les deux bras vers le ciel, a crié :

"Messieurs, l'arbitre déclare Gans vainqueur sur faute !"

Le public a acclamé sa décision par des salves d'applaudissements. Il ne semblait pas y avoir un seul homme dans la foule qui doutait qu'une faute ait été commise, bien que Nelson ait immédiatement protesté de son innocence.

Le lendemain, M. Sullivan m'a dit que vers le vingt-quatrième round, Gans s'était cassé le poignet et savait qu'il ne pourrait pas gagner le combat par KO. Il a également déclaré que Gans avait perdu au quarante-deuxième tour afin de sauver la situation.

" *J'ai* gagné ce combat ", a déclaré M. Sullivan. "J'ai dit à Gans, alors qu'il était dans son coin après le quarantième tour, que s'il perdait, il se coucherait sur ses amis, qu'il avait le public avec lui et qu'il était temps de profiter des mauvaises tactiques de Nelson."

C'était ma première expérience de combat et ma dernière. Mes sympathies allaient cependant au vainqueur. La tactique de Gans jusqu'au dernier tour était courtoise et celle de Nelson injuste. Même les partisans de Nelson qui avaient parié sur lui s'accordèrent après le combat sur le fait que la bataille menée par le nègre jusqu'au quarante-deuxième round était un combat d'homme blanc et qu'il avait le droit de gagner.

Nelson s'était rendu coupable de tactiques déloyales à presque chaque tour, mais il est probable que Gans n'a pas été neutralisé par un coup fautif au quarante-deuxième tour et qu'il a profité du sentiment en sa faveur, qui avait été créé par son viril. bataille jusqu'à ce moment-là, pour descendre à un moment psychologique.

J'ai vu M. Siler après le concours et il semblait heureux que sa décision ait été si bien accueillie, mais il m'a assuré que s'il était invité à arbitrer un autre combat dans n'importe quel camp minier, il refuserait le poste.

La Sullivan Trust Company, bien sûr, a gagné un gros pari sur le résultat, mais elle en a perdu un plus gros à l'issue de la bataille du lendemain. L'impression créée par la tentative de l'annonceur Sullivan d'atteindre de hautes envolées d'éloquence dans son discours devant le public de combat était mauvaise pour la société de fiducie, et elle a nécessité l'utilisation de plus de 100 000 $ le lendemain pour faire face au flot d'ordres de vente des actions de Sullivan. qui a afflué à la Bourse de San Francisco.

L'ANNÉE DES GRANDS CHIFFRES

J'ai vite récupéré ces pertes boursières. Un après-midi vers 16 heures, quelques jours plus tard, un mineur qui travaillait pendant la journée sur le bail Loftus-Sweeney de la Fraction Combinée, a appelé au bureau de la société de fiducie et m'a demandé d'acheter 1 000 actions. de stock de fractions combinées pour lui. Il m'a confié qu'au moment où il sortait de son service, il avait appris qu'une prodigieuse découverte de minerai à haute teneur avait eu lieu en profondeur. Combinaison Fraction avait clôturé cet après-midi à la Bourse de San Francisco avec des ventes à 1,15 $. Je suis sorti dans la rue et j'ai commencé à acheter toute la fraction combinée en vue. En une demi-heure, j'avais rassemblé environ 60 000 actions à une moyenne de 1,30 $. Une heure plus tard, les propriétaires du bail ont obtenu les informations sur lesquelles je travaillais et, à huit heures du soir, lorsque la Bourse de Goldfield a commencé sa séance du soir, le prix avait grimpé à 1,85 $. Une semaine plus tard, le prix est monté en flèche jusqu'à 3,75 dollars, et à ce chiffre, j'ai réalisé un bénéfice de près de 150 000 dollars. Si j'avais tenu un peu plus longtemps, j'aurais pu doubler ce bénéfice, car la combinaison fractionnée s'est vendue quelques semaines plus tard à plus de 6 $.

La grève de la Combine Fraction a été suivie par un certain nombre d'autres, et le boom a pris de la force. En octobre, Goldfield Silver Pick avait atteint 1 $ par action, soit une hausse de 600 pour cent. Goldfield Red Top se vendait à 2 dollars, Jumbo à 2 dollars et Mohawk à 5 dollars, affichant des bénéfices de 2 000 à 5 000 pour cent. D'autres avaient gagné proportionnellement. En fait, plus de vingt titres Goldfield cotés en bourse ont montré au public un bénéfice boursier allant jusqu'à 100 pour cent. à 5 000 pour cent.

Des machines minières de toutes sortes étaient expédiées au camp, et sur un demi-mile autour de la mine Combine, le paysage de potences assemblées ressemblait à un grand champ de pétrole en production. Il y avait des signes d'activité minière partout. Sur quatre milles à l'est de la mine Combine et six milles au sud, chaque centimètre de terrain avait été localisé. Les claims situés à des kilomètres de la zone productive changeaient de mains toutes les heures à des chiffres élevés.

Les actions Sullivan ont suivi le rythme des autres titres en plein essor sur les marchés, et il était clair que la société de fiducie surfait sur un raz-de-marée de succès. Nos bénéfices dépassaient 1 500 000 $ à cette période, et nous n'avions que huit mois.

En une seule quinzaine, la Sullivan Trust Company a promu la Lou Dillon Goldfield Mining Company à 25 cents par action, soit une valorisation de 250 000 $ pour la propriété, qui coûtait 50 000 $; et la Silver Pick Extension, qui a coûté 25 000 $, au même montant, générant un bénéfice de plusieurs centaines de milliers de dollars sur ces deux transactions. Les options d'achat des extensions Lou Dillon et Silver Pick, qui étaient situées à moins de 500 pieds de la mine Combine, étaient en possession de la Sullivan Trust Company depuis des mois et avaient pris de la valeur à tel point que le jour où les souscriptions étaient ouvert à Goldfield pour Lou Dillon à 25 cents l'action, un prospecteur nommé Phoenix, qui avait reçu 50 000 $ de la Sullivan Trust Company pour l'ensemble de la propriété, a souscrit pour 100 000 actions, soit un dixième d'intérêt dans l'entreprise, en payant 25 000 $ pour cela.

La Sullivan Trust Company avait pour règle d'ouvrir les souscriptions à Goldfield le jour où son exemplaire publicitaire quittait le camp par courrier pour l'Est. Les éditeurs de journaux avaient toujours pour instruction de publier les annonces, généralement en pleine page, le lendemain de leur réception. Dans le cas de Lou Dillon, il devint nécessaire de télégraphier à tous les journaux à l'est de Chicago de ne pas publier l'annonce en raison d'un surabonnement avant que la copie ne leur parvienne, et dans le cas de Silver Pick Extension, les ordres de publication des annonces furent annulés par télégraphe avant le le courrier transportant la copie parvint à Kansas City. San Francisco, Los Angeles et Salt Lake ont souscrit à hauteur de 50 pour cent. de l'ensemble de l'offre de Lou Dillon et Silver Pick Extension, et Goldfield pour 25 pour cent. En fait, si nous l'avions souhaité, nous aurions pu vendre l'ensemble des offres à Goldfield, Tonopah et Reno sans insérer de publicité, tant l'enthousiasme était grand dans l'État lui-même.

À cette époque, la masse salariale mensuelle combinée des sociétés minières promues par la Sullivan Trust Company s'élevait à plus de 50 000 $, et d'excellents progrès étaient réalisés dans l'ouverture des propriétés.

C'était le début de l'automne à Goldfield, chaud, sec et poussiéreux, et sans aucun nuage dans le ciel. J'étais à mon bureau dix-huit heures par jour et j'aimais mon travail. Les choses arrivaient à nous.

La Sullivan Trust Company faisait de la politique. M. Sullivan était populaire auprès des mineurs, et le gouverneur Sparks était un atout important pour la société de fiducie car il avait autorisé l'utilisation de son nom en tant que président de toutes les sociétés minières promues par celle-ci. Néanmoins, à l'approche des élections nationales, le gouverneur n'avait pas d'argent pour financer sa campagne. Il a télégraphié à la société de fiducie de Carson :

"Je ne demanderai pas de renomination."

Nous lui avons répondu : « Vous êtes assuré d'être élu, et vous serez reconduit par acclamation si vous acceptez.

"Je ne me présenterai que si vous garantissez mon élection", a-t-il télégraphié.

Nous avons répondu : « Nous garantissons ».

Le gouverneur a été renommé par les démocrates. Les Républicains ont nommé JF Mitchell, ingénieur minier et propriétaire de mine, très populaire parmi les exploitants miniers.

Il y avait des milliers de mineurs domiciliés à Goldfield. La Fédération occidentale des mineurs dominait.

"Sullivan," dis-je, "n'est-il pas certain que les mineurs voteront pour le parti démocrate parce que Mitchell a été proposé par les propriétaires de la mine ? Est-il nécessaire de dépenser de l'argent avec la Fédération occidentale ?"

"Pas un dollar !" répondit M. Sullivan. "Il y a une réunion du comité exécutif demain. Je serai là lors de leur réunion. Sans dépenser un centime, je ramènerai le bacon à la maison. Surveillez-moi!"

Sullivan me rapporta le lendemain qu'il avait réussi sa mission.

"Je n'ai pas assisté à la réunion", a-t-il déclaré, "mais j'ai vu le principal 'squeeze'. Il m'a dit qu'une contribution à l'hôpital des mineurs serait acceptée avec gratitude, mais que même cela n'était pas nécessaire et que Sparks gagnerait d'un coup. »

Le seul argent de campagne avancé par la Sullivan Trust Company a été donné à M. Sullivan pour qu'il se rende à Reno. Il a demandé 1 000 $ et il l'a utilisé pour organiser une journée portes ouvertes au premier étage du Golden Hotel, rencontrer des gens et les saluer. Reno apparaissait comme un bastion républicain, et M. Sullivan, en harcelant les catholiques contre les protestants, réussit à maintenir la majorité républicaine dans une mesure qui était terriblement insuffisante pour vaincre la majorité démocrate rassemblée à Goldfield avec l'aide des mineurs. . Le gouverneur Sparks a été réélu à une belle majorité. Si l'occasion l'avait demandé, nous aurions "exploité un tonneau". Mais ce n'était pas nécessaire.

L'HISTOIRE DE GOLDFIELD CONSOLIDÉE

Les rumeurs allaient bon train à Goldfield concernant une fusion aux proportions gigantesques qui était censée être sur le tapis. Aussi formidables qu'aient été les découvertes d'or dans le camp, elles ne justifiaient pas les formidables progrès rapportés sur le marché boursier, et il était évident que quelque chose d'extraordinaire devait être en train d'éclore pour justifier l'action du marché.

George Wingfield, qui avait connu une carrière fulgurante, passant en cinq ans du statut de négociant de faro à Tonopah à celui de propriétaire du contrôle de Mohawk et de nombreuses autres sociétés minières et de copropriétaire de la principale banque Goldfield, John S. Cook & Company, qui était alors crédité d'un dépôt de 7 000 000 $, aurait été à l'origine de l'accord. Les noms des propriétés n'ont pas été donnés, ni les chiffres. Il m'est venu à l'esprit que dans toute fusion réalisée, Jumbo et Red Top, en raison de leur emplacement central, devaient être incluses. J'ai recherché Charles D. Taylor, qui, avec son frère, HL Taylor, et le capitaine JB Menardi, détenait le contrôle de ces propriétés. Il a demandé 2,50 $ par action pour ses actions et celles de ses associés – tout ou rien. M. Taylor était arrivé au camp en tant que prospecteur. La plupart de ses nuits se passaient aux tables de jeu et il était considéré comme une cible facile pour les professionnels. Ses pertes étaient constantes et lourdes. J'ai mis M. Sullivan sur ses traces. M. Sullivan m'a rapporté que M. Wingfield fréquentait M. Taylor.

"Obtenez une option sur ces propriétés auprès de Taylor et soyez rapide", ai-je dit à M. Sullivan.

Le lendemain matin, j'ai rencontré M. Sullivan. Il détenait entre ses mains 20 000 actions Jumbo, vendues à 1,75 $ l'action à la Bourse de Goldfield.

"Je l'ai gagné lors d'une partie de poker hier soir avec Taylor et Wingfield", a-t-il déclaré. "J'ai une option orale sur la propriété valable pour trois jours à 2,50 $, mais si vous me le laissez, je lui gagnerai ces propriétés en jouant aux cartes."

Je n'ai pas revu M. Sullivan pendant une semaine. Ensuite, j'ai entendu dire qu'il était "tombé du wagon à eau" et qu'il célébrait l'événement à Tonopah. Tandis que M. Sullivan se « plaisantait » sur ses capacités à jouer au poker, M. Wingfield s'était mis d'accord avec M. Taylor et avait acheté le contrôle de Jumbo et Red Top au prix moyen de 2,10 $ par action. Cela expliquait la défaillance de M. Sullivan. Cependant, je me suis reproché. M. Sullivan n'était pas à la hauteur de M. Wingfield. Dans n'importe quel jeu, du stud-poker à la commercialisation d'actions minières, M. Wingfield peut déjouer, déjouer et déjouer une centaine de personnes comme "Larry".

Les deux sociétés étaient capitalisées à hauteur de 1 000 000 d'actions. La vente nécessitait le versement d'une fortune. M. Wingfield a versé une petite somme et M. Taylor a placé les actions de ces deux sociétés sous séquestre dans la banque John S. Cook & Company, le solde devant être payé un mois plus tard.

L'achat du contrôle des sociétés Jumbo et Red Top par la société Wingfield and Nixon a marqué le début d'une campagne boursière en faveur de prix plus élevés, d'une audace et d'une intensité sans précédent dans l'histoire de la spéculation minière dans ce pays depuis le grand siècle. boom du filon Comstock en 1871-1872.

Le marché de toutes les actions cotées de Goldfield a été amené à bouillir et à grésiller jour après jour jusqu'à ce que Jumbo et Red Top soient passés de 2 $ à 5 $ par action, Laguna de 40 cents à 2 $, Goldfield Mining de 50 cents à 2 $ et Mohawk. de 5$ à 20$. En trois semaines, l'augmentation du prix du marché de la capitalisation émise de ce quintette représentait à elle seule la différence entre 8 000 000 $ et 26 500 000 $.

Quelques jours avant que les prix les plus élevés ne soient atteints, il a été officiellement annoncé que la fusion de Mohawk, Red Top, Jumbo, Goldfield Mining et Laguna dans la Goldfield Consolidated Mines Company avait été réalisée sur la base de 20 $ pour chaque action en circulation de Mohawk, soit 5 $. pour Red Top, 5 $ pour Jumbo, 2 $ pour Goldfield Mining et 2 $ pour Laguna. Il a également été révélé que les promoteurs, Wingfield et Nixon, s'étaient alloués 2 500 000 $ en actions des sociétés fusionnées à titre d'honoraires de promoteurs. Juste en plus de cela, on a annoncé que la mine combinée avait été transformée en fusion pour 4 000 000 $ en espèces et en actions, et on a appris que les intermédiaires avaient réalisé un bénéfice de 1 000 000 $ sur la transaction en obtenant une option sur la propriété pour 3 000 000 $.

En bref, une fusion fut réalisée de propriétés et d'actions, dont la capitalisation émise se vendait sur des marchés déjà gonflés le jour où la fusion fut conçue pour 11 000 000 $, à une évaluation de 33 000 000 $, et en plus les promoteurs reçurent un bonus de 2 500 000 $. Si les propriétés avaient été fusionnées sur la base de leurs prix de vente trois semaines auparavant, la valeur équivalente des 3 500 000 actions fusionnées aurait été une fraction supérieure à 3 $. Dans l'état actuel des choses, dans le cadre du processus de montgolfière, la valeur marchande était de 10 $, ce qui correspondait à la valeur nominale.

Au moment de la fusion, les conditions qui prévalaient dans les mines étaient les suivantes :

Le Mohawk, évalué à $20,000,000, avait produit sous bail environ $8,000,000, dont moins de $2,000,000 avaient trouvé leur place dans le trésor de la Mohawk Mining Company, le solde allant aux locataires. Les bailleurs avaient "évalué" la propriété à un prix avantageux, et moins de 1 000 000 $ de haute qualité restaient en vue, bien qu'il ait été admis de tous côtés que les bailleurs n'avaient pas tenté, et qu'ils n'étaient pas capables pendant pendant la durée de leur bail, pour masquer systématiquement et mettre en vue tout le minerai de la mine. Une valeur prospective importante, mais indéfinie, est donc attachée à Mohawk en plus du tonnage en vue.

Le Laguna, pour lequel 2 000 000 $ avaient été payés en stock, n'avait pas une livre de minerai en vue et avait coûté à Wingfield et Nixon moins de 100 000 $.

Goldfield Mining, théâtre d'une production sensationnelle au début du camp, évaluée à 2 000 000 $ de plus, avait fait long feu en tant que producteur.

Jumbo, acquis pour 5 000 000 $, depuis un an, n'avait produit que peu ou pas de minerai, la plupart du temps épuisé par la direction à creuser un puits profond, et il avait moins de 500 000 $ en vue.

Red Top, évalué à 5 000 000 $ supplémentaires, avait bloqué plus de 2 000 000 $ de minerai à teneur moyenne.

Wingfield et Nixon étaient également très intéressés par Columbia Mountain, Sandstorm, Blue Bull, Crackerjack, Red Hills, Oro, Booth, Milltown, Kendall, May Queen et d'autres stocks de Goldfield. A peine les cinq actions formant la fusion ont-elles commencé à afficher des avancées aussi surprenantes sur le marché que la tendance à la hausse s'est manifestée dans la liste diverse de Wingfield et Nixon, et toutes ont enregistré des gains phénoménaux. Bientôt, la liste complète des titres miniers de Goldfield, Tonopah, Manhattan, Bullfrog et autres titres miniers du Nevada, cotés à la Bourse de San Francisco et négociés sur les bourses et les frontières du pays, ressentit la force de ces hausses terribles et, par sympathie, ils montèrent en flèche jusqu'à des niveaux inouïs.

Pour donner une idée de la mesure dans laquelle les prix de ces actions ont augmenté au-delà de leur valeur intrinsèque, à la suite du processus de fusion en pleine expansion, je donne quelques comparaisons.

Columbia Mountain s'est vendu pendant le boom à plus de 1,50 $; il se vend maintenant à 5 cents. Blue Bull, Crackerjack, Oro, Booth, Red Hills, Milltown, Kendall, Conqueror, Hibernia, Ethel, Kewanas, Sandstorm et May Queen se sont vendus en moyenne à 75 cents pendant le boom ; ils se vendent désormais en moyenne à moins de 5 centimes. Une centaine d'autres titres de Goldfield, qui étaient très demandés au zénith du mouvement spectaculaire à des prix allant de 50 cents à 2,50 dollars, peuvent désormais être achetés entre 1 et 5 cents par action, tandis que de nombreux autres, espérons-le, ont été achetés par un plus grand nombre de titres. le public forgé de toutes sortes de chiffres n'est plus du tout cité.

AU HAUTEUR DE LA FRENZY

La différence entre le prix du marché des actions cotées du Nevada le 15 novembre 1906 et celui d'aujourd'hui dépasse 200 000 000 $. Une estimation juste de la perte réelle du public dans la division cotée est de 150 000 000 $.

Et ce n'est pas là non plus que tous les dégâts ont été causés. Lorsque l'enthousiasme suscité par les actions cotées de Goldfield a atteint une frénésie, les sauvages opérant depuis les villes se sont mis à contribution et, en trois mois, environ 2 000 sociétés, possédant dans la plupart des cas des propriétés situées à des kilomètres de la zone prouvée de Goldfield, ou dans des camps non prouvés. près de Goldfield, ont été imposées au public pour 150 000 000 $ de plus.

Le fait que Mohawk, qui au début de Goldfield aurait pu être acheté à 10 cents, avait avancé à 20 $ et avait montré aux acheteurs un bénéfice de 20 000 pour cent ; que Laguna était passée en moins de deux ans de 15 cents à 2 dollars ; que les Jumbo et Red Top, vendus 5 dollars, auraient pu être achetés un an ou deux auparavant à environ 10 cents ; que Goldfield Mining, qui au début se vendait dans le camp à 15 cents, avait augmenté jusqu'à 2 dollars, etc., a donné aux chasseurs sauvages un argument convaincant pour les mouettes de chaque ville et hameau de l'Union. Et la récolte fut immense. Aucun des 2 000 chats sauvages n'a réussi à s'en sortir, et chaque dollar ainsi investi a été perdu.

Il ressort des calculs qu'à peu près autant d'argent a été perdu dans les stocks répertoriés des camps que dans les « chats et chiens » non répertoriés.

En fait, les acheteurs vétérans de titres miniers, dans le camp et à l'extérieur du camp, ont perdu autant d'argent sonnant et trébuchant que les acheteurs non avertis. San Francisco, qui doit son opulence des années passées à ses efforts miniers réussis, a probablement été touchée aussi durement que n'importe quelle autre ville de l'Union. San Francisco pensait connaître le jeu et a limité ses opérations aux actions cotées à la bourse où les Comstocks sont négociés. Mais San Francisco ne connaissait pas l'intérieur de l'accord de fusion, car il est désormais connu de tous les écoliers du Nevada.

L'opération à l'intérieur était la suivante. Wingfield et Nixon possédaient la banque John S. Cook & Company à Goldfield, et ils détenaient le contrôle de près d'une vingtaine de sociétés minières de peu d'importance et avaient acquis le contrôle de la plus grande mine du camp. Au plus fort du boom, qu'ils ont organisé pour faire basculer la fusion, ils ont vendu des millions d'actions d'un grand nombre d'entreprises sans discernement et ont utilisé les millions de bénéfices pour reprendre Jumbo, Red Top et leurs contrats en cours dans Mohawk et d'autres. intégrales de la fusion. Ils ont également pu, au cours du processus de montgolfière, se débarrasser de beaucoup de Mohawk entre 15 et 20 dollars, de beaucoup de Jumbo entre 4 et 5 dollars, de beaucoup de Red Top entre 4 et 5 dollars, ce qui leur a coûté beaucoup moins que cela, et de cette manière ont été permis de financer leur transaction jusqu'à son terme.

Je viens de souligner que pour réaliser la fusion, il était nécessaire que le marché de tous les titres de Goldfield, auxquels les promoteurs étaient intéressés, soit stimulé afin de permettre aux initiés de se décharger avant que certains des très gros paiements ne soient exigibles. Ceci étant accompli, et les paiements ayant été effectués, les promoteurs ont cherché à établir un marché pour les actions de fusion au pair ou autour. Pour y parvenir, la banque Goldfield, à laquelle les promoteurs étaient fortement intéressés, a stimulé la spéculation et a réussi à répandre un sentiment de sécurité en annonçant sa volonté de prêter de 60 à 80 pour cent. pair sur les actions de fusion.

Tout Goldfield est tombé dans le piège et le camp a fait faillite en conséquence.

Dans les dix-huit mois qui ont suivi, Goldfield Consolidated a vendu ses actions à 3,50 dollars sur les marchés, et les traders sur marge et les emprunteurs qui avaient donné les actions en garantie pour en acheter davantage ont été massacrés. Les prêts ont été saisis par la banque aussi rapidement que les marges étaient épuisées. Le carnage était horrible.

Il doit être évident que Wingfield et Nixon, qui sont tous deux devenus multimillionnaires grâce à leurs opérations minières à Goldfield, ont été des facteurs directement et indirectement importants dans la perte par le public de 300 000 000 $, comme indiqué ci-dessus. Il est admis que moins de 7 000 000 $ de minerai avaient été exploités comme réserve au moment où des actions d'une valeur de 35 000 000 $ dans le cadre de la fusion ont été émises et qu'un marché a été créé pour disposer des actions à ce niveau de prix fictif. Il n'est pas particulièrement intéressant que Goldfield Consolidated, en raison de l'exploitation minière sensationnellement riche en profondeur, ait depuis promis de restituer aux actionnaires un montant presque égal à la valeur nominale de leurs actions, et qu'il apparaît maintenant que ceux qui ont réussi à résister les baisses intervenues entre-temps pourraient en fin de compte concerner uniquement les intérêts de leur argent.

Ce fait est frappant : même si Goldfield Consolidated possédait dès le départ une mine d'or exceptionnelle, les actionnaires n'avaient que deux chances. Ils pouvaient atteindre le seuil de rentabilité ou perdre — atteindre le seuil de rentabilité de leur investissement si la mine fonctionnait de manière sensationnelle, ce qui était un gros pari à l'époque – ou perdre si la mine ne fonctionnait pas. Ils ne pouvaient pas gagner.

M. Nixon était un sénateur américain du Nevada. Il a également été président de la Nixon National Bank de Reno, Nevada. Il occupait ces deux postes au moment de la fusion, et c'est en grande partie grâce à la situation politique et financière de M. Nixon que les audacieuses opérations de marché en ballon, organisées en guise de lever de rideau pour la fusion, se sont avérées si réussies.

Dans le *Nevada Mining News* du 25 mai 1907, tirage à 28 000 exemplaires, parut une interview du sénateur américain Nixon du Nevada, attestée comme suit :

Le manuscrit de l'entretien a été soumis et approuvé par le sénateur. Inchangé d'un trait ou d'un titre, il est imprimé tel qu'il sort de ses mains. Même maintenant, le sénateur détient un carbone du manuscrit original et peut nous le marquer si nous avons trahi la foi que nous avions promise.

Je cite l'interview du sénateur, telle qu'elle apparaît dans ce numéro du *Nevada Mining News* :

"À votre avis, à combien s'élèveront les bénéfices ultimes de Goldfield Consolidated ?" a été demandé.

"Consolidated sera un producteur plus important, devrais-je dire, dans trois ou quatre ans que dans un an", a répondu le sénateur Nixon, "et je crois que je suis conservateur lorsque je dis que la propriété rapportera éventuellement 1 000 000 $. net mensuel."

" Alors, en tant qu'investissement, l'action équivaut facilement à une action à 20 $? "

" C'est une estimation minimale de sa valeur future, devrais-je dire ", fut la réponse.

Quant à cet entretien :

M. Nixon a déclaré que d'ici trois ou quatre ans (le délai est expiré), 20 $ constituerait un prix minimum pour les actions. Depuis, ils n'ont touché qu'une seule fois 10 $, soit la moitié de son estimation. Peu de temps après l'interview, ils se sont vendus à seulement 3,50 $. Récemment, la cotation du marché était de 4 $.

Il a ajouté en outre que les mines gagneraient finalement au rythme de 1 000 000 de dollars par mois. Cette déclaration est également loin d'être réalisée.

Peu de temps après que George S. Nixon, en tant que président de la Goldfield Consolidated Company, ait donné cette interview au public, il, selon ses propres aveux ultérieurs, s'est débarrassé de tous ses avoirs, et à un prix moyen, croit-on, inférieur à celui de George S. Nixon. que 8 $ par action.

Ceci n'est qu'un aperçu superficiel du grand événement de l'histoire de Goldfield, mais il suffit à fournir un exemple de l'effet des influences Get-Rich-Quick qui rayonnent depuis les hauteurs et séparent le public de millions et de millions, sans être appelé à le faire. compte.

Le cher public américain craque depuis des années pour ce genre de drogue insidieuse pour devenir riche rapidement. Il se laisse berner et perdre des millions à cause de son culte fétichiste des promoteurs qui en ont des millions, qui sont en réalité les « Get-Rich-Quicks » du moment qui sont très dangereux.

Greenwater, un camp d'hommes riches, dans lequel le public a coulé 30 000 000 $ au cours des trois mois qui ont marqué l'apogée du boom de Goldfield, est un autre exemple où un public investisseur confiant a suivi une lumière trompeuse et a été conduit à un massacre impitoyable.

CHAPITRE IV

LE FIASCO DE GREENWATER

Alors que l'excitation était à son comble à Goldfield à cause des hausses prodigieuses de la valeur marchande des titres de Goldfield qui étaient relatées toutes les heures, la nouvelle arriva en ville de l'introduction en bourse réussie à New York de la Greenwater & Death Valley Mining Company. La capitalisation était de 3 000 000 d'actions d'une valeur nominale de 1 $ chacune. L'action avait été souscrite à 1 $ l'action par les bourses de New York et de Pittsburg, avait été cotée au New York Curb et avait grimpé à environ 5,50 $, soit une valorisation de la propriété de 16 500 000 $. Parmi les officiers de cette compagnie se trouvaient MR Ward, beau-frère de Charles M. Schwab ; TL Oddie, aujourd'hui gouverneur du Nevada, et Malcolm Macdonald, plus tard président de la Nevada First National Bank of Tonopah.

Greenwater est située à environ 150 miles au sud de Goldfield, de l'autre côté de la frontière de l'État de Californie. Personne n'allait ou revenait sans passer par Goldfield. S'il y a eu un boom de Greenwater, comment se fait-il que nous, à Goldfield, qui étions en contact avec toutes les affaires minières du Nevada, n'en soyons pas au courant ? Les promoteurs de Goldfield ont rapidement commencé à y prêter attention. Peu de temps après, ils ont attrapé l'infection. Une bousculade de Goldfield vers Greenwater s'ensuivit. En fait, les gens affluaient vers Greenwater de toutes les directions. Un groupe d'investisseurs de Tonopah, dirigés par l'indomptable Malcolm Macdonald, s'emparait de l'argent sur Greenwaters à New York, et Goldfield n'était pas de la partie.

Les rapports provenant de Greenwater à la suite de la première bousculade de Goldfield étaient d'une variété douteuse. Greenwater & Death Valley a été décrit comme une perspective brute ne valant pas plus de 10 cents par action. Les gens de Goldfield ont secoué la tête. Il n'y avait cependant aucun doute sur le fait que Greenwater & Death Valley semblait être un succès géant sur les marchés boursiers de l'Est. Charles M. Schwab serait à l'origine de l'introduction en bourse de Greenwater & Death Valley. Montgomery-Shoshone et Tonopah Extension, deux autres entreprises Schwab, vendaient à des centaines de pour cent. profit sur les marchés boursiers. Le fait que M. Schwab était intéressé par le camp était un argument qui plaisait avec beaucoup de force aux promoteurs du Nevada, car la fraternité avait appris à attacher autant d'importance à avoir un marché qu'à avoir une mine avant de commencer les opérations de promotion.

La Sullivan Trust Company n'ayant connu aucune faillite d'aucune sorte sur le marché, j'ai hésité à engager la société fiduciaire dans une quelconque affaire dans le nouveau camp. Cependant, pour ne pas être complètement hors de propos, j'ai envoyé notre ingénieur, "Jack" Campbell, dans le district pour faire un rapport sur toutes les propriétés.

Les nouvelles arrivaient rapidement du marché new-yorkais concernant le succès des Greenwaters dans l'Est. Furnace Creek Copper Company, initialement promue par « Patsy » Clark de Spokane à 25 cents par action, avec une capitalisation d'un million d'actions, aurait bénéficié de la gestion personnelle du marché par M. Clark sur le New York Curb, et les actions a rapidement atteint une cotation élevée de 5,50 $. John W. Gates avait été loué par « Patsy » pour environ 50 cents et aurait déchargé 400 000 actions à toutes sortes de prix allant de 1 $ à 5,50 $, et encore plus bas.

Dans la foulée de cette avancée, on a appris la promotion réussie de la United Greenwater Company, avec CS Minzesheimer & Company, membre de la Bourse de New York, agissant en tant qu'agents fiscaux de la société. Les promoteurs étaient Malcolm Macdonald, Donald B. Gillies et Charles M. Schwab. JC Weir, le courtier en valeurs minières de New York, qui menait par courrier une campagne de lettres de marché à l'échelle nationale en faveur de Greenwater, aurait vendu 150 000 ou 200 000 actions au prix de souscription de 1 $. L'offre aurait été sursouscrite à deux reprises. Le prix a ensuite grimpé jusqu'à 2,50 $ sur le trottoir de New York. Le marché bouillonnait.

Philadelphie aurait été folle de Greenwater. Alors que United Greenwater avait atteint 1,50 $ en cours de hausse et que Greenwater & Death Valley avait dépassé le point de 4 $, la foule de Schwab a annoncé la création de la Greenwater Copper Mines & Smelters Company pour consolider les sociétés Greenwater & Death Valley et United Greenwater. Cette nouvelle société mère était capitalisée à hauteur de 25 000 000 $, avec 5 000 000 d'actions d'une valeur nominale de 5 $ chacune, et l'Est aurait dévoré les nouvelles actions « à vif ». Le président de cette société était Charles R. Miller, qui était président de la Tonopah & Goldfield Railroad Company, et le vice-président était MR Ward, le redoutable beau-frère de Charles M. Schwab. La direction comprenait M. Schwab; John W. Brock, qui représentait les intérêts de Philadelphie au sein de la direction de la très prospère Tonopah Mining Company ; Malcolm Macdonald, le champion colporteur de « citrons » du Nevada ; Frank Keith, directeur général de la Tonopah Mining Company, et d'autres. C'était une direction "gonflante".

On apprit que les actions de la nouvelle société avaient été souscrites par des maisons de la Bourse de New York, principalement celles ayant des succursales de Philadelphie et de Pittsburg où la foule de Schwab était influente, à 1,80 $ par action, et que de gros blocs étaient vendus au public à jusqu'à 3,25 $ sur le New York Curb, soit une valorisation des « propriétés » de plus de 16 000 000 $.

ENTRER DANS LE JEU

La naissance de la fusion de 25 000 000 $, visant à regrouper deux propriétés qui n'étaient pas encore inscrites même dans la catégorie des petites mines et qui étaient en fait soupçonnées au début par les mineurs de Goldfield d'être des chats sauvages, fut le signal d'une vague successive de Des promotions d'eau verte provenant de tous les centres, dont les annales de l'industrie dans ce pays ne rapportent aucun équivalent.

Au plus fort du boom, Los Angeles et New York ont créé la Furnace Creek Consolidated Copper Company, avec une capitalisation de 5 000 000 $.

De Butte, siège de l'industrie minière du cuivre, la Furnace Creek Extension Copper Mining Company a été promue, avec une capitalisation de 5 000 000 $, ainsi que la Butte & Greenwater, capitalisée pour 1 500 000 $. Malcolm Macdonald, le « héros » de Montgomery-Shoshone à Bullfrog, était originaire de Butte. C'est lui qui a intéressé le public de Schwab à Greenwater, comme il l'a fait à Tonopah et Bullfrog.

"Patsy" Clark, l'exploitant minier réputé de Spokane, après avoir prospéré sur le marché avec sa Furnace Creek Copper Company, en dirigea rapidement une nouvelle, la Furnace Valley Copper Company, avec une capitalisation de 6 250 000 $. Ces actions étaient cotées aux bourses de Spokane, de Butte et de Los Angeles, mais n'apparaissaient pas au New York Curb.

Une foule de courtiers et d'opérateurs boursiers de San Francisco ont organisé la Greenwater Bimetallic Copper Company. "Ils l'ont laissée partir Gallagher" avec une capitalisation de 1 000 000 $.

La CM Sumner Investment Securities Company de Denver a ouvert les souscriptions pour la Greenwater-Death Valley Copper Company. (Le titre de cette société était un jeu de mots sur le nom de Greenwater & Death Valley Copper Company.)

Les citoyens de Tonopah, pour ne pas être en reste, se sont précipités avec la société Greenwater Calumet constituée pour 1 500 000 $. L'hon. TL Oddie, plus tard gouverneur du Nevada, puis de Tonopah, et son frère CM Oddie, emboîtèrent le pas et dirigèrent la Greenwater Arcturus Copper Mining Company, avec une capitalisation de 3 000 000 $.

La Consolidated Greenwater Copper Company était alimentée au public affamé depuis une auge de Pittsburg, avec des bureaux généraux dans le Keystone Bank Building et une foule de Tonopah de grande classe au sein de la direction. Eugene Howell, caissier de la Tonopah Banking Corporation, dont le sénateur américain Nixon était président, en était le trésorier. John A. Kirby, de Salt Lake City, associé jusqu'à récemment à George Wingfield dans la propriété de Nevada Hills, en était le président.

Arthur Kunze, qui avait vendu le contrôle de la Greenwater & Death Valley Copper Company à Malcolm Macdonald, qui à son tour avait intéressé la coterie Schwab dans l'organisation, en lança une nouvelle appelée Greenwater Copper Mining Company, avec une capitalisation de 5 000 000 $.

HT Bragdon, ancien président de la Goldfield Mining Company, qui fait partie intégrante de Goldfield Consolidated, dirigeait la Greenwater Black Jack Copper Mining Company, avec une capitalisation de 1 000 000 $.

TOUT LE CUIVRE DU MONDE

ÉTATS-UNIS Le sénateur George S. Nixon du Nevada a prêté son nom, aux côtés de HH Clark, William Bayley et HJ Woollacott, en tant qu'administrateur de la Greenwater Furnace Creek Copper Company, avec une capitalisation de 1 500 000 $. Le prospectus de cette société annonçait que les minerais étaient « de la mélaconite, de l'azurite, de la chalcocite et parfois de la chrysocolle, d'une teneur moyenne de 18 à 36 pour cent (en cuivre) ».

"En prenant le plus faible pourcentage de minerai rapporté par la société", déclare Horace Stevens dans le *Copper Handbook* de 1908, "et les propres chiffres de la société quant à la taille de ses gisements, les premiers 100 pieds de profondeur sur cette magnifique propriété seraient transporter plus de 20 000 000 de tonnes de cuivre affiné, valant, à 13 cents la livre, la somme relativement insignifiante de cinq milliards deux cent millions de dollars.

M. Stevens poursuit : "Le fait qu'un Major soit le gérant de cette société, et qu'un Sénateur des Etats-Unis en soit le vice-président, sera d'une grande consolation pour les actionnaires. Il est en effet lamentable de constater que cette magnifique mine, qui porte Selon les propres déclarations de la société, plus de cuivre que toutes les mines de cuivre développées du monde sont inutilisées et le bureau actuel résout un mystère.

Donald Mackenzie, de Goldfield, promoteur de la prospère Frances-Mohawk Mining & Leasing Company à Goldfield, qui a rapporté plus de 1 500 000 $ grâce aux minerais Mohawk et en a distribué la totalité des 20 pour cent. de ce montant aux actionnaires sous forme de dividendes, ont chassé la Greenwater Red Boy Copper Company et la Greenwater Saratoga Copper

Company, avec une capitalisation de 1 000 000 $ chacune. Thomas B. Rickey, président de la State Bank & Trust Company de Goldfield, Tonopah et Carson City, était président de ces deux sociétés, et JL (« God-Bless-You ») Lindsey, caissier de la State Bank & Trust Company. , était trésorier.

Greenwater Consolidated, Greenwater Copper, Furnace Creek Oxide Copper, Greenwater Black Oxide Copper, Greenwater California Copper, Greenwater Polaris Copper, Greenwater Pay Copper, Pittsburg et Greenwater Copper, Greenwater Copper Range, Greenwater Ely Consolidated, Greenwater Sunset, New York et Greenwater, Greenwater Etna, Greenwater Superior, Greenwater Victor, Greenwater Ibex, Greenwater Vindicator, Greenwater Prospectors', Greenwater El Captain, Greenwater & Death Valley Extension, Greenwater Copper Queen, Greenwater Helmet, Tonopah Greenwater, Furnace Creek Gold & Copper et Greenwater Willow Creek étaient les les noms d'une vingtaine d'autres personnes avec des capitalisations allant de 1 000 000 $ à 5 000 000 $ chacune.

Parmi ceux-ci, la Greenwater Willow Creek Copper Company se vantait d'avoir la direction la plus sophistiquée. George A. Bartlett, le seul membre du Congrès du Nevada, était président, et Richard Sutro, alors directeur de la banque new-yorkaise de renommée mondiale Sutro Bros. & Co., a été annoncé comme premier vice-président. Henry E. Epstine, le populaire courtier de Tonopah, était le deuxième vice-président et Alonzo Tripp, directeur général du Tonopah & Goldfield Railroad, en était l'un des administrateurs.

Ai-je craqué pour Greenwater ? Oui, et à la onzième heure.

Sur la recommandation sans enthousiasme de l'ingénieur de la société de fiducie, « Jack » Campbell, la LM Sullivan Trust Company a payé 125 000 $ pour une propriété à Greenwater qui se vantait de deux trous de dix pieds. Sur deux côtés, il jouxtait la propriété de la Furnace Creek Copper Company, l'emplacement d'origine du camp. Notre ingénieur a signalé que si la Furnace Creek Copper Company de « Patsy » Clark, dont les actions se vendaient sur le marché à une valeur de 5 500 000 $ pour la propriété, avait du minerai, nous ne pourrions certainement pas le manquer. Quelle que soit l'orientation des veines, notre sol doit être aussi bon que celui de « Patsy », car la formation de veines identique a traversé les deux propriétés.

La Sullivan Trust Company a alors constitué la Furnace Creek South Extension Copper Company pour exploiter la propriété. La capitalisation était de 1 250 000 actions d'une valeur nominale de 1 $, dont 500 000 actions ont été placées dans le trésor de la compagnie pour être vendues aux fins de développement minier.

Les maisons de la Bourse de New York ayant l'appel en tant que fournisseurs de cette gamme particulière de produits, la Sullivan Trust Company a offert l'agence de vente des actions propres de Furnace Creek South Extension à EA Manice & Company, membres de la Bourse de New York, dont les dirigeants sont situés dans le même bâtiment à New York que JP Morgan & Company. Nous avons proposé à la souscription publique 100 000 actions propres au pair, 1 $, par l'intermédiaire d'EA Manice & Company, et cette société a annoncé l'offre dans les journaux de New York sous sa propre signature. La Sullivan Trust Company a payé les factures.

L'EFFONDREMENT DE L'EAU VERTE

L'offre s'est avérée être une « floraison », la première que la Sullivan Trust Company ait rencontrée. EA Manice & Company n'a pas cédé jusqu'à 30 000 actions. Les actions proposées plus tard par la Sullivan Trust Company par l'intermédiaire de courtiers dans d'autres villes ne se sont pas non plus vendues librement. Juste au moment où nous avons annoncé notre offre d'extension sud de Furnace Creek, le boom de Greenwater a commencé à craquer.

Oscar Adams Turner, qui a promu la Tonopah Mining Company du Nevada, qui a versé 8 000 000 $ de dividendes sur une capitalisation de 1 000 000 $, est responsable de l'éclatement précoce de la bulle. M. Turner avait investi dans le camp de Greenwater sur la base des rapports d'un ingénieur. Il a organisé la Greenwater Central Copper Company. Il a ensuite décidé qu'il était préférable qu'il jette un coup d'œil à la propriété par lui-même. Il a visité Greenwater. Deux heures après son arrivée au camp, il envoya un télégramme à Philadelphie qui disait essentiellement ce qui suit :

Arrêtez de proposer Greenwater Central. Ne faites plus de paiements sur la propriété. N'utilisez plus mon nom. Il n'y a rien ici.

La teneur du message a fuité. Des ventes aveugles ont suivi par une foule de banques réputées à Philadelphie qui étaient chargées de Greenwaters. D'autres ont emboîté le pas. Le marché est devenu malade.

Au premier signe d'un revers du marché, des enquêtes ont commencé à affluer au Nevada de partout dans l'Est, et des experts en cuivre du Montana, de l'Arizona, de la Californie et d'autres régions se sont rassemblés dans le camp de Greenwater pour examiner les propriétés. Bientôt, un concert d'opinions défavorables s'est répandu dans toutes les places financières. Les valeurs marchandes se sont effondrées aussi rapidement qu'elles avaient augmenté. Les fortunes en papier se sont évaporées dans les airs.

Je fais une déclaration conservatrice lorsque je dis que le public américain a coulé 30 000 000 $ à Greenwater en moins de quatre mois.

Toutes les promotions Greenwater n'ont pas été sursouscrites – ni la moitié, ni le quart – et le public américain peut se féliciter que le boom ait « éclaté » alors qu'environ 30 000 000 $ seulement étaient passés dans les poches des promoteurs.

Et le camp ?

Il n'existe plus. Tous les travaux de développement minier ont cessé depuis longtemps. Il y a des carbonates teintés en vert à la surface, mais il n'y a pas de gisements de cuivre. Les "mines" ont été démantelées de leurs machines et autres équipements, et il ne reste même pas un seul gardien pour indiquer au voyageur du désert l'endroit où s'est déroulée *la monumentale escroquerie minière du siècle* . Chaque dollar investi par le public est perdu. Les vents secs et chauds du désert balayé par le sable chantent désormais le requiem.

Corrigez la responsabilité ici si vous le pouvez. Le travail n'est pas facile. Laissez-moi tenter. Les boucaniers qui ont emmené Greenwater & Death Valley jusqu'à New York et ont permis au public d'y souscrire avec le nom de Charles M. Schwab comme leurre, pour une évaluation de la propriété de plus de 3 000 000 $, puis ont fait gonfler le prix sur le freiner jusqu'à ce que les actions soient vendues à une valeur de 16 500 000 $ pour la propriété, sans qu'un succès minier assuré soit en vue dans tout le camp - ces hommes, à mon avis, étaient criminellement responsables. Ils n'ont jamais été appelés à rendre des comptes.

Les membres de la Bourse de New York qui les ont aidés et encouragés en prêtant leur nom à la transaction, ainsi que Charles M. Schwab, qui a autorisé l'utilisation de son nom et de celui de son beau-frère, sont moralement responsables. Pas un seul instant je n'imagine que les gens de la Bourse et M. Schwab se sont rendu compte que les mines de la société n'avaient absolument aucune valeur, mais je maintiens que les hommes de leur rang et de leur prestige ont des opportunités dont les hommes de plus petit calibre ne bénéficient pas. et que leur conduite pour cette raison était répréhensible à l'extrême.

LA HONTE ET LE BLÂME

Je cite l'exemple de la Sullivan Trust Company qui a « craqué » pour Greenwater, après avoir hésité à se lancer dans l'entreprise pendant des semaines, et je suis convaincu que d'autres ont connu le même sort. La Sullivan Trust Company n'a pas touché à une propriété de Greenwater jusqu'à ce que ses clients et sa clientèle parmi les courtiers à travers l'Union aient brûlé les fils avec des demandes de promotion de Greenwater, et quand elle a finalement « chuté », elle a perdu son propre argent, le seul Les autres victimes sont une poignée d'investisseurs qui, à la fin du boom, ont souscrit à un bloc relativement petit d'actions propres.

Cependant, tous les promoteurs ne sont pas « tombés » innocemment. Il y avait des promoteurs et des courtiers en valeurs minières à moitié cuits dans presque toutes les villes de l'Union qui avaient été témoins de la hausse des valeurs pendant le boom des champs aurifères et dont les paumes avaient envie du « long vert » qui a si longtemps été le chemin des hommes. par terre. Ceux-ci, au premier signal indiquant que le boom de Greenwater était en marche, avec Charles M. Schwab en selle, n'ont pas perdu de temps pour annexer des terrains dans le district avec le seul objectif de constituer des sociétés et de vendre les actions au public à des milliers de pour cent. . profit.

Le fiasco du boom minier de Greenwater constitue un exemple à part des pièges du secteur minier. Le seul titre de Greenwater qui à l'heure actuelle a une cotation boursière est Greenwater Mines & Smelters, qui reflète le véritable état d'esprit du public concernant toutes les Greenwaters en se vendant à une valorisation inférieure au montant d'argent dans la trésorerie de la société - 6 cents. par action sur une émission en circulation de 3 000 000 d'actions - il y a 189 000 $ en trésorerie ainsi qu'une reconnaissance de dette de CS Minzesheimer & Company, la maison "éclatée" de la Bourse de New York, pour 71 000 $, dont la société réalisera 27 cents par dollar via le récepteur.

CHAPITRE V

À LA VEILLE DU GRAND FRACAS DES CHAMPS AURIFÈRES

C'était au début de novembre 1906. L'été indien tenait Goldfield dans ses douces étreintes. La nature portait cette livrée dorée qu'on associe toujours à l'idée d'abondance. Les mines du district étaient vidées de leurs trésors au rythme de 1 000 000 $ par mois. Sous la forte pression du système de location à court terme, de nouveaux records de production ont été enregistrés. La population était de 15 000 habitants. Les dépôts bancaires totalisaient 15 000 000 $. L'immobilier sur Main Street coûtait 1 000 $ le pied avant. Les rues étaient pleines de monde. Tout le monde avait de l'argent.

Autrefois, des hommes mouraient de soif à cet endroit même. Trois ans auparavant, il n'y avait pas de mines et la population ne comptait qu'un garde de caporal. La transformation était complète. En trois ans, les rêves des pionniers vigoureux, qui avaient bravé les périls du désert pour localiser le district, étaient devenus une immense réalité. Le camp, qui deux ans auparavant était qualifié par la presse financière de « perspective brute » et de « refuge pour les fous et les joueurs », avait pris des proportions d'aubaine. Les premières vantardises du bureau de presse de Goldfield, selon lesquelles Goldfield se révélerait être le plus grand camp aurifère des États-Unis, étaient un fait accompli.

Les émissions minières cotées de Goldfield ont montré une amélioration sur les marchés de près de 150 000 000 $. Les stocks des camps voisins avaient augmenté en valeur marchande de 50 000 000 $ de plus. Le camp chevauchait avec complaisance au sommet du grand boom, dont l'histoire ne raconte pas plus grand depuis les célèbres jours de Mackay, Fair, Flood et O'Brien sur le Comstock.

Il n'y avait aucune prémonition qu'un point culminant serait atteint dans la hausse des valeurs à un moment donné, et qu'un effondrement pourrait être proche.

Les actions de Goldfield Consolidated se vendaient en bourse au-dessus du pair, soit 10 $, ou à une valorisation boursière de plus de 36 000 000 $ pour la capitalisation émise de la société. Vous auriez pu acheter toutes les propriétés de cette entreprise pour moins de 150 000 $ lorsque le camp a été localisé pour la première fois. Une vingtaine de baux exploitaient les propriétés du Consolidé. Les baux allaient bientôt expirer. Une grande partie du capital marchand reposait sur le fait que l'entreprise allait bientôt « prendre son envol ».

Plus de 175 actions de Goldfield et des camps voisins étaient cotées sur les bourses et sur les trottoirs. Tous ces produits se vendaient à des prix sensationnels et bénéficiaient d'un marché flottant. La fusion réussie par Wingfield et Nixon des principales propriétés productrices de Goldfield, évaluées à 36 millions de dollars, soit plus de quatre fois la valeur des réserves de minerai connues, a stimulé toute la liste.

Columbia Mountain, promue par les fusionneurs de Goldfield Consolidated, mais exclue de la fusion parce qu'elle n'était pas contiguë aux autres intégrales et parce qu'elle ne contenait pas de minerai, avait été gonflée à 1,35 $ par action sur une capitalisation d'un million d'actions et était restée ferme sur le marché. sans tenir compte du fait qu'il ne s'agissait encore que d'une « perspective » peu prometteuse. Les actions émises d'une douzaine d'autres sociétés contrôlant les promoteurs de la fusion se vendaient pour une valeur globale de plusieurs millions supplémentaires. Le « chiot » le plus méprisé de ce groupe particulier était Milltown, sans même aucune valeur prospective ; pourtant, il a facilement atteint un prix par action qui a donné à la « propriété » une valeur marchande de 400 000 $.

Silver Pick, capitalisé en 1 000 000 d'actions d'une valeur nominale de 1 $ chacune, avait réalisé une avance ininterrompue de 15 à 2,65 $ l'action sans qu'une livre de minerai ne soit trouvée sur la propriété. Le prix du marché n'a pas faibli.

Kewanas, une autre société à un million d'actions, était très demandée à 2,25 dollars par action, une valorisation de la propriété de 2 250 000 dollars et une avance de 2 250 pour cent. au-dessus du prix promotionnel. Le gain de Kewanas a également été réalisé malgré le fait que les développements miniers n'avaient pas permis d'ouvrir du minerai rentable en quantités commerciales. Huit mois plus tôt, la totalité du terrain m'avait été proposée pour 35 000 $ et j'avais refusé d'acheter.

Goldfield Daisy, promu par Frank Horton, un marchand de faro du casino Tonopah de George Wingfield, avait grimpé de 15 cents à 6 $ l'action sur une capitalisation de 1 500 000 actions. Elle n'avait jamais rapporté un dollar aux actionnaires, mais se vendait en fait sur le marché libre à une valorisation de 9 000 000 $. Le prix n'a montré aucun signe d'affaiblissement.

La fraction combinée, possédant quelques acres de terrain, qui était promue à 20 cents l'action sur une capitalisation de 1 000 000 d'actions, avait augmenté rapidement, en raison des découvertes de minerais et de la contiguïté au Mohawk, jusqu'à 8,50 $ l'action. Les actionnaires n'ont montré aucun signe de tendance au déchargement.

Great Bend, situé dans la section Diamondfield du district de Goldfield, à quatre milles de la zone productive, avait été porté de 10 cents l'action à 2,50

$ sans qu'une mine soit ouverte, établissant une valeur marchande de la propriété de 2 500 000 $.

Ce ne sont là que quelques-uns des cas les plus frappants d'appréciation des prix. Toutes ces actions, à l'exception de Goldfield Consolidated, se vendent désormais à quelques centimes par action chacune, la moyenne n'atteignant pas dix cents. Il y avait plus d'une centaine d'autres actions de Goldfield qui ont également connu des carrières boursières spectaculaires, sur lesquelles il est désormais impossible d'obtenir une quelconque cotation.

L'ASCENSION DE WINGFIELD ET NIXON

TOUTE personne à Goldfield qui était prête à admettre que les actions se vendaient trop haut à l'époque était décriée comme un « heurtoir ». Vous pouviez emprunter librement sur toutes les actions Goldfield cotées à la banque de John S. Cook & Company, propriété des promoteurs de Goldfield Consolidated, et les hommes du camp estimaient pour cette raison qu'il devait y avoir une valeur concrète derrière presque toutes ces actions. Les courtiers des villes de l'Est ont indiqué que peu de leurs clients étaient disposés à réaliser des bénéfices, même aux prix auxquels les actions avaient grimpé en flèche. La plupart des courtiers en valeurs minières des villes avaient « fait tomber » les stocks du camp dans les premiers jours précédant l'avancée. À ce stade, alors que les prix avaient atteint des niveaux inimaginables, les courtiers n'informaient pas leurs clients que les valeurs avaient été augmentées bien au-delà de leur valeur intrinsèque. En fait, ils se sont montrés enthousiastes dans leurs recommandations d'achat. Tout le monde était un taureau.

Les séances de la Bourse de Goldfield ont reflété l'ampleur de cet engouement. En dehors de la bourse, les voix stridentes, hurlantes, hurlantes et détonantes des courtiers qui continuaient à faire monter le marché à chaque séance pouvaient être entendues à un demi pâté de maisons. Plus tard, avez-vous retrouvé la salle de réunion bondée, la manière à moitié folle avec laquelle cahiers, bras, poings, index, chapeaux et têtes secoués et balancés s'approchaient avec frénésie d'une scène de violence où la folie pourrait surgir. sera autrefois la consommation et la malédiction.

George Wingfield et son partenaire, George S. Nixon, étaient les héros du moment. Moins de cinq ans auparavant, M. Wingfield était entré à Tonopah avec une participation de 150 $, fournie par M. Nixon, dont la maison était à Winnemucca, Nevada. M. Wingfield était autrefois un joueur de cow-boy impécunieux. Né dans les forêts de l'Arkansas, puis de l'Oregon, il est originaire de Golconda, dans le Nevada. M. Nixon, au moment où il a mis en jeu M. Wingfield et jusqu'à son élection comme sénateur des États-Unis en 1904, était connu comme « l'agent d'État » de la Southern Pacific Company pour le Nevada, ayant succédé au fameux « Noir » Wallace, qui a géré pendant de nombreuses années le fonds « chien jaune » pour le régime d'Huntington, à une époque où il était difficile d'obtenir des votes et où il fallait acheter des assemblées législatives. M. Nixon était également président d'une banque à Winnemucca, qui était une gare ferroviaire du Southern Pacific Railroad.

M. Wingfield avait démontré ses prouesses en matière d'argent en transformant les 150 $ de M. Nixon en 1 000 000 $ en tant que principal propriétaire du Tonopah Club, la plus grande maison de jeu de Tonopah, et en « négociant » plus tard l'argent pour lui-même et son partenaire pour devenir propriétaire du contrôle de la société. a fusionné Goldfield Consolidated pour 36 000 000 $, ce qui était leur création d'entreprise.

On disait que M. Wingfield était derrière le marché. Il était considéré comme le patron de la société minière et M. Nixon comme une circonstance. M. Wingfield était une figure marquante à presque toutes les séances de la Bourse de Goldfield, dont il était membre. En début de soirée, lorsque des séances informelles se tenaient sur le trottoir, on pouvait également le voir au cœur du tumulte. Il était au travail à toute heure.

A cette époque, M. Wingfield avait environ trente ans. De constitution maigre et maigre, sa pâleur extrême dénotait une mauvaise santé, des années de difficultés ou des habitudes vicieuses. Ses yeux étaient larmoyants, son regard vacillant. Brut, d'allures froides et de caractère taciturne, il était le dernier homme qu'un observateur puisse facilement imaginer posséder des capacités d'un ordre supérieur. Dans et autour du camp, il était connu pour son secret. Il était considéré comme un joueur d'affaires calme, calculateur, égoïste et sûr de lui - le genre qui utilise les escaliers, ne fait jamais confiance à personne, est prêt à attendre longtemps pour atteindre un objectif fixé, garde la bouche fermée et le fait. ne permettons pas à de futiles scrupules de faire obstacle à l'englobement final. Parmi les joueurs de stud-poker qui fréquentaient les tables de jeu de Tonopah, Goldfield et Bullfrog, il était célèbre pour son expression de visage à moitié rusée qui trompait ses adversaires en leur faisant croire qu'il bluffait alors qu'il ne l'était pas. Dans les jeux de cartes, il était généralement un gagnant constant.

Son partenaire, George S. Nixon, ressemblait au petit directeur de banque pimpant de Winnemucca et à l'agent d'État confidentiel du Pacifique Sud qu'il était avant de devenir sénateur. Il avait un poids considérablement inférieur à la moyenne et une circonférence supérieure à la moyenne au niveau de cette partie de son anatomie qu'un ennemi politique décrivait autrefois comme le siège de ses pensées et le tabernacle de ses aspirations. Ses yeux gris acier étaient absolument inexpressifs. Nouvellement riche, son argent et ses relations dans le Pacifique Sud lui avaient valu une toge, mais il ne se comportait pas comme un homme à qui les honneurs avaient été confiés. Autour de Goldfield, il se pavanait avec la fierté et la gravité d'un grand espagnol.

Les deux hommes contrôlaient la situation de la mine, de la banque et du marché. Courtiers, banquiers et dirigeants des sociétés minières les servaient et exécutaient leurs enchères. La nuit, au Montezuma Club, où les citoyens influents avaient l'habitude de se rassembler, M. Wingfield proposait parfois ostensiblement de parier que Goldfield Consolidated « se vendrait 15 dollars avant 9 dollars », etc. toutes les directions écoutaient avec une attention soutenue. Plus tard, ils envoyèrent secrètement la nouvelle à leurs amis de l'Est. Le lendemain matin, le marché refléterait davantage d'achats publics et des prix encore plus élevés. Goldfield lui-même suivait aveuglément l'exemple des deux. Il était en effet plus facile pour ces hommes d'augmenter les prix que de les baisser.

LES GAINS D'UN PIED TENDRE

Et moi? Où en étais-je et quelle était ma position à cette conjoncture ? Ai-je été prévoyant ? Ai-je réalisé que les actions se vendaient à des prix beaucoup plus élevés que ne le justifiaient leur valeur intrinsèque et leur valeur spéculative ? Le fait que les fusionneurs et les abreuvoirs de Goldfield Consolidated contrôlaient la situation de la mine, du marché et de la banque n'était-il pas suffisant pour me faire soupçonner que les cartes étaient peut-être empilées et que les cartes étaient peut-être distribuées à partir du bas du jeu ? Étais-je, en fait, au courant de la situation exacte et ai-je réalisé qu'un fracas allait inévitablement s'ensuivre ? C'est dommage que le recul ne soit pas la prévoyance, car c'est seulement dans ce cas que je pourrais me couronner de laurier.

J'étais sur le terrain depuis plus de deux ans. En réalité, j'étais encore un pied tendre. Mes expériences avaient été uniques, toutes du côté constructif. J'avais maîtrisé les premiers rudiments du jeu, mais seulement le premier. La valeur intrinsèque ne figurait pas comme le seul élément dans ma conception de la valeur d'un problème minier Goldfield. Les millionnaires du camp n'étaient pas des mineurs de profession et leur jugement sur la valeur d'une propriété minière n'aurait pas incité un Guggenheim, un Ryan ou un Rothschild à investir jusqu'à 4 dollars dans le développement d'un quelconque terrain minéral probable. Goldfield était un camp de pauvres. Et cela se déroulait malgré les croassements des ingénieurs formés à l'école qui avaient refusé le district au début, comme ils l'avaient fait à Tonopah.

A cette époque, je vivais modestement. Je n'ai jamais touché à une carte. Je travaillais à mon bureau en moyenne seize heures par jour, dimanche compris, et je ne me détendais jamais. Même si j'étais arrivé au camp fauché, si on m'avait proposé 2 000 000 $ pour ma moitié de participation dans la LM Sullivan Trust Company, je pense que j'aurais dû la refuser.

J'ai aimé mon travail. Le levain de mon environnement faisait directement appel à mes perceptions. J'étais saturé des traditions de la « chance minière » occidentale et aussi de l'optimisme de mes robustes voisins. Ces hommes avaient tenu bon au début de la période « d'épreuves et de tribulations » du camp. Ils avaient triomphé comme leurs ancêtres sur le Comstock, tout comme les courageux pionniers de Leadville et de Cripple Creek et comme l'avaient fait leurs frères de Tonopah. Leur influence sur moi était illimitée. En tout cas, j'ai apprécié ce travail. En fait, je n'avais guère besoin d'argent, sauf à des fins commerciales. *Et jamais la moindre suggestion ne m'est venue qu'il était temps de faire un « nettoyage ».*

La Compagnie de Fiducie LM Sullivan, dont j'étais vice-président et directeur général, se portait remarquablement bien. Les actions des sociétés minières organisées et promues par la société de fiducie étaient cotées à la Bourse de San Francisco et au New York Curb et présentaient une appréciation boursière de 3 000 000 $ au-dessus des prix de promotion. Indian Camp, promu à 25 cents, se vendait librement à 1,30 $. Jumping Jack, pour lequel les abonnements étaient initialement acceptés à 25 cents, était très demandé à 62 cents. Stray Dog, vendu au public initialement à 45 centimes, était actif autour de 85 centimes. Lou Dillon, sorti moins d'un mois auparavant à 25 cents, avait progressé jusqu'à 64 cents. Silver Pick Extension, qui a été sursouscrit à 25 cents et a commandé 35 cents deux heures après que nous avons annoncé la clôture des souscriptions, se vendait sur les bourses et les trottoirs du pays à 49 cents. Eagle's Nest Fairview, auquel les abonnés d'origine avaient accès à 35 cents, était très recherché à 65 cents. Fairview Hailstone, coté à 25 cents, était en demande constante à 40 cents.

Le gouverneur John Sparks était désormais président de toutes ces sociétés.

Vous auriez pu vendre de gros blocs d'actions Sullivan à ces prix lucratifs sur n'importe quelle bourse minière et sur les marchés restreints du pays sans réduire le prix d'un centime, tant la demande du public était constante et si le marché était vaste. À l'exception de Bullfrog Rush, pour lequel la Sullivan Trust Company avait remboursé l'argent aux souscripteurs lorsque la mine en cours de développement s'était révélée être un « citron », chaque promotion de la société fiduciaire rapportait aux investisseurs un beau bénéfice boursier. Au total, le prix de promotion des sept sociétés minières Sullivan s'élevait à 2 000 000 $ pour l'ensemble de la capitalisation. Le prix du marché de ces titres s'élevait désormais à 5 000 000 $, soit un gain moyen de 150 pour cent.

C'était un record dont j'étais fier, et j'en *étais* fier, non seulement parce que j'étais vice-président et directeur général de la société de fiducie, mais aussi parce qu'un cabinet d'experts comptables, recommandé par l'American

National Bank of San Francisco pour examiner les livres de la société de fiducie, nous avions signalé que nos actifs dépassaient de 3 000 000 $ nos dettes, somme qui avait été rassemblée en une dizaine de mois. Sur cette somme, environ 1 000 000 $ représentaient des bénéfices promotionnels. Le reste a été gagné grâce à l'appréciation du prix des titres miniers transportés ou accumulés pendant le boom.

C'était la vantardise commune du camp que George Wingfield avait «parlé» ou «pyramidé» 1 000 000 $, ce qui représentait les bénéfices de son casino de Tonopah, pour devenir propriétaire, avec son partenaire Nixon, de la Goldfield Consolidated de 36 000 000 $. Comme je l'ai raconté précédemment, j'ai eu beaucoup de malchance en manquant d'un cheveu la propriété du bail Hayes-Monnette sur la mine Mohawk et Nevada Hills, ce qui aurait augmenté nos bénéfices de 8 000 000 $ de plus, mais je me suis félicité d'avoir avait très bien réussi en regroupant 2 500 $ en une demi-participation dans une société de fiducie florissante de 3 000 000 $. J'étais assez vaniteux pour croire que ma réussite était aussi unique que celle de M. Wingfield, parce qu'il avait eu l'influence d'un sénateur américain et que l'argent avait été déposé dans une chaîne de banques nouvellement créées à Goldfield, Tonopah et ailleurs pour aider lui dans ses opérations. Pour y remédier, j'avais non seulement été obligé de compter sur mes propres ressources, mais j'avais en fait dû lutter contre l'action des maîtres-chanteurs qui tentaient de temps en temps de percevoir un tribut. Sur mon échec à « m'en sortir » (je ne l'ai jamais fait), ils ont rarement hésité à publier une attaque malveillante contre la Sullivan Trust Company, car dans les années passées, son chef actif avait eu un passé très jeune, même s'ils savaient que ce Passé n'était plus le sien et il l'avait franchi comme des jalons sur le chemin.

JE SUIS ATTERRI HAUT ET SEC

Les élections dans l'État du Nevada ont eu lieu en novembre. La liste démocrate, dirigée par « l'honnête » John Sparks pour le gouverneur et Denver S. Dickerson pour le lieutenant-gouverneur, a été victorieuse. Le groupe républicain, dirigé par JF Mitchell, promoteur minier et ingénieur, soutenu par le sénateur américain Nixon, le chef politique républicain, a subi une défaite humiliante.

Denver S. Dickerson était le candidat des syndicats. Au cours d'une ancienne guerre du travail à Cripple Creek, M. Dickerson avait été enfermé dans "l'enclos des taureaux" lorsque le gouvernement était intervenu pour réprimer les émeutes du travail. Les mineurs de Goldfield ont très naturellement voté pour lui. Le gouverneur Sparks avait accepté la renomination à la demande urgente de la LM Sullivan Trust Company, et sa victoire, ainsi que la nature de sa candidature, étaient largement attribuées aux activités politiques de la société de fiducie.

La société de fiducie, bien que n'étant pas une institution bancaire dans le sens où elle acceptait les dépôts en espèces des citoyens de la ville, ayant limité ses opérations au financement d'entreprises minières, occupait une place importante sur l'horizon politique et commercial en raison de son importance financière et politique croissante. pouvoir. La société de fiducie déposait tout son argent dans des banques qui n'étaient pas affiliées à la confédération Wingfield-Nixon et travaillait à contre-courant avec elle sur ce point également.

La foule de Wingfield-Nixon avait pyramidé une maison de jeu à Tonopah et une petite banque à un seul cheval à Winnemucca pour devenir propriétaires du contrôle de Goldfield Consolidated, d'une valeur de 36 000 000 $; devenir propriétaire de la banque de John S. Cook & Company à Goldfield, qui a été créditée de dépôts totalisant 8 000 000 $; dans une nouvelle banque à Tonopah, connue sous le nom de Tonopah Banking Corporation, et dans une banque nouvellement créée à Reno, appelée Nixon National. En politique, il a réussi à faire asseoir M. Nixon au Sénat des États-Unis, en plaçant à sa disposition le patronage fédéral qui accompagne cette haute fonction.

La confédération tendait la main.

À Goldfield, elle avait surmonté une opposition bancaire aussi forte que la Nye & Ormsby County Bank et la State Bank & Trust Company, qui étaient toutes deux en activité avant que l'on rêve de John S. Cook & Company. Elle y était parvenue en prêtant d'importantes sommes d'argent aux courtiers de Goldfield et à d'autres citoyens sur les titres miniers du camp, à une époque où cette catégorie de titres n'était pas si facilement acceptée par les autres banques comme une bonne garantie. À Tonopah, la nouvelle banque Nixon, connue sous le nom de Tonopah Banking Corporation, progressait progressivement contre la Nye & Ormsby et la State Bank & Trust Company, qui détenaient encore environ 75 pour cent. des affaires de ce camp. À Reno, la Nixon National avait du mal à rivaliser avec des institutions aussi anciennes que la Banque du Nevada, la Washoe County Bank et la Farmers & Merchants National, mais des rumeurs circulaient déjà selon lesquelles la banque Nixon allait bientôt racheter et consolider avec la puissante Banque du Nevada.

À Goldfield, le pouvoir de la confédération était le plus fort dans tous les domaines, à l'exception de la politique. Là-bas, elle avait déjà la mainmise sur les affaires minières et financières du camp et, par l'intermédiaire du service de collecte des traites à l'extérieur de la ville, de sa banque, elle prenait le pouls du marché des actions minières. Son point sensible était la politique.

Les opérations commerciales de Wingfield et Nixon étaient entourées de mystère. Personne ne savait exactement où ils en étaient. Les courtiers de

Goldfield et de San Francisco, qui avaient comparé leurs notes, étaient convaincus que les deux avaient cédé plusieurs millions d'actions de petites sociétés non incluses dans la fusion et avaient récolté pas moins de 10 000 000 de dollars pendant le boom grâce à cette vente. . La cession d'énormes blocs d'actions par Wingfield et Nixon n'a cependant pas été interprétée comme signifiant que les actions se vendaient à un prix trop élevé. L'idée générale prévalait que les recettes étaient utilisées pour permettre à la confédération de financer ses achats d'actions dans les sociétés intégrées qui ont été cédées lors de la fusion et pour financer sa nouvelle chaîne de banques.

Vers la mi-novembre, le marché des titres de Goldfield a pris une mauvaise tournure. Les prix indiquaient qu'ils avaient atteint une étape. Les promoteurs de Goldfield ont commencé à se plaindre d'être obligés d'apporter un soutien important au marché en raison de ventes provenant de nombreux milieux qui ne pouvaient être expliquées. Il y avait une forte pression du marché. En quelques jours, le marché est devenu instable, puis mou, puis à nouveau instable. Dans le camp, Wingfield et Nixon étaient toujours optimistes.

Les titres de la Sullivan Trust Company étaient attaqués sur tous les marchés. Salt Lake et San Francisco auraient déversé leurs stocks. De gros blocs étaient renversés.

J'ai apporté mon soutien en un tournemain.

Il n'y a pas eu de répit.

En dix jours, j'ai été obligé de jeter la totalité d'un million de dollars derrière le marché pour le conserver.

Cela ne m'a pas dérangé. J'obtenais des certificats d'actions pour l'argent et je pensais qu'ils en valaient la peine.

Mais j'étais perplexe quant à savoir de quoi il s'agissait.

LE DÉBUT DU RAID

Bientôt, on m'a appris que le sénateur Nixon conseillait à tous ceux qui détenaient des actions Sullivan, ou connaissaient quelqu'un qui les détenait, de les écouler. De San Francisco est venue la nouvelle qu'une clique de courtiers opérait pour le déclin.

Le lundi suivant, le marché de la Bourse de San Francisco s'ouvrait avec force et dynamisme, et il sembla un instant que le mouvement de vente s'était effondré. Je me sentais soulagé.

La cloche de mon téléphone a sonné. Un courtier en valeurs mobilières de Tonopah m'a appelé sur une longue distance.

"Offrez-vous 10 000 Lou Dillon à 48 ans", a-t-il dit. "Est ce que tu les veux?"

Lou Dillon était une souche de Sullivan qui avait été promue à 25 ans ; Cependant, 48 était désormais un point en dessous du marché.

"Nous allons les prendre", dis-je. "Quel est le problème?"

"Il y a une rumeur ici selon laquelle vos livres sont en cours d'inspection par le Département des Postes. Vous avez eu cinq nouveaux hommes dans vos livres ces dernières semaines, et quelqu'un a répandu ici une histoire selon laquelle Nixon vous a rendu malade le gouvernement. "

Je l'ai nié, bien sûr. Les cinq hommes en question étaient des experts envoyés de San Francisco par le cabinet de comptables recommandé par la Banque nationale américaine, et ils étaient là à notre demande. L'histoire était un véritable canard.

Tout au long de la journée, la Sullivan Trust Company fut appelée à soutenir le marché de San Francisco et à acquérir la quasi-totalité des gros blocs d'actions Sullivan détenus dans les camps de Tonopah et de Manhattan. Avant que nos démentis puissent parvenir aux vendeurs, le mal était fait. Et il a fallu 250 000 dollars par jour pendant quatre jours pour maintenir le marché face à cette nouvelle attaque.

un an auparavant dans les colonnes du *Denver Mining Record* avait donné de la couleur aux folles rumeurs d'une enquête postale . La rumeur disait que la dose allait être répétée. Au début du camp, lorsque j'étais à la tête de l'agence de publicité Goldfield-Tonopah, j'avais représenté le *Denver Mining Record* à Goldfield. En tant qu'agent, j'avais obtenu des contrats publicitaires qui rapportaient à mon agence environ 10 000 $ par an en commissions. Les propriétaires du journal ont eu l'idée que je gagnais trop d'argent grâce aux commissions et ont envoyé Wing B. Allen, ancien de Salt Lake, sur place pour me remplacer. M. Allen travaillait pour un salaire inférieur. Il voulait que je répartisse ma commission sur les affaires en cours, et j'ai refusé. Les éditeurs ont pris le parti de M. Allen. En conséquence, j'ai retiré toute la publicité des colonnes du *Denver Mining Record* dont mon agence avait été responsable, et le *Denver Mining Record* n'a jamais pu regagner le terrain perdu.

Peu de temps avant le début du raid sur nos stocks, M. Allen avait été arrêté à Goldfield sur la base d'un mandat assermenté par LM Sullivan, jugé devant le juge Bell pour extorsion et remis au Grand Jury. Lors de l'audience devant le juge Bell, la Sullivan Trust Company a présenté des preuves selon lesquelles M. Allen avait menacé, si nous ne donnions pas à son journal une part de la publicité promotionnelle de la Sullivan Trust Company, que le

Denver Mining Record commencerait à m'attaquer personnellement en ses colonnes et, à cause de mon passé ancien, cela causerait de sérieux dommages à la société de fiducie.

Lors de l'audience, des dépêches ont été soumises et déposées au bureau de Goldfield de la Western Union Telegraph Company par M. Allen, dans lesquelles il avait informé son journal qu'il valait mieux procéder à l'attaque, car ni M. Sullivan ni moi-même n'avions indiqué céder. Lors de l'audience, sous serment et dans une salle d'audience bondée, j'ai ouvertement dénoncé M. Allen et son journal comme des maîtres chanteurs des plus ignobles, tout comme M. Sullivan. Le juge Bell, suite à la soumission par la Western Union des dépêches de M. Allen à son journal, l'a immédiatement retenu pour le Grand Jury.

Sur les conseils de l'ancien gouverneur Thomas, du Colorado, à qui la Sullivan Trust Company a versé une provision en tant qu'avocat, et qui est devenu plus tard l'avocat principal de Goldfield Consolidated, j'ai engagé Christopher C. Clay de Denver pour engager une action en justice contre les propriétaires du Colorado. *Record minier de Denver* . En conséquence, j'ai obtenu d'eux un accord par lequel ils s'engageaient à ne plus mentionner mon nom dans leur journal. J'ai été harcelé à l'époque, sinon je n'aurais pas fait de compromis. Les informations publiées par le *Denver Mining Record* , qui ont été ressassées par tous les maîtres chanteurs qui ont tenté de me faire payer des impôts, étaient à environ deux dixièmes vraies et huit dixièmes fausses. C'était une copie littérale d'une publication anonyme publiée par un groupe de maîtres chanteurs qui avaient tenté de la faire circuler des années auparavant à New York, lorsque j'étais à la tête de la Maxim & Gay Company. J'avais alors dépensé des milliers de dollars pour en détruire la paternité, mais en vain. Les avocats avaient réussi à saisir des milliers d'exemplaires de la publication et à procéder à une arrestation, mais ils n'avaient pas réussi à prouver la paternité du texte et la propriété du journal, et les coupables n'avaient donc pas été punis. A Denver, lorsque M. Clay a demandé des mandats d'arrêt criminels, on lui a d'abord demandé de fournir une preuve de sa paternité, ce qui nous était impossible, les articles n'étant pas signés.

QUELQUES PERSONNALITÉS PERTINENTES

Les mêmes informations sont récemment apparues sans signature dans un journal de Goldfield qui est initialement entré en possession de George Wingfield à la suite d'une procédure de saisie, et dans un journal du soir de Reno qui est contrôlé par le sénateur Nixon, qui possède une grande partie de l'hypothèque du journal. Il est également apparu dans d'autres journaux « amis » de Wingfield et Nixon. Des dizaines de milliers d'exemplaires de la publication de Goldfield contenant la diffamation anonyme ont été diffusés.

D'autres journaux ont reproduit ces propos diffamatoires, certains innocemment et d'autres pour des raisons sordides, mais nous en reparlerons plus tard. Ma carrière est semée d'exemples de recours par des ennemis au chantage et aux tentatives de chantage. Si je devais entreprendre de dresser un tableau des cas où des hommes et des intérêts, allant des journalistes impécunieux aux éditeurs de journaux financiers, en passant par les courtiers en valeurs minières et les opérateurs de marché qui, en arrière-plan, publient des lettres de marché ou fournissent le capital pour des publications minières, ont tenté pour me lever un tribut ou pour me soumettre par l'usage d'une arme aussi ignoble, je serais obligé d'écrire un gros livre sur le sujet.

Et ici, je voudrais déclarer officiellement que le principal défaut qui a apparemment marqué ma carrière minière et financière a été que j'avais un passé de jeunesse – un passé qui, au cours de la dernière décennie, n'a jamais été pris en considération sérieusement. par des hommes qui ont entretenu d'étroites relations d'affaires avec moi, mais qui, bien sûr, est une épine dans le pied d'hommes et d'intérêts auxquels je n'ai pas obéi.

Je défie quiconque de citer un seul cas où j'ai été coupable de malversation dans une transaction minière ou une transaction commerciale de quelque nature que ce soit au cours de toute ma carrière de promoteur. J'ai été intrépide – trop. J'ai été un passionné enragé. J'ai essayé de construire. J'ai donné quartier, mais je n'en ai jamais pris. J'ai été honnête. Si j'étais vraiment malhonnête, j'aurais pu empêcher toute publication d'une attaque importante contre moi en me prêtant d'avance aux basses intentions de mes traducteurs, et j'aurais maintenant des millions pour avoir transigé avec eux. C'est une vérité divine que dans neuf cas sur dix, lorsque j'ai été attaqué dans des documents imprimés, le mobile de l'attaquant était ignoble et les faits ont été tellement déformés ou déformés que le texte était un mensonge. La cruauté de l'opération n'a pas non plus empêché qui que ce soit.

Au moment même à Goldfield où je savais que le *Denver Mining Record* n'attaquerait plus la Sullivan Trust Company en raison du règlement à l'amiable du procès en diffamation par mes avocats, de nouvelles rumeurs se sont répandues selon lesquelles le *Denver Mining Record* se préparait à une nouvelle attaque et que des dizaines de milliers d'exemplaires de ce journal allaient être diffusés. Mais vous ne pouvez pas arrêter une rumeur par la déclaration de la vérité, et la Sullivan Trust Company a décidé qu'il serait imprudent de faire un démenti par écrit, car ce faisant, elle communiquerait à tous les actionnaires la nouvelle que les actions Sullivan étaient effectivement attaqué et provoquer ainsi davantage de « ventes effrayées ».

Des traites à vue provenant de courtiers de New York, Chicago, Salt Lake et San Francisco, tirées sur la Sullivan Trust Company, auxquelles étaient attachées de grosses liasses d'actions Sullivan, affluaient dans notre bureau par l'intermédiaire des banques locales pour être présentées. John S. Cook & Company s'est fait une spécialité de ce département bancaire, et la plupart des traites sur nous ont été compensées par la banque Wingfield-Nixon. On m'a rapporté que le sénateur Nixon discutait ouvertement de l'énorme volume de stocks qui arrivaient sur nous et qu'il remettait en question notre capacité à endiguer la marée. Comme mesure stratégique, la Sullivan Trust Company a décidé de procéder à des ventes « croisées » à la Bourse de San Francisco afin de pouvoir expédier hors du camp, via les banques, de gros blocs d'actions avec traite attachée contre les courtiers de San Francisco et ainsi les transmettre à l'esprit des banquiers locaux que nous vendions de gros blocs d'actions tout en les achetant. Le volume des transactions « croisées » a suscité quelques discussions à San Francisco et a été amplifié par les courtiers qui opéraient pour la baisse.

LE TEMPS OÙ L'ARGENT PARLE

Certains de nos courtiers à San Francisco exigeaient désormais une garantie bancaire indépendante que les traites sur nous seraient honorées. Nous avons demandé une ligne de crédit à la State Bank & Trust Company. Il a été promptement donné. Dès que les courtiers ont demandé une garantie, la State Bank & Trust Company leur a télégraphié officiellement qu'elle honorerait notre papier à hauteur de 20 000 ou 30 000 dollars dans chaque cas. Pour protéger la banque et afin de pouvoir emprunter une grosse somme d'argent, si nous en avions besoin en cas d'un nouveau mouvement de vente commençant en 2007, nous avons déposé des actions d'une valeur marchande de 1 500 000 $ auprès de la State Bank & Trust Company, qui a signé un document selon lequel cette garantie devait servir de garantie contre les prêts pour tout montant que la State Bank & Trust Company pourrait nous accorder sur un compte ouvert.

Quelques jours plus tard, nous avons emprunté à la banque 300 000 $ en espèces, et il a été convenu que si nous avions besoin de 300 000 $ de plus sur la même garantie, ils seraient immédiatement mis à notre disposition. Nous n'avions pas encore besoin d'argent, mais j'ai réalisé qu'il était souhaitable de rassembler des liquidités dans une telle exigence. Il ne s'agissait pas non plus d'une procédure inhabituelle. Il fut un temps, pendant le boom de Manhattan, où le découvert de la Sullivan Trust Company à la Nye & Ormsby County Bank s'élevait à 695 000 $. La banque a retenu contre ce découvert les actions Sullivan au prix promotionnel. À cette époque, presque toutes ces valeurs n'étaient pas encore cotées.

L'idée de retirer le soutien et de laisser le marché s'effondrer ne m'est pas du tout venue à l'esprit. Comme je l'ai déjà dit, je pensais que les actions en valaient la peine. Mais ce n'est pas là la principale raison de ma position obstinée sur le marché. J'étais très fier du fait que chaque action cotée de la Sullivan Trust Company rapportait un gros profit aux actionnaires. Je considérais que le plus grand atout de la société de fiducie n'était pas son argent, mais son prestige, et j'avais de grandes idées quant à l'avenir que j'avais tracé pour la société. Je ne soupçonnais pas qu'une campagne organisée était en cours pour nous détruire et que les intérêts dominants du camp s'emparaient de tout ce qui se présentait. Je n'avais pas non plus besoin d'argent pour thésauriser. La seule chose qui m'a vraiment inquiété était le fait que la Sullivan Trust Company avait été obligée de devenir emprunteur.

Avant le début du premier mouvement de vente, nos actifs étaient 3 000 000 $ de plus que nos passifs. Mais ces 3 000 000 $ n'étaient pas entièrement en espèces. En fait, cela était représenté en partie par des actions que nous avions achetées sur le marché avec l'idée qu'elles étaient de bonnes actions à posséder et qu'elles rapporteraient à la société de fiducie un gros profit, comme c'était le cas pour eux. Nous aurions pu récupérer 3 000 000 $ en espèces, mais nous ne l'avons pas fait. En moins d'un mois, toutes nos liquidités disponibles avaient été investies dans de nouvelles lignes de nos propres titres, nous avions été obligés de vendre d'autres lignes et la société était devenue emprunteuse. J'étais têtu – trop têtu pour un homme qui se vantait de si peu d'expérience dans un match aussi important. C'était une de mes convictions favorites que les obstacles créent le caractère. J'étais au cœur d'une bataille et je me frayais un chemin contre des obstacles énormes. J'ai plutôt aimé la sensation.

Un autre trait dominant qui, au fond, a été au cours de ces dernières années la note dominante de mes actions est le fait que ma philosophie m'enseigne qu'on ne peut pas cacher la vérité, qu'un mensonge ne peut pas vivre et que *justice sera enfin rendue.* . Si j'avais toujours mis l'accent sur le « enfin » et mélangé à ma philosophie un peu de « dope » selon lequel si la justice finit toujours *par* triompher, l'injustice est souvent victorieuse *pendant un certain temps* , j'aurais peut-être mieux réussi.

Dans un chapitre précédent, j'ai déclaré que « Wall Street s'occupe des idiots » et que « les penseurs qui pensent savoir, mais ne le savent pas » sont les idiots sur lesquels Wall Street jette son filet. J'ai également déclaré que les promoteurs de Wall Street se rendaient compte qu'« un peu de connaissances est une chose dangereuse » et que ce « peu de connaissances » égarait ce type particulier de connards. En « adhérant » comme Goldfield à la philosophie selon laquelle « la justice finit toujours par triompher », en l'avalant entièrement, et en ne tenant pas compte du fait que la justice tarde parfois, même si elle finit par l'emporter, j'affirme ici me décorer d'une médaille en tant que premier de la classe *des « meuniers »* – au sens académique – que j'ai décrite, et qui est le sens habituel dans lequel j'utilise le terme « meunier ».

Une fois de plus, les ventes cessèrent et il semblait que la Sullivan Trust Company serait obligée d'attendre seulement un retournement général du marché pour se libérer de la pression monétaire en se débarrassant de certains des gros blocs d'actions qu'elle avait accumulés au cours des périodes. d'une lourde liquidation.

NUAGES DANS LE CIEL DE L'OUEST

Un nouveau nuage noir apparut à l'horizon. Une guerre du travail était menacée à Goldfield. Il était très évident, d'après la conduite de George Wingfield, qu'il harcelait les mineurs, et l'opinion générale de la population de Goldfield semblait être qu'il essayait de précipiter les troubles. Les mineurs avaient demandé des salaires plus élevés. La Sullivan Trust Company, qui exploitait sept propriétés avec une masse salariale mensuelle de 50 000 $, a été la première à exprimer sa volonté d'accorder les conditions. Wingfield et Nixon ont refusé. Les mineurs ont demandé un arbitrage. Cela a été refusé. Les mines furent ensuite fermées pendant quelques jours et les durées des baux furent prolongées.

De fortes ventes de toutes les actions de Goldfield ont eu lieu pendant la fermeture. Des rumeurs circulaient désormais de toutes parts selon lesquelles Wingfield et Nixon déversaient par-dessus bord de gros blocs de stocks. Serait-il possible qu'ils soient eux-mêmes en train de saborder le navire qui leur avait offert un si glorieux passage ?

Une fois de plus, la Sullivan Trust Company fut appelée à soutenir le marché.

Bientôt, un cri de détresse se fit entendre dans le camp de la part des investisseurs et des courtiers en valeurs mobilières qui s'étaient surchargés de titres et qui étaient endettés par millions auprès des banques, les actions du camp étant mises en garantie. L'enquête a révélé que toutes les banques de Goldfield et de Tonopah étaient surchargées. Cette condition avait été provoquée par les conditions libérales qui avaient été accordées par les banques Wingfield-Nixon lors du "ballooning" de Goldfield Consolidated, lorsque la confédération, selon la croyance commune, déchargeait des actions valant des millions de dollars dans le petit sociétés et utilisait le produit de la vente pour financer l'achat des actions de plusieurs des intégrales qui formaient la grande fusion.

J'ai commencé à me ressaisir et à « sentir le rat ». Je n'avais jamais eu la moindre dispute avec M. Wingfield ou M. Nixon, je n'avais jamais participé à aucune transaction commerciale avec eux, et la campagne contre la société de fiducie, dont j'étais sûr qu'elle avait été conçue dès le début dans le Dans l'intérêt de la machine politique républicaine, je soupçonnais maintenant qu'elle faisait partie d'un plan général visant à s'emparer de tout ce qui avait de la valeur dans le camp. En détruisant la Sullivan Trust Company, ils pourraient nuire au parti démocrate de l'État, auquel nous étions affiliés, et pour lequel on pensait actuellement que nous fournissions le nerf de la guerre. En nous brisant, ils pourraient également paralyser la banque avec laquelle nous faisions affaire et qui, à Goldfield et à Tonopah, en particulier à Tonopah, était un redoutable concurrent pour leurs intérêts bancaires. Et ainsi, ils pourraient également faciliter un déclin du marché qui ébranlerait les emprunteurs de leurs banques.

Je l'ai compris ainsi : Wingfield et Nixon savaient que nous avions bêtement tenté de soutenir le marché de nos actions, que d'autres promoteurs de Goldfield avaient fait de même et que les investisseurs et les courtiers de Goldfield avaient massivement emprunté auprès de toutes les banques. John S. Cook & Company réclamait davantage de garanties de la part de ses clients, et des biens immobiliers étaient ajoutés aux gages de titres miniers. Quoi de plus facile, quoique diabolique, que de « supporter » le marché, de secouer les actionnaires des diverses mines importantes du camp, de leur retirer leurs stocks par saisie et de reprendre possession, à des prix de vente en faillite, des des millions de dollars de titres qu'ils avaient déchargés pendant le boom ?

Si tel était le plan de Wingfield et Nixon, ce qui s'est produit n'aurait pas pu être plus parfaitement structuré.

M. Wingfield arpentait les rues jour et nuit, armé jusqu'aux dents, et défiait ouvertement n'importe lequel des mineurs de « l'attraper ». Il a menacé d'une nouvelle fermeture, d'une réduction des salaires, de l'installation de vestiaires dans les mines et d'autres mesures désastreuses, tout cela apparemment destiné à susciter la colère des mineurs.

Les mineurs sont tombés dans le piège, sont devenus belliqueux et méchants et ont fait des choses avec lesquelles la communauté n'était pas en sympathie. De jour en jour, la situation devenait plus critique.

Lors d'une des fermetures qui suivirent, le sénateur Nixon révéla son jeu en convoquant une réunion des comités exécutifs des deux bourses de Goldfield. Il a insisté pour que les bourses ferment, arguant que les prix des actions devraient pouvoir reculer en sympathie avec les troubles du travail. Il n'avait aucune pensée pour les hommes du camp qui s'étaient engagés sur le côté long du marché aux prix en plein essor et qui avaient travaillé jour et nuit pour créer le boom qui avait jeté dans les bras de Wingfield et Nixon des richesses bien au-delà des rêves de avarice. Les courtiers ont refusé de fermer les bourses.

Les chercheurs d'or ont mis du temps à comprendre la véritable portée de ce qui se passait. Les choses étaient très instables. L'optimisme règnerait aujourd'hui sur des rumeurs apparemment inspirées selon lesquelles les différends entre les propriétaires des mines et les mineurs étaient sur le point de se résorber. Le lendemain, la tristesse envahirait le camp en raison de l'action défavorable du syndicat sur les plans de paix. Des conférences nocturnes ont eu lieu. Il était impossible d'avoir une idée précise de la situation. Les foules se rassemblaient autour de la salle de l'Union des mineurs, où se tenaient les réunions, et chacun cherchait quelque chose de tangible sur lequel baser ses opérations de marché. Les dirigeants du syndicat allaient et venaient sur le marché, profitant de leurs positions officielles pour anticiper toute évolution favorable ou défavorable.

Il s'agissait d'une situation de marché extrêmement sensible. Cependant, la dérive était incontestablement vers le bas. Les valeurs ont commencé à fondre comme neige lors du dégel printanier.

Tout au long de cette période, la Sullivan Trust Company a vaillamment soutenu ses titres sur tous les marchés où ils étaient négociés – jusqu'à la limite. J'étais têtu. Je n'avais jamais connu auparavant un boom minier d'une telle ampleur, et je n'avais pas compris qu'une réaction devait s'ensuivre, qu'elle soit forcée ou non par Wingfield et Nixon. Des dizaines de milliers d'actions Sullivan ont été lancées jour après jour à nos courtiers à la Bourse de San Francisco et à New York, et nous les avons toutes acceptées, refusant de permettre au marché de céder à la pression.

DU CRÉDIT AU CRASH

Pour donner une idée de la position de la LM Sullivan Trust Company pendant cette période cruciale, je cite un exemple. Logan & Bryan, membres de la Bourse de New York, de la Bourse de Chicago, du Chicago Board of Trade, de la New Orleans Cotton Exchange et de toutes les autres bourses importantes, qui gèrent un système de location de câbles d'un océan à l'autre au coût de 300 000 $ par an, et qui ont plus de 100 correspondants dans presque autant de villes, tous de haut rang en tant que courtiers en valeurs mobilières, ont fait une offre provisoire à la Sullivan Trust Company début décembre pour connecter leur système filaire à notre bureau de Goldfield et nous donner la connexion filaire exclusive. pour le Nevada moyennant un loyer annuel de 100 000 $. Cette offre n'aurait pas été faite si le crédit de la Sullivan Trust Company n'avait pas été maintenu à un niveau élevé, ou si, personnellement, je n'avais pas convaincu des hommes importants que j'étais strictement au niveau « Passé » ou non « Passé ». ".

Ben Bryan, le membre actif de cette société, se trouvait à Goldfield à ce moment-là. Il a posé des questions sur nos finances. Était présent le caissier JL Lindsey de la State Bank & Trust Company.

« Combien votre banque prêterait-elle à la Sullivan Trust Company sur ses papiers non endossés et à tout moment ? » J'ai demandé à M. Lindsey.

"Un quart de million ou plus", a répondu M. Lindsey.

Cela a apparemment satisfait M. Bryan.

Notre note chez Bradstreet et Dun's était "AA1". Une déclaration privée publiée par Bradstreet indiquait que même si notre cote n'était que de 1 000 000 $ et que nous revendiquions un capital et un excédent de seulement 1 000 000 $ au moment où la cote a été donnée, on croyait chez Goldfield que nous valions beaucoup plus et que nous Nous avions en fait sous-estimé nos ressources parce que nous considérions que c'était une mauvaise politique de divulguer les énormes profits réalisés dans le secteur de la promotion.

Le 15 décembre, la situation de la Sullivan Trust Company était devenue la suivante :

Notre surplus de 3 000 000 $ avait été réduit à 2 000 000 $ et la totalité de ces 2 000 000 $, plus la perte, était représentée par nos propres actions rachetées. Nous n'avions pas d'argent, à l'exception d'environ 50 000 dollars, le reste des 300 000 dollars empruntés à la State Bank & Trust Company. Nous avions engagé plus de 50 000 $ auprès de courtiers pour les stocks en transit, mais grâce au processus de « traversée », nous avons pu maintenir une chaîne qui a maintenu intact notre solde de trésorerie réduit. Nous avons estimé qu'un nouveau prêt de 300 000 $, en plus des 300 000 $ déjà obtenus auprès de la State Bank & Trust Company, nous permettrait de reprendre tous nos papiers et d'arrêter les échanges « croisés ». Nous avons rapidement organisé le prêt, dont la caissière Lindsey de la State Bank & Trust Company nous a informé qu'il serait immédiatement crédité sur notre compte chaque fois que nous aurions besoin de l'argent. Les frais d'intérêt étaient au taux de 1 pour cent. un mois au camp à cette époque, et c'est pour cette raison que je n'ai pas demandé que nous soyons immédiatement crédités de cette somme. J'ai envoyé à la State Bank & Trust Company un autre gros lot d'actions, à conserver en garantie du prêt promis, et j'ai obtenu un reçu indiquant qu'il avait été accepté comme garantie sur notre compte de « prêt ouvert ».

Le marché des actions Sullivan s'était désormais stabilisé et il semblait qu'il serait impossible de procéder à de nouvelles ventes importantes. Nous avions racheté 50 pour cent sur le marché libre. de toutes les actions promues par la société de fiducie. La répartition des stocks de nos premières promotions s'était faite à l'origine d'une manière si large qu'il semblait désormais que les ventes devaient nécessairement être dispersées. Nous nous sentions quelque peu paralysés, mais sans danger, et étions « toujours sur le ring ».

À bas la société de fiducie SULLIVAN

À ce moment-là, j'étais physiquement « à fond ». J'avais un kyste vieux de quinze ans à l'arrière de la tête. Il s'était infecté. J'ai été menacé d'empoisonnement du sang. J'ai souffert beaucoup. J'étais dans le désert depuis près de trois ans, sans en sortir un seul jour. Mes associés ont insisté pour que j'aille immédiatement à Los Angeles pour me faire soigner et me reposer. Croyant que la société de fiducie était en sécurité, j'ai fait les préparatifs pour y aller. Avant de partir, je me suis occupé de la préparation d'une douzaine d'annonces de lecture d'une page entière sur les propriétés Sullivan, que le Salt Lake *Tribune* et le Salt Lake *Herald* s'étaient engagés à publier dans leurs éditions du Nouvel An. Il s'agit d'un article annuel de ces journaux. J'ai décidé de « faire » Salt Lake lors de mon voyage de retour depuis Los Angeles et d'y être le jour du Nouvel An avec notre liste de diffusion, pour superviser l'envoi des documents à tous les actionnaires des propriétés Sullivan. En raison de la grande valeur que nous attachions à la liste de diffusion, je ne ferais confiance à personne d'autre qu'à moi-même pour ce travail. J'ai passé Noël à Los Angeles et suis arrivé à Salt Lake le jour du Nouvel An, prêt à aller travailler.

Le lendemain, j'étais occupé au bureau du Salt Lake *Herald lorsque l'affable Peter Grant, un associé de M. Sullivan, avec qui M. Sullivan avait dès le début partagé ses intérêts dans la Sullivan Trust Company, est entré. J'ai demandé à M. Grant :* qui était resté à la barre avec M. Sullivan pendant que j'étais loin de Goldfield, pour affaires. Il m'a assuré que le prêt de la State Bank & Trust Company serait non seulement accordé, selon les besoins, mais que le caissier Lindsey l'avait informé que nous pourrions avoir 500 000 $ supplémentaires au lieu de 300 000 $ supplémentaires, si nous devions réellement l'avoir, et que le La banque nous soutiendrait à hauteur d'un million en tout, si nécessaire.

En appelant le lendemain matin au bureau de James A. Pollock & Company, nos correspondants de Salt Lake, j'ai été stupéfait d'apprendre que des rumeurs leur avaient été télégraphiées de San Francisco selon lesquelles notre journal était retenu à Goldfield.

"C'est absurde !" dit M. Grant. "Eh bien, Lindsey m'a donné sa parole, et cela ne fait aucun doute."

"Peut-être qu'il s'est couché sur nous", dis-je, "et ce serait ——!"

"Absurdité!" dit M. Grant. "Je lui télégraphierai qu'en plus d'honorer notre papier Goldfield avec l'argent que nous lui avons emprunté, il doit virer 150 000 $ sur notre crédit à San Francisco, et vous et moi pouvons sauter dans le train aujourd'hui et aller à San Francisco. Francisco et soutenir le marché sur le terrain. Si ces rumeurs se propagent à San Francisco, de nombreuses ventes à découvert auront lieu et le marché aura besoin de soutien. »

J'ai été d'accord.

M. Grant, James A. Pollock & Company et moi étions si sûrs que tout allait bien pour nous que nous avions donné et ils ont accepté un gros ordre de soutien qui sera utilisé à la Bourse de San Francisco le jour suivant pendant que M. Grant et Je devrais être dans le train pour la ville côtière.

Nous sommes arrivés à San Francisco tard dans la nuit. Un certain nombre de courtiers nous ont rencontrés et nous ont fait part de la nouvelle que la State Bank & Trust Company nous avait « déposés ». Entre-temps, les dépêches qui nous étaient adressées par le caissier de la Sullivan Trust Company s'étaient accumulées à l'hôtel. Il a expliqué la situation, qui était la suivante :

Tous les trains transportant des traites à destination de Goldfield avaient été bloqués par des tempêtes de neige deux jours avant le Nouvel An. Le lendemain, c'était dimanche. Lundi était le jour de l'An, un jour férié. Ainsi cinq jours de courrier s'étaient accumulés, et mardi les projets en retard furent présentés, tous en paquet.

LM Sullivan, président de la société de fiducie, qui était censé se trouver sur le pont à Goldfield, se trouvait à Tonopah, où il aurait été en danger imminent d'être arrêté sous l'accusation d'avoir failli embêter un chauffeur avec une crosse de revolver.

Les gens de la banque se sont alarmés.

En réquisitionnant les 300 000 $, nous avions déclaré que nous les réclamerions au coup par coup, comme c'était notre habitude dans le passé. Le courrier de cinq jours avait accumulé des traites totalisant la quasi-totalité du montant. J'étais absent de Goldfield. M. Grant était absent, tout comme M. Sullivan. Les employés dirigeaient l'entreprise. La caissière Lindsey a conclu que nous étions « par-dessus bord ». Pour couronner le tout, Donald Mackenzie, le plus gros déposant de la State Bank & Trust Company, avait retiré le matin même une grosse somme, estimée au total à 400 000 $, et l'avait fait transférer à San Francisco. Nos dépêches de Goldfield indiquaient qu'il avait été effrayé par les rumeurs selon lesquelles la Sullivan Trust Company était en difficulté et que la State Bank & Trust Company serait impliquée.

Cela a réglé le problème. L'entreprise que j'avais bâtie à partir de si maigres débuts pour devenir une société de fiducie de 3 000 000 $ s'est effondrée en un tas et nous a laissés bloqués sur les bancs financiers d'un camp minier en plein essor.

UN RÉTROVISAGE ARRIVÉ TROP TARD

J'attribue la destruction de la Sullivan Trust Company à six facteurs, à savoir (1) la politique ; (2) le chantage ; (3) le manque de large diffusion de nos promotions ultérieures, nous ayant vendu la plupart de ces actions en gros blocs pendant les jours de boom passionnants par l'intermédiaire de courtiers aux spéculateurs au lieu de les céder en petits lots directement aux investisseurs ; (4) mon manque de connaissance des marchés et mon inexpérience en matière de manipulation de marché ; (5) ma propre fierté et mon optimisme obstinés, et (6) l'échec de la State Bank & Trust Company à tenir sa promesse d'assistance.

Au Nevada, tous les hommes honnêtes reconnaissent que, sans exception, toutes les propriétés promues par la LM Sullivan Trust Company avaient du mérite et que de l'argent a été généreusement fourni pour le développement minier aussi longtemps que la société de fiducie a existé. Les biens ont été sélectionnés avec le plus grand soin. Leur qualité était bien supérieure à la moyenne. Ceux de Manhattan rapportent encore aujourd'hui des trésors et pourraient encore s'en sortir de manière intéressante du point de vue minier. Ceux de Fairview ont fait une offre juste pour reproduire la performance. Si je m'étais tenu à l'écart de la politique, si j'avais été un bon général du marché et si j'avais pris conscience du fait que la loi de l'offre et de la demande est aussi inexorable sur les marchés boursiers miniers que dans tout autre secteur d'activité humaine, j'aurais pu me sauver, ainsi que mes associés. de la ruine financière.

Il aurait été plus courageux d'avoir imité Bob Acres : reculer et « vivre pour se battre un autre jour ». Au lieu de cela, j'ai tenté l'impossible dans mes efforts pour endiguer la vague de liquidation et j'ai épuisé nos ressources jusqu'au dernier dollar en rachetant les actions Sullivan à des prix avancés par rapport aux prix promotionnels. Je ne savais pas alors, comme je le sais aujourd'hui, que la pratique acceptée par les opérateurs de marché qui réussissent est de suivre la foule, de contribuer à une progression lorsque le public achète et, avec la même facilité, de favoriser une baisse lorsque le public achète. tout le monde veut vendre. C'était ma première expérience et, comme tant de débutants, j'étais trop confiant, manquant de jugement et fatalement ignorant des subtilités du jeu.

L'effondrement complet de la structure financière que j'avais travaillé si durement à construire a été un coup dur pour le camp et a marqué le début de la fin du grand engouement pour les actions minières de Goldfield.

Nos ennemis avaient dépassé le but. La confiance du public a été irrémédiablement brisée par l'effondrement de la société de fiducie, et il aurait été préférable pour Goldfield et le Nevada que Wingfield et Nixon aient eu suffisamment de prévoyance pour aller à notre secours au lieu de faciliter notre destruction. L'argent qui affluait sans cesse mois après mois dans le camp pour le développement de la mine a commencé à affluer dans l'autre sens.

Moins d'un an plus tard, lorsque le cataclysme financier de Wall Street a mis un terme aux activités de marché de toutes sortes, la grande fortune de Wingfield et de Nixon eux-mêmes était en jeu, et sans une transaction rapide par laquelle la Monnaie des États-Unis à San Francisco a envoyé par exprès à Reno et Goldfield 500 000 $ en or, la faillite de Wingfield et Nixon et de leur chaîne de banques aurait pu constituer un point culminant approprié au projet d'agrandissement qu'ils avaient favorisé.

La rumeur courait à l'époque que cet argent avait été obtenu soit du gouvernement comme dépôt pour la Nixon National Bank à Reno, soit qu'il avait été obtenu au prix de grands sacrifices auprès des banquiers de Wall Street, et ce uniquement en raison de la position de M. Nixon en tant que président de la banque. Le Comité des banques nationales du Sénat des États-Unis a réussi à convaincre le Sous-Trésor de New York d'ordonner à la Monnaie de San Francisco de fournir de l'or à cette période cruciale où la monnaie fiduciaire était courante à l'Est. Qu'il s'agisse ou non d'un dépôt du gouvernement, le sénateur Nixon l'a obtenu – et il en avait besoin.

Aujourd'hui encore, Wingfield et Nixon s'efforcent de me rejeter la responsabilité de la destruction du grand camp minier de Goldfield, qui marque aujourd'hui le cimetière d'un million d'espoirs brisés.

A la veille de la panique de Wall Street en 1907, toutes les banques de Goldfield et de Tonopah qui avaient existé pendant le boom minier, à l'exception de celles de Wingfield et Nixon, tombèrent au mur, et tous les courtiers de Goldfield, à une ou deux exceptions près, est tombé en faillite. Les intérêts commerciaux du camp ont subi la même expérience. Wingfield et Nixon ont réussi à annexer les vestiges de l'activité bancaire de Goldfield, ainsi que le contrôle de presque toutes les propriétés de Goldfield pour lesquelles ils semblaient viser. Wingfield et Nixon contrôlent en fait aujourd'hui l'industrie politique ainsi que l'industrie bancaire et minière de métaux précieux de l'État. Ils ont triomphé, mais Goldfield, à l'exception de la grande mine et d'une ou deux autres mines de peu d'importance qu'ils ne possèdent pas, a été étranglée et est en train de mourir. Si Wingfield et Nixon avaient joué un jeu large, le camp serait sans aucun doute encore sur la carte et, au lieu de n'avoir que deux ou trois mines, il pourrait désormais se vanter d'en avoir trente.

Aussi vite que possible, j'ai convoqué une réunion des créanciers de la Sullivan Trust Company, qui étaient tous soit des courtiers occidentaux, soit des banques. Le marché s'était effondré et notre passif s'élevait à 1 200 000

\$. L'actif, calculé sur la base du faible prix de marché des titres atteint après l'annonce publique de l'embarras, était toujours supérieur au passif. Les créanciers ont convenu en temps réel que si nous restituions tous les titres, ils en accepteraient 80 pour cent. du produit net en guise de paiement intégral de notre obligation et restituer les 20 pour cent restants. à la société de fiducie.

Thomas B. Rickey, président de la State Bank & Trust Company, a été nommé directeur du pool et a également été élu président de la Sullivan Trust Company, qui existe encore aujourd'hui dans un état moribond. M. Rickey avait une opinion encore plus élevée que nous de la valeur des titres, et il refusa d'en vendre aucun aux prix alors en vigueur. Il a tenu bon. Lors de la panique bancaire de 1907, la State Bank & Trust Company a fait faillite pour environ 3 000 000 \$. Les mines Sullivan ont été contraintes de fermer. M. Rickey a toujours tenu bon. Manhattan, le camp minier, a heurté le toboggan. Le boom des titres Goldfield s'est effondré au même moment. Les actions Sullivan se sont réduites, comme le reste de la liste, à presque rien.

Pour autant que je sache, ni la banque, ni les courtiers créanciers, ni aucun des membres de la Sullivan Trust Company n'ont jamais reçu un dollar à la suite du règlement. Si les titres avaient été cédés immédiatement après l'embarras, la société de fiducie aurait payé dollar pour dollar. Ceux du public qui n'ont pas vendu leurs participations dans les sociétés Sullivan alors que nous soutenions le marché à hauteur de plus de 3 000 000 \$ ont perdu la majeure partie de leur investissement. Ceux qui ont vendu – la plupart d'entre eux – ont gagné de l'argent. La valeur marchande de ces titres, au plus fort du boom, dépassait 5 000 000 \$. Le prix payé par le public, comme nous l'avons déjà dit, était de l'ordre de 2 000 000 \$.

Après avoir réglé avec les créanciers de la Sullivan Trust Company sur la base que je viens d'exposer, je quittai Goldfield aussi fauché qu'à mon arrivée là-bas trois ans auparavant. Le seul argent que mes partenaires et moi-même avions tiré de l'entreprise pendant la durée de vie de la société de fiducie était d'environ 5 000 \$, juste assez pour payer nos frais de subsistance. Mes dépenses pour New York, où je suis allé me faire opérer de la tête — êtes-vous surpris ? — ont été couvertes par le produit de la vente de mon siège à l'une des bourses de Goldfield, dont j'ai retiré 400 \$. Je suis revenu dans la grande ville avec 200 dollars en poche, la somme exacte avec laquelle j'avais quitté la ville trois ans auparavant.

Ma récompense pour trois années de travail infatigable dans le désert fut un gros fonds d'expérience. Croyez-moi, je pensais que ça me tiendrait un moment ! Mais ce n'est pas le cas.

CHAPITRE VI

NIPISSING ET GOLDFIELD CON

L'embarras de la LM Sullivan Trust Company fut désastreux pour Goldfield. Le déclin et la chute du camp dataient de cette heure même.

Le *Goldfield News* , diffusé à l'époque dans tout le pays et jusqu'alors libre, cherchait à endiguer la marée. Il publia un éditorial à double tête, en caractères pleins, affirmant que la Sullivan Trust Company avait coulé avec son drapeau cloué sur l'en-tête d'un marché en déclin et avait perdu son dernier dollar pour soutenir ses propres actions.

Le camp a pris du courage. Bientôt, il devint évident que la chute initiale des valeurs boursières n'était pas suffisante pour convaincre les indigènes que le glas du marché pour sa longue gamme de titres miniers avait été sonné.

La population de Goldfield était de 15 000 habitants. Sa vie ne pouvait pas être étouffée en un jour. La dépréciation du prix de marché des émissions minières de Goldfield a été considérable, mais pas encore dans une mesure qui indique l'anéantissement presque complet des valeurs qui a suivi. La destruction définitive de la liste générale, à quelques rares exceptions près, n'est intervenue qu'après un siège "affamé" de la part des investisseurs, qui ont refusé de s'engager davantage et ont progressivement eu recours à la liquidation.

Les titres cotés de Goldfield, au nombre de près de 200, et évalués sur les marchés à plus de 150 000 000 $ pendant le boom, avaient montré en deux mois une baisse de 60 000 000 $ de valeur marchande, mais la cotation en moyenne était toujours supérieure aux prix de promotion.

Le 18 janvier 1907, quinze jours après que les journaux de tout le pays eurent fait la une de l'histoire de la faillite de la Sullivan Trust Company, les actions promues par la société de fiducie étaient toujours en demande sur tous les marchés d'actions minières du pays à un niveau élevé. prix moyen non inférieur à celui auquel les souscriptions originales ont été acceptées du public.

Jumping Jack, promu à 25 cents, était coté à 30 cents offre. Stray Dog Manhattan, promu à 45 cents, était demandé à 49 cents. Lou Dillon, promu à 25 cents, était toujours recherché à 26 ans. Indian Camp, vendu à l'origine au public à 25, était coté à 85 offres. Silver Pick Extension, promu à 25, était de 21 enchères, soit une perte de 4 cents par rapport au prix promotionnel. Eagle's Nest Fairview était coté à 25, soit 10 cents de moins que le chiffre de la promotion. Ces prix représentaient des pertes terribles par rapport aux « sommets » qui avaient été atteints au plus fort du boom de Goldfield, mais le prix moyen du marché était toujours supérieur au prix de souscription des actions auquel le public était initialement autorisé à participer. Un élément remarquable de cette démonstration était que depuis vingt jours aucun soutien interne n'avait été apporté à ces valeurs. La Sullivan Trust Company étant en difficulté, les marchés avaient été laissés à la merci des vendeurs à découvert et des tireurs d'élite du marché en général.

Ayant réglé le passif de la société de fiducie de 1 200 000 $ en immobilisant en fiducie tous ses titres et les autres actifs, dont les créanciers ont convenu d'accepter en totalité 80 pour cent. du produit et pour reverser à la société de fiducie 20 pour cent., je suis retourné à New York au cours de la dernière semaine de janvier. J'étais de nouveau au chômage et j'ai fait faillite.

J'ai rendu visite aux dirigeants des courtiers en valeurs minières de Wall Street et de Broad Street. Partout où j'allais, une chaleureuse poignée de main était tendue. Pas un seul des courtiers en valeurs mobilières de l'Est n'a été impliqué à hauteur d'un seul dollar dans la faillite de la Sullivan Trust Company.

Les courtiers étaient convaincus que l'embarras était honnête. Le crédit de la société de fiducie avait toujours été bon. Si l'échec avait été médité, j'aurais pu impliquer des courtiers de l'Est pour au moins 1 000 000 $. Parce que je ne l'ai pas fait, les courtiers new-yorkais n'ont pas tardé à exprimer leur bon sentiment. Plusieurs d'entre eux m'ont proposé de me tendre la main si je souhaitais me lancer dans une nouvelle entreprise.

Chose curieuse – ou devrais-je dire, naturellement – après avoir jeté les millions de la société de fiducie, dont la moitié étaient les miens, dans une vaine tentative de soutenir le marché de ses actions, j'étais aussi plein d'entrain qu'au mois de mai. J'avais déjà été fauché et cette sensation n'était pas nouvelle pour moi. En même temps, j'en avais profité. Un nouveau fonds d'expérience était le mien. Même si je n'avais pas amassé de shekels grâce à mon travail acharné à Goldfield, j'avais appris quelque chose : j'avais acquis les rudiments d'une grande entreprise.

Goldfield avait été le grand magasin minier, l'usine de sécurité. New York était le centre du marché reconnu. La gestion du marché était mon point faible. J'ai maintenant eu la chance d'assister à la performance de certains passés maîtres dans l'art de la manipulation du marché et j'ai essayé de tirer le meilleur parti de cette opportunité.

J'ai regardé attentivement les séances quotidiennes du New York Curb. J'entrais et sortais des bureaux de courtage toutes les heures. Rien de ce qui s'est passé ne m'a échappé.

En un mois, j'en ai entendu et vu suffisamment pour me convaincre que, aussi audacieuses qu'aient été les opérations des fusionneurs et des abreuvoirs de Goldfield Consolidated, en ce sens qu'ils ont gonflé le prix de leur sécurité à sa création, de quelque 29 000 000 $ (400 pour cent) au-dessus du prix. acceptaient leur valeur intrinsèque et étaient capables d'attirer le public aux prix les plus élevés, leurs activités n'étaient que d'amateurisme en comparaison de la campagne boursière de Nipissing, qui se déroulait maintenant sur le trottoir de New York.

Dans la campagne de Nipissing, des dizaines de millions d'argent public ont brillé, la fortune de plusieurs grands promoteurs a été élevée comme par magie, certains grands noms et grandes réputations ont été ternis, et des dollars en blocs de 1 000 000 $ ont été jonglés comme des boules de verre sous le coup d'un tour de passe-passe. artistes de la main.

UNE ORGIE DE MANIPULATION DU MARCHÉ

Ce mélodrame de marché était bien mis en scène. Le début du match a été sensationnel et l'action était sous haute tension à chaque minute. La représentation durait sept mois lorsque je suis arrivé à New York et atteignait son apogée. Ce fut une orgie sauvage de manipulation du marché et d'escroquerie d'argent sans précédent dans l'histoire depuis les débuts de Comstock jusqu'à Greenwater inclus. En tant que boom du secteur minier, ce fut un succès vertigineux et ahurissant, plein de feux rouges et d'explosions jusqu'au point culminant du dernier rideau.

WB Thompson, promoteur de la mine du Montana et chercheur d'argent ; le capitaine Joseph R. Delamar, célèbre comme un aventurier audacieux sur terre et sur mer, et récemment un financier, propriétaire de mine, opérateur boursier et collectionneur d'art très prospère ; John Hays Hammond, ingénieur minier, promoteur, homme politique et leader ambitieux de la société ; A. Chester Beatty, ingénieur minier millionnaire, et les sept frères Guggenheim faisaient partie du casting de stars. M. Thompson, du fait qu'il était directeur de marché, était le plus sous le feu des projecteurs, même s'il était parfois occulté par les autres.

M. Thompson était un produit de Butte, Montana. Au début du jeu, il avait appris la leçon de Wall Street selon laquelle « les actions sont faites pour se vendre ». Né et élevé à Butte sans l'aide d'une cuillère en argent, il n'avait jamais été « dans l'argent » avant de venir dans l'Est. Les salaires élevés dans l'Est lui paraissaient apparemment meilleurs que ceux que certains de ses voisins de Butte avaient manqués dans leurs opérations dans les mines profondes. Il était l'homme idéal pour le poste à Nipissing, comme le confirment les événements ultérieurs de sa carrière. D'une école qui croit que l'argent en main vaut plus que les certificats miniers dans la boîte, la route de M. Thompson du Montana à Broad Street passait par Boston, où il a pris sa première participation visible en commercialisant des actions dans le groupe de mines de Shannon.

Lorsque l'enthousiasme pour Cobalt en était à ses balbutiements, M. Thompson a couru jusqu'au camp. La mine Nipissing était à peu près la meilleure chose en vue. Elle produisait du véritable argent. La société appartenait à un petit club composé d'EP Earle, spécialiste des métaux rares, du capitaine Delamar, soldat de fortune millionnaire, d'EC Converse, banquier et magnat de l'acier, Ambrose Monnell, RM Thompson, Joseph Wharton, depuis décédé, de Philadelphie, et Duncan Coulson, un riche avocat canadien. Une quantité considérable d'argent était produite. Les veines, cependant, étaient extrêmement étroites, ne dépassant pas quelques pouces de largeur. Il était impossible de bloquer le minerai à un point tel qu'il justifierait une opinion quant à la mesure réelle des richesses de la mine. Les messieurs propriétaires n'étaient pas opposés à donner à M. Thompson une option sur 100 000 actions propres parmi les 1 200 000 actions à cinq dollars (6 000 000 $), à 2 $ l'action, lorsqu'il a fait la proposition, et 100 000 autres actions à 2,50 $. Plus tard, ils lui ont vendu un call sur 50 000 ou 100 000 actions autour de 7$. Tout cela s'est produit au cours de l'été 1906, six mois avant mon arrivée à New York et à une époque où le pays donnait des signes de folie en matière d'exploitation minière, les actions du Nevada ayant progressé de plusieurs centaines de pour cent sur le trottoir de New York lors du boom des champs aurifères. .

Après que le boom de Goldfield eut fait des progrès formidables, à l'automne 1906, alors que le cours du titre Mohawk passait de 10 cents par action à 20 dollars, qu'il atteignait au cours de son apogée, l'enthousiasme pour les actions minières de Cobalt se répandit comme une traînée de poudre. Une demande soudaine surgit pour les actions de Nipissing. M. Thompson, à peu près à cette époque, s'est lié à la vieille maison bancaire conservatrice et établie de C. Shumacher & Company à Wall Street. Cette affiliation visait à donner beaucoup de prestige au promoteur des actions de Nipissing. Cette décision a bien atteint son objectif. Le public s'est emparé des actions. Le prix a grimpé à 4,50 $ en un tournemain. M. Thompson a commencé à abandonner ses actions après avoir atteint le point de 4 $. Il gagnait de l'argent, mais il distribuait très prudemment ses actions optionnelles, au rythme d'environ 5 000 actions par jour, chaque jour avec une avance. Au moment où le prix a atteint 7 $, M. Thompson a commencé à se méfier. Il y avait quelque chose dans la pièce qu'il ne pouvait pas comprendre. Il n'avait pas jugé nécessaire de faire beaucoup de travail de « blanchisserie » sur le marché de Curb. Chaque fois qu'il proposait des actions, celles-ci étaient épuisées silencieusement et complètement. Chaque fois que ses courtiers ouvraient la bouche pour vendre les certificats, ils étaient engloutis.

M. Thompson a arrêté de produire d'autres stocks et les a envoyés à Cobalt pour voir ce qui se passait. Il eut du mal à comprendre les faits, mais en apprit suffisamment pour se convaincre que du minerai riche avait été découvert en profondeur. Il découvrit à son retour à New York que le capitaine Delamar avait acheté ces actions bon marché par l'intermédiaire de SHP Pell & Company et qu'il était même alors le détenteur individuel le plus lourd, une position contestée une seule fois pendant toute la campagne, et cela par un étranger de rang opérant par l'intermédiaire d'Eugene. Meyer, Jr., dont le nom n'a jamais été mentionné publiquement comme ayant quelque chose à voir avec le pari. Cet « inconnu » était un gentleman calme, à la voix douce et de formation universitaire. Il a retiré 1 500 000 $ à Nipissing et l'a conservé.

Au retour de M. Thompson de Cobalt, les promoteurs se sont mis au travail. La manipulation qui avait été entreprise de manière relativement modeste montrait désormais l'esprit du joueur qui joue « le plafond de la limite ». De nouveaux accessoires destinés à stimuler le marché ont été utilisés. Ils ont fait leur travail. Le jeu devenait de plus en plus chaud.

LES GUGGENHEIM ENTRENT AU NIPISSING

Boom! Boom! Boom! est allé à Nipissing. Au moment où le prix a dépassé les 20 dollars, les joueurs et spéculateurs des deux continents étaient en feu d'excitation. Bientôt, on a appris que la famille Guggenheim avait pris une option sur 400 000 actions de Nipissing à 25 $ l'action, ce qui portait l'investissement à 10 000 000 $ et valorisait la propriété à 32 000 000 $. En outre, il a été annoncé que l'accord avait été conclu sur le rapport et les conseils de John Hays Hammond, l'ingénieur minier international, ami de Cecil Rhodes et célèbre comme chef de la profession. Dans le cadre de cette histoire remarquable, il a été déclaré avec autorité que les Guggenheim avaient payé 2 500 000 $ en espèces pour l'option. WB Thompson aurait négocié la transaction.

La confirmation de l'accord a rendu les joueurs fous. Il ne pouvait y avoir aucun risque à suivre un leadership tel que celui des Guggenheim, soutenu par l'éminent Hammond. Le marché a grimpé jusqu'à 30 $, puis a grimpé majestueusement jusqu'à 33,25 $. Les transactions sur cette seule émission totalisaient des centaines de milliers d'actions par jour. Serveurs, barmans, tailleurs, couturières et beautés du filet rivalisaient avec les banquiers, les commerçants, les professionnels des bourses régulières et même les ministres de l'Évangile, pour le privilège d'acheter des actions de Nipissing sur une valeur de plus de 40 000 000 $ pour la mine.

En montant, le groupe initial d'initiés a quitté ses possessions. La plupart d'entre eux avaient encaissé moins de 20 dollars. Certains d'entre eux sont restés dehors ; d'autres sont repartis et, comme le papillon, ont été brûlés.

WB Thompson, dit-on, s'est départi de la majeure partie de ses 250 000 à 300 000 actions à partir de 24,50 $, nettoyant ainsi son compte personnel entre 4 500 000 $ et 5 000 000 $, selon les estimations d'amis proches alors dans sa confiance. Il n'y a jamais eu de cas plus propre de « trouver » de l'argent pour M. Thompson. La campagne de manipulation, dont il a été nommé directeur, a été un immense succès. La seule capacité ou compétence nécessaire, après la conclusion de l'accord avec Guggenheim – un accord brillant du point de vue du marché ! – était le sens de conserver ses actions optionnelles jusqu'à ce que ses associés, le Guggenheim qui suivait, et le public réalisent un produit riche, mûr et juteux. marché pour cela.

M. Thompson a ensuite participé à Cumberland-Ely, El Reyo, Inspiration, La Rose, Utah Copper, Mason Valley et à d'autres promotions minières, et sa cote est désormais comprise entre 10 000 000 et 12 000 000 $. Il est généralement important du côté des produits nutritifs ou de la vente lorsqu'un bon marché existe et il dirige maintenant une société de courtage et de promotion minière à la Bourse de New York qui publie son propre journal.

Mais qu'est-il arrivé à Nipissing ? Il s'est passé beaucoup de choses, et plus encore. Comme indiqué, le titre a grimpé à 33,25 $, est resté bien au-dessus de 30 $ pendant un certain temps et a commencé à reculer lentement. Satisfaits de savoir qu'ils possédaient la plus grande mine d'argent du monde, les Guggenheim ont permis à tous leurs amis de partager leur bonne fortune.

Soudain, des actions provenant de sources mystérieuses ont commencé à faire pression sur le marché. Il est arrivé en grande quantité et sans répit. Des soupçons ont été éveillés dans le camp du Guggenheim. Ils envoyèrent A. Chester Beatty, l'un de leurs meilleurs ingénieurs experts et ancien protégé de John Hays Hammond, à Cobalt pour déceler le problème. Le texte de son rapport n'a jamais été imprimé. Il n'était pas nécessaire que ce soit le cas. Les faits l'ont emporté.

Une grande partie du minéral remarquable, sur lequel étaient fondés des rapports élogieux quant à la valeur fabuleuse de la propriété, ne contenait que peu ou pas d'argent. Il s'agissait *de smaltite* , un minerai de cobalt métallique, ressemblant beaucoup à de nombreux minerais d'argent.

L'histoire a été racontée selon laquelle M. Beatty avait fait un rapport défavorable en raison des résultats défavorables des développements miniers effectués après le rapport de M. Hammond. Les mineurs étaient tombés sur de la calcite non productive à quelques centaines de mètres de profondeur, disait-on.

En fait, en raison du nombre limité de travaux souterrains réalisés entre-temps, il ne pouvait y avoir aucune condition observable dans l'ensemble de la propriété lorsque M. Beatty a effectué son examen, ce qui n'était pas également évident lorsque M. Hammond a fait son examen. rapport.

Le talent a conclu hâtivement que la mine était « plus morte ».

Depuis lors, plusieurs millions de lingots d'argent ont été retirés de la propriété, et elle est toujours un grand producteur, mais ceci est une autre histoire, plus prosaïque. Cela concerne la fonction de jeu boursier du dossier.

Des scènes du désordre le plus sauvage ont été observées sur le Curb en ces jours de 1907, peu après mon retour de Goldfield. Les Guggenheim ont « abandonné » leur option, s'en sortant du mieux qu'ils pouvaient. Selon des rapports publiés, ils ont imputé aux profits et pertes les 2 500 000 $ initialement investis, en plus de payer les 1 500 000 $ à 2 000 000 $ de pertes d'amis personnels dont ils se sentaient personnellement responsables du malheur. Quoi qu'il en soit, les Guggenheim sont sortis de la campagne avec une réputation et une réputation endommagées dont ils ne se sont jamais complètement remis. Avant de connaître la manne Cobalt, ils avaient une clientèle aveuglément idolâtre qui aurait investi des centaines de millions sur un pourboire de leur part. Ils n'ont jamais retrouvé la position qu'ils occupaient alors.

NIPISSING SUR LE TOBOGGAN

Le prix de la luge à Nipissing est passé de 33 $ à moins de 6 $ à une vitesse époustouflante. WB Thompson et ses associés, qui avaient liquidé leurs avoirs à la hausse, auraient profité du rapport Beatty et auraient vendu le marché à découvert à la baisse, réalisant ainsi un nouveau « nettoyage » de millions. Le matériel a heurté quelques points durs lors de la descente, mais lorsque les décombres ont été déblayés et que les morts et les blessés ont été rassemblés, il n'y avait plus d'hôpital ou de morgue pour accueillir la moitié d'entre eux. Le carnage et la mutilation finale ont été choquants au-delà de toute description.

Le public avait une fois de plus été conquis par la marchandise. Il avait englouti les actions de Nipissing sur une valorisation de 43 000 000 $ qui est tombée à 7 000 000 $ ou 8 000 000 $ en l'espace de quelques jours. Ce massacre de 35 millions de dollars ne représente qu'une fraction des pertes réelles, car des sommes fabuleuses ont été sacrifiées sur des comptes marginaux. Le total quotidien des comptes ouverts à Nipissing, au cours des mois les plus agités, représentait probablement en moyenne au moins cinq fois la capitalisation totale. Les pertes réelles étaient donc bien plus importantes que ne le laisserait penser un calcul simplement superficiel. Le public a contribué de 75 000 000 $ à 100 000 000 $ à son fonds d'expérience Nipissing.

Il y a toujours eu plus ou moins de mystère quant à ce que John Hays Hammond a dit oralement aux Guggenheim pour les conduire à l'humiliation suprême de leur carrière commerciale. Cela n'apparaissait pas dans son rapport écrit et publié, car dans ce document on trouve une petite couverture soignée selon laquelle "si" les conditions qui lui ont été révélées étaient maintenues, les valeurs seraient, etc., etc. "si" était la clause de sauvegarde de Hammond, même si elle n'a pas sauvé son travail à 1 000 000 $ par an, dont certains de ses admirateurs ont aimé parler en chœur joyeux, ni n'a sauvé le public du massacre.

Un autre mystère de Nipissing est la cordialité professionnelle et personnelle soutenue qui existe toujours entre l'éminent John Hays Hammond et le non moins éminent A. Chester Beatty. Pendant un certain temps après que M. Beatty ait dû refuser son chef, leurs relations semblaient avoir été tendues. Mais cela n'a pas duré longtemps. M. Beatty a également rompu ses liens avec le personnel du Guggenheim, et les deux grands ingénieurs se sont vite retrouvés, et sont encore aujourd'hui, dans les meilleurs termes.

Les jours de pluie, quand les téléscripteurs bourdonnent et qu'il n'y a pas de nouvelles passionnantes, les abandonnés mal intentionnés de la mémorable campagne de Nipissing sont enclins à imaginer combien un homme aurait pu gagner sur le marché s'il avait eu connaissance des deux rapports défavorables et à compter sur les chances sportives de "double croisement" qu'une telle situation offrirait.

Les scandales eux aussi, qui ont observé de près l'amitié qui existe entre WB Thompson et John Hays Hammond, demandent souvent méchamment ce qui a cimenté le lien entre les deux. Récemment, lorsque le Rocky Mountain Club avait besoin d'un nouveau club-house, MM. Hammond et Thompson ont souscrit un montant égal — une belle somme — pour le construire.

On les voit souvent ensemble en public et semblent avoir de nombreux goûts en commun. M. Thompson, dont la campagne étrangement heureuse à Nipissing sur le New York Curb a été aidée à un point culminant de promotion triomphale grâce au rapport Hammond au Guggenheim, n'en veut pas à M. Hammond - et qui lui reprocherait ce sentiment de bienveillance. ?

QUI A OBTENU LES 75 000 000 $?

Mais qu'en est-il du public ? Il a misé entre 75 000 000 $ et 100 000 000 $ dans le jeu et n'a jamais encore su qui l'avait obtenu. Qui l'a eu ? Certains des détails du grand projet de séparation ont été exposés dans ce qui précède, mais rien de tel pour satisfaire la curiosité du public qui a payé la facture, payé le fret, contribué au péage pour toute la somme prodigieuse.

L'auteur du rapport sur la base duquel des dizaines de millions ont été jetés sur Nipissing par une armée d'investisseurs et de spéculateurs trompés a-t-il jamais connu une fortune due au hasard ou à un mauvais coup, ou quel que soit le nom que vous puissiez donner au document "allez-y" ? Pas que vous puissiez le remarquer. Il est vrai qu'il a renoncé à son prétendu emploi d'un million de dollars chez les Guggenheim. Mais n'est-il pas un gros contributeur au fonds de campagne nationale républicaine, un ami personnel proche de l'Administration, et n'a-t-il pas représenté ce grand gouvernement en tant qu'ambassadeur spécial lors du couronnement du roi d'Angleterre ? N'a-t-on pas parlé de lui comme candidat à la vice-présidence de M. Taft, et n'a-t-il pas organisé la Ligue nationale des clubs républicains il y a deux ans ? Il est extrêmement riche et aux épaules rondes, sous un fardeau d'honneurs de la hauteur d'une montagne.

Les fils de toutes les mères du vieux Nipissing sont en ce moment même debout et dans les régions où l'argent public coule à flot. Beaucoup d'entre eux ont encore la mainmise sur la propriété. C'était une bonne vieille vache à traire. EP Earle, qui fut président de Nipissing en 1906, dirigea l'entreprise quatre ans plus tard. Le capitaine Delamar s'est échappé (il fait maintenant partie de la très vantée Porcupine Dome Mines Company), tout comme EC Converse, dont tout le temps est consacré à la gestion du monopole de gravure de billets de banque de la Bourse et de quelques banques et sociétés de fiducie. WB Thompson, qui est entré au directoire de Nipissing en 1907, y reste malgré la terrible expérience de 1906-1907.

Un gouvernement indigné a-t-il jamais soulevé des protestations contre ces éminents capitaines d'industrie ? Pas encore, ni bientôt.

Quelle différence y a-t-il entre le respectable banquier multimillionnaire qui propose une promotion perdante et le petit bonhomme ? Les deux peuvent être également honnêtes ou également malhonnêtes, mais en équité, ils ont tous deux droit au même traitement et à la même considération. Leurs opérations ne diffèrent qu'en degré. Le but de chacun est d'obtenir l'argent du public. Et le grand gaillard est cent mille degrés plus dangereux.

Où existe-t-il des preuves tangibles d'un complot frauduleux à Nipissing ? Est *-ce qu'il en* existe ? Maintenant, j'ose dire que vous pourriez traquer n'importe quel jeune homme diplômé des écoles publiques, et dans les trente jours, il obtiendrait suffisamment de preuves pour prouver à n'importe quel jury du pays que les manipulateurs de ces stocks ont utilisé des mesures inappropriées. pour obtenir l'argent du public.

Un examen minutieux des dossiers des journaux au cours de la campagne malodorante de Nipissing révèle de nombreux événements étranges. Cela montre, entre autres choses, la volonté la plus remarquable de la part des rédacteurs financiers de la presse de l'époque de dire tous les bons mots possibles en faveur des manipulateurs et d'alimenter l'appétit du public pour des ragots sensationnels concernant le pari.

Comment cela a été fait est facilement compréhensible pour ceux qui connaissent la publicité à Wall Street. C'était un secret de polichinelle à cette époque que de nombreux écrivains de presse étaient soumis à la plus forte tentation de se prêter au jeu de la publicité. Les colonnes des quotidiens portent en elles-mêmes la preuve que les tentatives n'ont pas toujours été vaines.

Une petite histoire illustrera les méthodes employées. Le directeur commercial d'un quotidien financier bien connu et réputé a été arrêté un jour par un homme actif à Nipissing et lui a dit qu'il avait acheté 500 actions de Nipissing au prix du marché alors que les actions se vendaient encore à moins de 10 $ et au moment où il se préparait à la formidable hausse qui a suivi et qui n'a culminé que lorsque 33 $ ont été dépassés. Le journaliste n'hésitait pas à faire un tour dans la rue, mais il s'y opposait. Il a poliment refusé la proposition, affirmant qu'il ne souhaitait en aucune façon en bénéficier.

Le tentateur s'est alors tourné vers lui d'une autre manière, acceptant de porter le stock pour lui, afin qu'il ne coure aucun risque, tout en remarquant que, en échange de la faveur, d'une généreuse reconnaissance dans les colonnes d'information de la publication, en soutien à la campagne Curb, serait attendu. Le journaliste a de nouveau refusé, cette fois avec une insistance indubitable. Il a laissé entendre astucieusement que même s'il pouvait être engagé, on ne lui dirait peut-être pas quand descendre, ajoutant qu'il pourrait être renvoyé s'il tombait dans un piège de ce genre.

Lorsque le prix du marché est tombé de 33 dollars à environ 6 dollars, le journal de cet homme n'a publié aucun article en première page dénonçant l'indignation du public.

Je ne sais pas si les manipulateurs de Nipissing ont "parvenu" à ses employeurs, mais je connais certains journaux de New York qui se présentent devant le public comme incarnant le type le plus élevé de moralité journalistique et qui ont à leur tête, soit dans le cadre propriétaires ou rédacteurs en chef, hommes qui furent pris en charge par les magnats de Wall Street à une époque où leur subsistance quotidienne dépendait de leur salaire hebdomadaire, et furent élevés dans la catégorie des millionnaires en étant placés dans les « bonnes choses ». Pensez-vous que les journaux présidés par ces hommes vont dire un mot contre les entreprises de leurs bienfaiteurs ? Inversement, si leurs bienfaiteurs se trouvaient gênés par un homme dont les objectifs commerciaux sont contraires aux leurs, jusqu'où, pensez-vous, ces messieurs de la presse iraient dans leurs propres colonnes pour empoisonner l'esprit du public contre l'entreprise de leur patron. ennemi?

Lorsque j'ai été témoin du point culminant de la campagne merveilleusement réussie de WB Thompson à Nipissing on the New York Curb, je venais tout droit de Goldfield. Si je me souviens bien, ma principale pensée à l'époque, avec l'escroquerie de Goldfield Consolidated fraîche dans mon esprit, était simplement que le promoteur multimillionnaire occidental du highbinder n'était pas à la hauteur de son prototype oriental. En effet, les deux semblaient appartenir à des espèces différentes, aussi différentes que le coyote humble mais bruyant du tigre mangeur d'hommes d'Abyssinie.

À la fin du printemps 1907, je suis de retour au Nevada. J'ai choisi Reno comme point central de résidence et j'ai décidé de m'y installer. Les marchés boursiers de l'Est semblaient hors de ma portée. Il semblait tout à fait évident que le jeu occidental, comparé à celui de l'Est, était un jeu de billes contre des millions. Dans le marché financier de New York, je me sentais comme un vairon dans une mer de bar. Sans millions de capitaux, le Nevada m'a attiré comme un domaine d'utilité plus probable. Je croyais aux ressources minérales du Nevada. Après avoir vu Goldfield évoluer d'une station de tentes dans le désert avec une centaine d'habitants à une ville de 15 000 habitants ; d'un district avec quelques "prospects" aurifères à une série de mines produisant le métal jaune au rythme de près de 1 000 000 de dollars par mois, j'étais enthousiasmé par l'idée qu'il existait d'autres gisements aurifères encore inexplorés dans cet État né des batailles et que cette opportunité devait venir à moi si je plantais ma tente par terre.

LE MERVEILLEUX CAMP MINIER STAMPEDE

J'étais de retour au Nevada il y a à peine une semaine lorsqu'une bousculade a eu lieu vers un nouveau camp minier appelé Wonder. Je n'ai pas tardé à me joindre à la ruée. Les habitants de Philadelphie, qui possédaient le contrôle de la grande mine de Tonopah, y avaient annexé une propriété qu'ils appelaient la Merveille du Nevada. Il se vantait de contenir un gros tonnage de minerai d'argent et d'or à faible teneur.

À mon arrivée à Wonder, j'ai retrouvé mon ancien partenaire de Goldfield, LM Sullivan, au sol. Il m'a supplié de lui permettre de participer à tout accord que je conclurais. Un marché a été conclu. Il a accepté d'avancer tout l'argent et je devais recevoir la moitié des bénéfices pour mon travail. La société Sullivan & Rice est créée. Nous avons acheté le groupe de claims Rich Gulch, un terrain probable avec une corniche bien définie, et avons constitué la Rich Gulch Wonder Mining Company. Une société avec la capitalisation habituelle d'un million d'actions a été créée pour exploiter la propriété. Une direction de haut niveau a été assurée. TF Dunnaway, vice-président et directeur général du Nevada, California & Oregon Railroad, a accepté la présidence. L'hon. John Sparks, gouverneur du Nevada, est devenu premier vice-président. US Webb, procureur général de Californie, a accepté la deuxième vice-présidence. DB Boyd, pendant vingt-cinq ans successivement trésorier du comté de Washoe, Nevada, a été nommé trésorier.

La première offre annoncée d'actions propres du Rich Gulch Wonder portait les noms de quarante principaux courtiers en actions minières, situés dans diverses villes s'étendant de New York à Honolulu, qui avaient signifié par leurs signatures leur volonté d'entreprendre la vente d'actions propres à 25 cents par action sur une base de 20 pour cent. commission. Les mille premières actions propres à 25 cents ont été vendues au surintendant McDaniel de la mine Nevada Wonder. Cela nous a convaincu que nous avions de bonnes « perspectives ».

J'avais des doutes quant au succès de la promotion d'une société minière du Nevada à cette époque, à cause de la terrible crise qui se produisait dans les affaires Goldfield et aussi à cause de la gifle que les investisseurs en actions minières venaient de recevoir à Nipissing. Mon idée était que si Rich Gulch Wonder rapportait de l'argent pour nous, l'encaissement devrait être retardé jusqu'à ce que les moulins soient érigés et que la propriété devienne un producteur. J'étais prêt à aller de l'avant sur cette base.

La vente des actions propres a été lente, mais suffisamment d'actions ont été liquidées pour justifier des dépenses de développement minier d'au moins 2 000 $ par mois pendant six mois, ce qui semblait suffisant pour prévoir à l'avance.

En attendant la concrétisation financière de cette proposition, j'ai décidé d'aider à financer une publication dans un journal à Reno qui donnerait aux spéculateurs des titres miniers une déclaration impartiale sur les conditions minières et du marché telles qu'elles existaient. Dans les camps miniers, le fait de réfléchir sur les mérites de toute propriété locale était considéré comme un suicide financier. Les restrictions étaient considérées comme des « coups » et les « heurtoirs » étaient tabous dans les camps miniers. De plus, les journaux des camps miniers pouvaient difficilement joindre les deux bouts à l'époque sans le soutien d'intérêts internes, et on ne pouvait guère s'attendre à des déclarations impartiales et préjudiciables à une propriété locale.

Merrill A. Teague a été nommé rédacteur en chef de la nouvelle publication, appelée *Nevada Mining News* . M. Teague venait d'arriver à Reno depuis Goldfield où il avait été mis en relation avec le Nevada Mines News Bureau, une feuille de marché quotidienne. Avant de venir au Nevada, il avait occupé le poste de rédacteur au *Baltimore American* et au *Philadelphia North American* .

M. Teague possède une plume facile. À 50 dollars par semaine, ce qui était son salaire au début, j'étais convaincu que le *Nevada Mining News* avait un rédacteur en chef bon marché. Quand les nouvelles étaient rares, il pouvait écrire plus sur rien que n'importe quel homme que j'ai jamais rencontré auparavant. D'ailleurs, il pouvait aller plus loin sans trouver de point d'arrêt dans une croisade que n'importe quel homme que j'ai jamais rencontré. C'était son inconvénient. Cependant, comparé au travail d'autres journalistes alors employés au Nevada, son travail était dans une classe à part et avait une grande valeur commerciale.

TEAGUE ATTAQUE LE SÉNATEUR NIXON

M. Teague était en poste il y a à peine une semaine lorsqu'il s'est lancé dans une attaque contre le sénateur américain George S. Nixon du Nevada dans un article en première page intitulé « Goldfield aux mains des requins de Wall Street ». L'article déclarait que le sénateur Nixon, ayant besoin d'un million de dollars pour mener à bien les projets de fusion de Goldfield Consolidated, l'avait obtenu par l'intermédiaire de BM (Berney) Baruch de la Bourse de New York, factotum de Thomas F. Ryan, à un coût terrible. Le prêt a été accordé à une époque où Goldfield Consolidated vendait environ 10 dollars par action. En contrepartie du prêt, le sénateur Nixon, agissant pour le compte de la société, a donné à M. Baruch une option sur 1 000 000 d'actions propres de Goldfield Consolidated à 7,75 $ par action. Au moment où M. Teague a commencé son assaut, les actions de Goldfield Consolidated étaient passées de 10 $ à 7,50 $. M. Teague a allégué que le marché boursier était jonglé et que les spéculateurs étaient exploités. M. Baruch, affirmait-il, avait vendu les actions à 7,50 dollars par action grâce à son option et était maintenant tenté de casser le marché, de vendre les actions à découvert et de couvrir le tout à des prix beaucoup plus bas.

Deux semaines après la publication de l'exposé de M. Teague sur les termes de l'option en cours accordée à M. Baruch, les actions de Goldfield Consolidated sont tombées à moins de 6 $. L'histoire a visiblement fait son effet.

Le numéro du journal qui relatait la cassure du 6$ contenait un éditorial intitulé « Nixon dans le rôle de Brutus ». Il exigeait du sénateur Nixon qu'il soutienne les actions et le marché, et lui demandait également de déclarer le paiement des dividendes qu'il avait promis aux actionnaires dans son rapport annuel daté de deux mois auparavant.

Les gens du Nevada ont commencé à se demander : « Qui est Teague ? M. Teague a amené l'éditeur du *Nevada Mining News* , qui s'appelait Hugh Montgomery, ancien directeur commercial du *Chicago Tribune* , à expliquer au-dessus de sa signature que M. Teague avait été le rédacteur politique du *Baltimore American* , plus tard éditorialiste pour le *Philadelphia North American* , et que pendant son séjour à *Philadelphia North American* , il avait mené une croisade contre les escrocs qui s'enrichissaient rapidement et qui avaient leur siège social à Philadelphie, avec pour résultat que la Storey Cotton Company, le Provident Investment Bureau, la Haight & Freese Company et d'autres bucketshops les préoccupations ont été mises hors service. Sur la base des preuves fournies par lui, a-t-on déclaré, M. Teague a obtenu la condamnation par le gouvernement des États-Unis de Stanley Frances et Frank C. Marrin comme principaux conspirateurs dans l'escroquerie du coton Storey d'une valeur de 400 000 $. Enfin, selon l'article, M. Teague a été engagé par un magazine de grande renommée pour dénoncer les iniquités des bucketshops aux États-Unis. Cette série d'articles était parue en 1906.

La notice biographique semblait convaincre les lecteurs qu'ils obtenaient leur « drogue » directement sur Goldfield Consolidated. Mon nom à cette époque n'apparaissait pas en relation avec la publication, sauf dans le cadre de l'agrégation de Sullivan & Rice qui y faisait de la publicité, mais j'étais ouvertement accusé par MM. Nixon et Wingfield de dicter la politique du journal. C'était une demi-vérité. Mes sympathies allaient aux actionnaires de Goldfield Consolidated, c'est tout.

L'histoire est racontée au Nevada que lorsque le sénateur Nixon reçut le chèque de 1 000 000 $ de Berney Baruch, après avoir signé des notes de la Goldfield Consolidated, signées par lui-même en tant que président et approuvées par lui en tant qu'individu, il prit un déjeuner au Waldorf-Astoria à New York. Lorsque le serveur a présenté la facture, le sénateur a ostensiblement présenté le chèque de 1 000 000 $ en guise de paiement. Le serveur l'a fait comprendre au sénateur en déclarant poliment que s'il souhaitait payer son dîner avec les bénéfices, le propriétaire Boldt s'occuperait sans aucun doute de l'affaire à sa place. Le sénateur a été obligé de dire au serveur qu'il « ne faisait que plaisanter ».

Le *Nevada Mining News* semblait prendre de l'ampleur et imprimait désormais 28 000 exemplaires par semaine. Des exemplaires ont été envoyés dans toutes les directions dans le but de faire connaître son existence aux investisseurs.

Un jour après la parution du numéro contenant l'éditorial dans lequel le sénateur Nixon était accusé de jouer le rôle de Brutus, j'ai été arrêté dans la rue par le rédacteur en chef de la *Reno Gazette* , un journal loyalement attaché au sénateur et à ses amis.

"Le sénateur veut vous voir, Rice. Mieux vaut aller immédiatement à la banque. Si vous savez ce qui est bon pour vous, vous le ferez", a déclaré l'homme de la *Gazette* .

"J'aimerai --!" J'ai répondu. "Mon bureau est situé dans le bâtiment Clay Peters, et si le sénateur a quelque chose à me dire, il peut m'appeler. Je ne suis pas un de ses courtisans et je n'y vais pas."

Je n'y suis pas allé.

Une heure après, le rédacteur en chef de la *Gazette* me retrouva. "Le sénateur Nixon souhaite vous voir immédiatement à son bureau", a-t-il déclaré sans détour.

"À propos de quoi?" J'ai demandé.

"A propos d'articles parus dans le *Nevada Mining News* ", répondit-il.

"Très bien", répondis-je, "je vais envoyer l'éditeur."

En me tournant vers M. Teague, j'ai dit : "Je n'ai rien à faire avec le sénateur Nixon, et s'il a quelque chose à communiquer concernant le journal, vous, le rédacteur en chef, êtes l'homme à qui il doit le dire."

M. Teague s'est rendu à la Banque Nationale Nixon et est entré dans la salle des directeurs. Mon sténographe l'accompagna jusqu'à la porte et s'assit dehors, dans la salle des banques.

Lorsque M. Teague est entré, le sénateur Nixon s'est levé d'un bond. Il avait l'air noir comme le tonnerre. Il frémit de rage.

"Pourquoi Rice ne vient-il pas ici lui-même, hein ? Il n'ose pas ! J'ai son dossier d'enfance dans ces tiroirs. Même si je ne l'ai pas lu, je connais l'histoire et je vais l'avoir. publié dans de nombreux journaux pour que le monde sache qui me méprise publiquement ! » bafouilla le sénateur.

En racontant ce qui s'est passé, M. Teague m'a informé plus tard que l'indignation courroucée du sénateur lui paraissait si grotesquement comique qu'il avait envie de rire, mais il pensait que c'était une mauvaise affaire de journal de l'irriter davantage à un moment où il semblait qu'en apaisant lui, il pourrait le tenter dans la volubilité. Bientôt, M. Teague mit le sénateur à l'aise, lui livrant une longue interview pleine d'acrimonie et d'affectation, que M. Teague promit de publier dans le *Nevada Mining News* .

M. Teague m'a rapporté que le sénateur avait interprété son attitude pacificatrice comme signifiant que j'allais sans aucun doute « entendre raison » et que sa menace atteindrait très certainement son objectif.

"APPEL À UNE CONFÉRENCE"

Lorsque M. Teague a fini de me raconter ce qui s'était passé, j'étais hors de moi. Ensuite, je lui ai donné ces instructions : "Écrivez l'entretien avec le sénateur. Faites faire deux copies carbone. Lorsque vous avez terminé, apportez les trois copies au sénateur et demandez-lui de les lire et d'y mettre son accord. Après avoir fait cela , donnez-en un exemplaire au sénateur, donnez-en un exemplaire à l'imprimeur et mettez l'autre exemplaire dans le coffre-fort. Dès que la copie de l'interview est entre les mains de l'imprimeur, asseyez-vous et rédigez un éditorial. avec un esprit de chantage. Publiez mon dossier dans son intégralité. Racontez tout ce que j'ai fait, quelle qu'en soit la conséquence, bon ou mauvais. Mettez en parallèle mon dossier avec celui du sénateur. Dites aux habitants du Nevada tous les faits sur la menace du sénateur. Dites-leur que personne ne peut me faire chanter. demandez-leur de choisir entre nous.

Le 25 mai 1907, parut l'éditorial intitulé « Nixon, un sénateur avec un esprit de chantage ». C'était une dénonciation passionnée, propre à remuer le sang. L'interview du sénateur Nixon dans son intégralité est également apparue.

Dans l'interview, le sénateur s'était efforcé de se dégager du réseau apparemment inextricable dans lequel il était empêtré, et le journal contenait encore un éditorial le fustigeant avec ampleur pour avoir tenté de jouer sur la crédulité des lecteurs du journal. L'éditeur l'a accusé d'équivoque, d'esquive astucieuse, de fausse coloration, d'exagération, de suppression de la vérité, de cupidité et de fourberie.

La mise en accusation a fait incontestablement sensation.

L'effet sur le public du Nevada était indéniable. Cela m'a rappelé plus l'attitude immobile et essoufflée d'un public au point culminant du troisième acte d'un drame en quatre actes, qu'autre chose. Le sénateur n'a pas été vu dans les rues de Reno pendant deux mois. Pendant quinze jours, il ne se rendit même pas aux bureaux de la banque. Lorsqu'il reprit enfin ses visites à la banque, il arriva dans son automobile. Il a été emmené à la porte du bâtiment, s'est immédiatement caché dans la salle des directeurs et n'a pas pu être contacté.

Des citoyens éminents, dont les directeurs de plusieurs banques de Reno, ont passé des appels clandestins à mon bureau, m'ont serré la main, m'ont félicité pour ma position et sont partis. Même George Wingfield, l'associé du sénateur, a-t-on rapporté (et j'ai ensuite corroboré cela de la bouche de George Wingfield lui-même), m'a soutenu dans la position que j'avais prise. Le sentiment général dans l'État semblait être que cette menace n'était qu'un stratagème et que des deux j'avais le moins de raisons d'avoir honte.

Lorsque le sénateur a lu l'article intitulé "Nixon, un sénateur avec un esprit de chantage", on dit qu'il a télégraphié à l'ancien gouverneur Thomas du Colorado, son avocat, et lui a demandé de venir à Reno.

"Si je ne dis rien en réponse à cette horrible attaque, je vais m'étouffer !"
s'écria le sénateur alors qu'il marchait nerveusement sur le sol.

"Avez-vous signé cette interview qu'ils ont publiée ?" » a demandé le
gouverneur Thomas.

"Oui", a déclaré le sénateur.

"Eh bien, si vous dites quoi que ce soit maintenant, *ils vous* étoufferont ",
répondit le gouverneur Thomas.

Au cours de nos attaques contre le sénateur Nixon dans le *Nevada Mining
News* qui a suivi à divers intervalles, le journal l'a accusé d'avoir fait des
promesses de dividendes anticipés aux actionnaires de Goldfield
Consolidated qu'il savait qu'il ne pourrait pas tenir ; d'avoir été l'agent d'État
au Nevada de la Southern Pacific Company à 150 $ par mois pendant le
régime Huntington lorsque les législatures ont été achetées ; d'avoir escroqué
le public investisseur de millions de dollars à Goldfield ; d'avoir bâti sa
fortune, qui a permis l'acquisition par lui et son associé du contrôle de
Goldfield Consolidated, dans une maison de jeu de Tonopah ; d'avoir
rassemblé ses premiers intérêts en matière de propriété minière et de titres
miniers à Goldfield auprès de prospecteurs qui ont perdu de l'argent et ont
cédé leurs claims miniers et leurs certificats d'actions à la maison de jeu en
lieu et place de l'argent liquide ; et d'être généralement un flibustier financier
et politique des plus méprisables. Et le sénateur n'a jamais intenté de
poursuites en diffamation ni engagé de quelque manière que ce soit une
action en justice pour obtenir une rétractation.

MANIPULATION DE GOLDFIELD CON

Environ une semaine après la publication de l'éditorial intitulé « Nixon, un
sénateur à l'esprit de chantage », alors que les actions de Goldfield
Consolidated s'étaient effondrées à environ 7 dollars, le *Nevada Mining News,*
en gros caractères gras, a exhorté ses lecteurs à passer leurs ordres d'achat
pour Goldfield. Consolidé à 4 $ l'action, affirmant que les courtiers en valeurs
minières de New York ont informé leurs clients que le titre chuterait presque
certainement à ce chiffre en raison des erreurs du sénateur dans la gestion
financière de l'entreprise. Cette édition contenait un autre éditorial sur le
sénateur Nixon, intitulé « Branding a Bilker ». Il l'accusait d'avoir déclaré
quelques mois auparavant dans son rapport annuel que le paiement régulier
des dividendes commencerait dans un court laps de temps, et contrastait
cette déclaration avec l'interview signée publiée dans le *Nevada Mining News ,*
dans laquelle il déclarait que les dividendes seraient payé "chaque fois que les
administrateurs le jugeaient sage de le faire *et pas avant* ".

Un jour après, le titre s'est « effondré » à 5 1/8 $ acheteur, 5 ¼ $ demandé, et toute la liste de Goldfield s'est écrasée encore plus en signe de sympathie. Le 8 juin, Goldfield Consolidated s'était effondré à 4,50 $.

Lors de la chute de 7,50 $ à 4,50 $, une opportunité avait été offerte à Berney Baruch et à ses associés de racheter sur le marché libre toutes les actions qu'ils auraient pu vendre lors de la baisse de 10 $ à 7,75 $, ce qui était le prix de l'option. Ensuite, le titre a été rapidement ramené à 7 $. Sur le chemin du retour à 7 $, les intérêts à découvert en circulation (des autres traders qui avaient accompagné la baisse avec leurs ordres de vente) ont été contraints de couvrir.

Pour faciliter la couverture par des étrangers jusqu'à 7 points de dollars, un rapport fut diffusé par les lieutenants du sénateur Nixon à Reno selon lequel un dividende serait déclaré avant la fin juin, et presque simultanément le directeur général de la société minière de Goldfield présenta un astuce similaire. Alors que le marché commençait à se redresser vers le point de 7 dollars, le sénateur Nixon s'est rendu à San Francisco et a été souvent vu lors des séances du San Francisco Stock and Exchange Board. La veille de la hausse à 7 dollars, il aurait déclaré dans un journal de San Francisco que Goldfield Consolidated était une si bonne chose qu'il ne prendrait pas 20 dollars par action pour ses actions.

Lorsque le titre a atteint 7 $ et que les positions courtes ont été les plus fortement comprimées, le sénateur Nixon aurait déclaré dans une autre interview qu'un dividende n'était pas loin. Cette interview a été transmise par fil télégraphique à tous les centres commerciaux par Associated Press. Au même moment, le New York *Times* publiait un article selon lequel le Street rapportait que J. Pierpont Morgan, agissant pour le compte des partisans de Baruch-Ryan, avait pris le contrôle de Goldfield Consolidated. Les shorts ont été conduits avec succès pour se couvrir. Puis le prix a de nouveau baissé en un jour, passant de 7 $ à 6 1/8 $.

Un mois plus tard, M. Teague est devenu rédacteur en chef du *Nevada State Journal* et a rompu ses liens avec le *Nevada Mining News* . J'ai succédé à M. Teague comme rédacteur en chef et mon nom figurait en tête des colonnes éditoriales. À peu près au même moment, l'entreprise Sullivan & Rice fut abandonnée. J'ai découvert que la majeure partie de l'argent que M. Sullivan avait investi dans la société avait été empruntée par lui à un membre de ma propre famille avec lequel il avait hypothéqué la plupart de ses actions dans la société. Il s'en est suivi un chahut qui a abouti à la fermeture du magasin.

En août, Goldfield Consolidated avait été ramené à 8,37½ $ l'action. L'option de M. Baruch pourrait certainement s'avérer de peu de valeur pour lui à moins que les actions ne se vendent à des périodes supérieures à 7,50 $. Mais il avait visiblement désormais du mal à maintenir le titre au-dessus de

7,50 dollars. En septembre, il avait de nouveau reculé à 7,40 dollars. A cette époque, on rapportait à Reno que George Wingfield, las des mauvaises affaires de son partenaire, commençait à s'affirmer et exigeait que l'option Baruch soit annulée à tout prix.

L'évolution erratique des prix des actions entraînait une perte de confiance du public. La manipulation semblait brute. Sans aucune transpiration importante, hormis la nouvelle de l'option Baruch et les diverses déclarations faites de temps à autre par le sénateur Nixon concernant les projets de l'entreprise, qui attendait maintenant la construction d'un immense moulin avant de reprendre une production régulière, la le titre était tombé de 10 $ à 4,50 $, était remonté à 7 $ et était retombé à 6 1/8 $, s'est redressé au-dessus de 8 $ et était à nouveau en chute libre.

L'option accordée à M. Baruch a été considérée comme un échec pratiquement catégorique du point de vue de l'entreprise, seulement 20 000 actions ayant été achetées par M. Baruch sur la trésorerie de l'entreprise en neuf mois. L'impression prévalait que M. Baruch exploitait le marché et détenait l'option principalement en tant que club pour réaliser ses projets de marché. De plus, presque tous les courtiers, investisseurs et spéculateurs résidant à Goldfield à cette époque avaient fait faillite en raison des aléas de ces actions sur le marché et des pertes sur prêts douteux et découverts non garantis encourus par la banque de John S. Cook & Company, contrôlée par MM. Nixon et Wingfield, auraient totalisé près de 2 000 000 $ en raison de l'effondrement presque général des valeurs marchandes. L'ensemble de la liste de Goldfield, à l'exception de Goldfield Consolidated, se vendait désormais à 25 cents le dollar, alors que les prix étaient en plein essor il y a moins d'un an, et c'était une sorte de courtier ou de spéculateur plutôt ordinaire de Goldfield qui, à Goldfield, cette fois, il ne pouvait pas se vanter d'être « trempé » dans la banque de John S. Cook & Company entre 15 000 $ et 100 000 $.

Le 23 septembre, la direction de Goldfield Consolidated s'est réunie à Goldfield. Après la réunion, il a été officiellement annoncé que l'option détenue par M. Baruch sur 1 000 000 d'actions à 7,75 $ avait été annulée et que M. Baruch avait reçu suffisamment d'actions optionnelles pour liquider l'obligation de 1 000 000 $ de la société, laissant la société libre de toute responsabilité. dette et avec une réserve de trésorerie de près de 2 000 000 $. Il a été déclaré que M. Baruch avait initialement reçu l'option de services pour obtenir un prêt de 1 000 000 $ auprès de J. Kennedy Todd & Company de New York pour 13 mois avec intérêt au taux de 6 pour cent et que le prix de 7,75 $ était une valeur « moyenne », indiquant que M. Baruch détenait une option sur actions à des chiffres variables, à un prix considérablement inférieur à 7,75 \$, qu'il aurait pu exercer en totalité ou en partie.

Il a également été révélé qu'un bloc important d'actions de Goldfield Consolidated avait été fourni en garantie du billet. Parce que les dirigeants de la société ont déclaré par résolution que "les certificats non utilisés seront annulés", on a généralement cru que la totalité du million d'actions sous option pour M. Baruch avait été donnée en garantie.

Le communiqué officiel de la société indique que l'option lui a été restituée "sur une base satisfaisante". Aucun chiffre n'a été communiqué. Des dépêches de San Francisco au *Nevada Mining News* , que j'ai rapidement publiées, alléguaient que M. Baruch avait reçu 200 000 actions ou plus de Goldfield Consolidated en règlement du prêt de 1 000 000 \$ à la société et pour la cession de son option sur 1 000 000 d'actions à un prix moyen de 7,75 \$.

Les 200 000 actions ont été retirées de la garantie au taux de 5 \$ par action un jour où Goldfield Consolidated vendait environ 7,50 \$, après que les actions aient été manipulées à un prix avantageux et contre un prix de marché de 10 \$ pour l'action le jour où l'option a été donnée.

Aucun démenti n'a jamais été publié. Mon opinion, basée sur une enquête privée et sur l'analyse des rapports de l'entreprise, est que M. Baruch s'en est encore mieux sorti que ce qui est indiqué ci-dessus.

L'octroi de l'option avait rendu dangereux pour quiconque, à l'exception de M. Baruch, de tenter de maintenir les actions au-dessus de 7,75 dollars par action après l'octroi de l'option, et la société était en outre désormais condamnée à payer la différence entre le faible prix par action à quel règlement a été conclu avec M. Baruch et le prix auquel les actions auraient pu être vendues si elles avaient été cédées tranquillement sur le marché au cours de la période de neuf mois qui avait précédé la date d'annulation. En fait, il n'était pas du tout nécessaire de régler le prêt par des actions, la société ayant dans sa trésorerie plus que de quoi rembourser le prêt, et l'argent n'était pas dû. Le véritable objectif, apparemment, était de cacher dans l'obscurité le montant exact donné à M. Baruch pour libérer la société de l'option et de conserver les fonds de la banque Goldfield de MM. Nixon et Wingfield, qui était le dépositaire de la société minière.

Au lieu de calmer les actionnaires, l'abandon de l'option a de nouveau mis sous le feu des projecteurs l'ensemble de la transaction et s'est avéré être une exacerbation.

L'effet immédiat a été que Goldfield Consolidated a recommencé à s'effondrer et a été vendue en quelques jours à 6,50 \$. À partir de ce moment, il a continué à luge pendant plusieurs semaines jusqu'au point de 3,50 dollars

– une dépréciation du prix de marché pour la capitalisation de la société, moins d'un an après sa promotion à 10 dollars par action, de 23 400 000 dollars – avant de se redresser une fois.

<h3 style="text-align:center">ENTREZ, NAT. C. GOODWIN & CO.</h3>

Un partenariat minier entre Nat. C. Goodwin, l'acteur, et Dan Edwards s'étaient formés à Reno un peu avant cette époque. Dan Edwards était un jeune homme actif dans le secteur minier qui s'était engagé dans le métier de « transformer » des propriétés en promoteurs. En août, alors que Goldfield Consolidated se vendait autour de 7,50 $, M. Edwards m'avait demandé de lui donner un bon conseil sur le marché. Je lui ai dit de vendre Goldfield Consolidated à découvert.

Lorsqu'il a atteint 6,50 $ vers le 1er octobre, il m'a salué ainsi : « Je dois vous le remettre. J'ai essayé de faire tenir ma nouvelle entreprise, mais cela ne semble pas fonctionner. Je suppose que je ne sais pas comment gérer la situation dans des moments comme celui-ci. Comment aimeriez-vous nous rejoindre ? »

"De combien de capital disposez-vous?" J'ai demandé.

"Cinq mille dollars de Nat", répondit-il.

"Trouvez un autre homme avec 5 000 $", lui ai-je dit, "et je vous parlerai."

Un jeune oriental engagé dans l'exploitation minière, nommé Warren A. Miller, s'arrêtait à l'hôtel Riverside. En moins d'une heure, M. Edwards l'avait aligné. Une semaine plus tard, Nat. C. Goodwin & Company a été constituée avec Nat. Le président C. Goodwin, le vice-président et directeur général M. Miller et le secrétaire Dan Edwards. La nouvelle société s'est engagée à me donner un salaire pour lui montrer comment procéder et un intérêt pour d'autres considérations substantielles.

Dans une quinzaine de jours, la corporation de Nat. Cependant, C. Goodwin & Company gagnait de l'argent, non pas en tant que promoteurs, mais en tant que rétrogradeurs. Au lieu de promouvoir d'abord une société minière et de réaliser ses bénéfices du côté constructif du marché, elle a renversé la situation et gagné de l'argent du côté destructeur – celui de Goldfield Consolidated.

Au cours de la première moitié de 1907, j'avais ressenti jour après jour le pouls spéculatif du pays grâce à la littérature promotionnelle de la société Sullivan & Rice. Bien que sa nouvelle société minière, la Rich Gulch Wonder, se soit vantée d'avoir une direction de très haut niveau et que la propriété ait été reconnue comme ayant du mérite, le public a refusé de s'enthousiasmer.

Au lieu de souscrire pour de gros blocs, des achats dispersés avaient été effectués et l'argent au compte-gouttes avait été payé à contrecœur. Le boom du camp minier de Wonder était « mort de naissance ». Les investisseurs semblaient en avoir assez de la spéculation sur les valeurs minières depuis un certain temps.

Les prix des émissions cotées au Nevada s'effondraient comme des seersuckers sous la pluie. À cette époque, le terrible gâchis qui avait été créé dans les affaires de Goldfield à cause des erreurs de MM. Nixon et Wingfield avait entraîné une dépréciation de la valeur marchande de plus de 100 000 000 $ des émissions cotées au Nevada. Cela en soi était suffisant pour tuer un monde de sentiment d'achat.

Il faut être un chasseur d'arc-en-ciel par nature pour être un promoteur à succès, mais même moi, malgré mon optimisme chronique, j'ai commencé à ressentir l'influence de ce qui se passait. J'ai fait volte-face et je suis devenu baissier sur l'ensemble du marché.

Le 17 octobre, la faillite de Heinze se produit à New York. Cinq jours plus tard, l'embarras de la Knickerbocker Trust Company était annoncé. J'ai collé mes oreilles au sol.

Nat. C. Goodwin & Company a « vendu à découvert » le marché boursier minier dans la mesure où son capital limité le permettait. Le jour où M. Heinze est passé par-dessus bord, la société était déjà à découvert de 2 000 actions de Goldfield Consolidated à environ 6 dollars. En apprenant que la Knickerbocker Trust Company était en difficulté, elle a rapidement vendu à découvert 2 000 actions supplémentaires à un chiffre inférieur.

Dans l'après-midi où la nouvelle parvint à Reno de l'embarras de la Knickerbocker Trust Company, je reçus un télégramme privé de Chicago annonçant que le journal de la State Bank & Trust Company de Goldfield, Tonopah et Carson City était allé protester à San Francisco. Cela m'a fait frissonner le sang. Je savais que cela signifiait une « faillite » générale du Nevada.

Le lendemain matin, Nat. C. Goodwin & Company a vendu à découvert 2 000 actions supplémentaires de Goldfield Consolidated à environ 5 1/8 $. Plus tard dans la journée, la faillite de la State Bank & Trust Company a été annoncée. Une ruée s'en est suivie contre la Nye & Ormsby County Bank et ses succursales de Reno, Carson City, Tonopah, Goldfield et Manhattan, et en deux heures, cette institution a également fermé ses portes.

Goldfield Consolidated est rapidement tombé à 4 $ l'action. Autour de ce point, Nat. C. Goodwin & Company a couvert ses ventes à découvert, à sa discrétion.

Toutes les banques Nixon du Nevada ont connu des crises à la suite de la faillite des deux institutions bancaires du Nevada. Les autres banques aussi.

Entre deux soleils, les responsables de la banque du Nevada ont fait appel au gouverneur Sparks pour venir à son secours. Sans hésiter, il a décrété une série de jours fériés pour permettre aux banques de l'Etat encore debout de reprendre leur souffle. Ces banques ont finalement ouvert leurs portes, mais lorsqu'elles l'ont fait, celles de Reno ont répondu aux retraits des déposants avec de l'argent actif au lieu de la monnaie légale. La seule banque de Reno qui avait refusé de profiter des jours fériés imposés était la Scheeline Banking & Trust Company. Et lorsque l'on eut finalement recours à l'argent actif comme fortune, M. Scheeline, le président, fut nommé dépositaire des obligations émises par les banques associées de Reno pour garantir le paiement. Cela a redonné confiance.

Au Nevada, au moment de la faillite des banques des camps miniers, de la State Bank & Trust Company et du comté de Nye & Ormsby, on pensait que l'institution Nixon de Goldfield aurait eu du mal à résister à la tempête sans le fait que la banque Goldfield aurait en dépôt plus de 2 000 000 $ de l'argent de la Goldfield Consolidated Mines Company.

Lorsque la State Bank & Trust Company s'est effondrée, le sénateur Nixon, dans une interview publiée dans son journal de Reno, m'a imputé la faillite de la State Bank & Trust Company. Il a allégué que la State Bank & Trust Company avait perdu 375 000 $ à cause de la faillite de la Sullivan Trust Company dix mois auparavant, et que j'avais fait sauter la banque. Le passif de la banque s'élevait à 3 000 000 $ et la perte de la Sullivan Trust Company n'était qu'« une goutte d'eau dans l'océan ». Le sénateur n'a trompé personne, pas même lui-même. Son effort était une tentative mal dissimulée de prédisposer le public contre moi et fut accueilli comme tel par les habitants du Nevada.

Le sénateur Nixon s'est livré à d'autres « interviews » en vue d'endiguer la vague de liquidation de Goldfield Consolidated. Bien que la société n'ait eu recours que récemment à la vente d'actions propres à des fins de collecte de fonds, il a affirmé qu'un dividende trimestriel, payable le 25 janvier, serait probablement déclaré. Au-delà d'une question, cette déclaration a été faite à des fins de marché à un moment où le sénateur transpirait du sang de l'argent.

Le titre a rapidement progressé davantage grâce à la solidité des prévisions de dividendes. Les interviews du sénateur étaient désormais devenues une plaisanterie permanente dans la communauté. Les spéculateurs et les courtiers avaient appris la sagesse de « cuivrer » tout ce que disait le sénateur.

L'HISTOIRE DES « ÉMEUTES » DU TRAVAIL DE GOLDFIELD

Une grande force de mineurs a été déchargée des propriétés de Goldfield Consolidated. L'action de l'entreprise de licencier ses hommes à une période aussi pénible a été dénoncée. Il a été allégué que la banque Goldfield du sénateur Nixon ne pouvait pas se permettre de verser l'argent en dépôt au crédit de l'entreprise parce que cet argent était nécessaire à des fins bancaires. L'argent avait apparemment été thésaurisé pendant la crise financière pour aider la banque à se sortir d'une situation difficile. Les événements ultérieurs semblent pleinement confirmer cette théorie.

En plein cœur de la panique, pendant les jours déprimés et troublés de la fin novembre ; lorsque les finances courantes étaient profondément affectées ; lorsque Goldfield Consolidated vendait en dessous de 4 points de dollars et que l'ensemble de la liste des actions du Nevada avait subi une dépréciation moyenne d'environ 85 pour cent. des « sommets » atteints lors du boom de Goldfield de l'année précédente ; lorsque l'État du Nevada fut secoué de bout en bout par les graves pertes subies par les citoyens à la suite de la faillite de la chaîne bancaire du comté de Nye & Ormsby et de la State Bank & Trust Company, totalisant près de 6 000 000 $, et il apparut que le crédit de l'État L'État avait déjà été brisé de manière presque irréparable : un nouveau coup fut porté.

Les troupes gouvernementales seraient en route vers Goldfield depuis San Francisco « pour préserver la loi ». On avait fait comprendre au président des États-Unis que Goldfield était dans un état d'anarchie. Goldfield ne l'était pas. En fait, la situation des mineurs à Goldfield, du point de vue de l'ordre public, n'a jamais été bonne, mais elle était alors aussi bonne qu'elle l'avait été en dix-huit mois. Certes, il y a eu une certaine anarchie, mais pas d'émeute, et le shérif du comté n'a fait aucun appel au gouverneur pour obtenir de l'aide.

Durant les premiers jours de la panique, Nixon et la banque Goldfield de Wingfield, John S. Cook & Company, avaient offert aux mineurs les certificats non garantis de la banque en guise d'argent pour le paiement des salaires. Les mineurs ont refusé d'accepter. Ils étaient prêts à effectuer des contrôles horaires de deux, trois ou quatre mois, portant la signature de la société minière, mais rechignaient à l'idée de devenir créanciers de la banque.

Un certain nombre de courtiers de Goldfield qui étaient présents dans le camp à l'époque m'ont déclaré que les mineurs avaient même décidé de concéder ce point lorsqu'un étranger a obtenu, grâce à des intrigues et de l'argent, un pouvoir de vote suffisant lors d'une réunion du comité exécutif. du Syndicat des mineurs à adopter une résolution s'opposant aux certificats de la banque. Le refus d'accepter les certificats de la banque fut immédiatement utilisé par la Goldfield Mine Owners' Association, dominée par George Wingfield, pour décider d'un lock-out et simultanément pour exiger une intervention fédérale.

Si la banque de MM. Nixon et Wingfield avait besoin d'argent, comme l'indiquait trop clairement l'offre de titres non garantis, la fermeture complète, qui laissait à la banque comme ressources disponibles environ 2 000 000 $ sur le compte de la Goldfield Consolidated Mines Company, était une solution parfaite. ; et la nécessité de la présence de troupes était une belle excuse fortuite pour la fermeture. Incidemment, cela débarrasserait Goldfield du syndicat des mineurs, qui a voté pour un homme contre les candidats républicains du sénateur Nixon, et permettrait l'importation de main-d'œuvre étrangère, un expédient qui a ensuite été utilisé avec succès.

Le sénateur Nixon a fait pression sur Washington. Il invoque les bons offices de l'Oncle Sam et demande instamment que des troupes fédérales soient envoyées dans l'État. Il a été assisté par le membre du Congrès Bartlett pour porter l'affaire devant les départements. Les fils entre Goldfield, Reno, Carson City et Washington ont été maintenus sous tension grâce à un échange de points de vue. Le président Roosevelt a finalement informé le sénateur qu'il ne pouvait pas envoyer les soldats à moins que le gouverneur du Nevada ne lui signale qu'un état d'anarchie existait réellement et que l'État lui-même était impuissant à réprimer.

Le gouverneur Sparks, honnête aussi que la journée ait été longue et ne se doutant d'aucune supercherie ou manigance, a écouté un comité de Goldfield et a permis qu'une dépêche soit envoyée à Washington avec sa signature indiquant que de telles conditions existaient.

Sur ce, le brigadier-général Funston, à la tête de deux mille hommes, reçut l'ordre de se rendre à Goldfield. L'État étant dépourvu de toute milice et les représentations faites par le gouverneur Sparks dans ses dépêches étant fortes sur le fait qu'un état d'anarchie existait réellement à Goldfield, le Président a finalement succombé.

La manœuvre fut aussi rapide qu'inattendue. Au début, les habitants du Nevada ne comprenaient pas de quoi il s'agissait. Les dépêches de Goldfield à Reno indiquaient que la ville était calme. L'acte le plus proche d'un acte manifeste récemment relaté était le vol présumé, quelques jours auparavant, d'une boîte ou deux de dynamite, d'environ 300 pieds de mèche et d'une quantité de bouchons qui auraient été clandestinement retirés du Mon stand à Goldfield. Le vol, s'il y en avait, était imputé aux mineurs, mais les preuves manquaient.

A l'arrivée des troupes à Goldfield, la Goldfield Consolidated annonça une nouvelle échelle de salaires, réduisant les salaires des mineurs de 5 $ à 4 $ et dans certains cas de 5 $ à 3,50 $. Il s'agissait là d'une nouvelle mesure, destinée à susciter la colère des salariés et à prolonger le lock-out. La banque de MM. Nixon et Wingfield à Goldfield a annoncé en même temps qu'elle réglerait désormais tous les états de paie de la société en or. Mais il n'y avait alors aucune masse salariale significative, les mines étant fermées.

Le général Funston, à son arrivée à Goldfield, a interviewé des exploitants de mines, des mineurs syndiqués et des citoyens en général en vue de déterminer la nécessité d'y maintenir des troupes gouvernementales. Il a découvert que l'Administration avait été mise à l'écart. Le général télégraphia son opinion au président. Le président Roosevelt a rapidement dépêché une commission à Goldfield pour mener une enquête publique. Cette commission était composée de Charles B. Neal, commissaire au travail ; Herbert Knox Smith, commissaire aux sociétés, et Lawrence O. Murray, secrétaire adjoint du ministère du Commerce et du Travail. Ils ont entendu des témoignages jour et nuit pendant une semaine.

Ils rapportèrent au président Roosevelt qu'il n'y avait aucune raison pour la présence de troupes à Goldfield et que les déclarations télégraphiées au président Roosevelt par le gouverneur Sparks, indiquant l'existence d'un état d'anarchie, étaient sans justification. Le rapport a été remis à l'Associated Press et a reçu une large publicité. Le président a également publié un communiqué confirmant ses conclusions, qui a été largement diffusé.

Les éditorialistes de l'Est ont déversé des torrents d'injures contre le gouverneur Sparks. Le sénateur Nixon est resté indemne.

LA MORT DU GOUVERNEUR ÉTINCELLE

Me sentant sous le poids d'une obligation envers le gouverneur Sparks, qui avait dirigé presque toutes les promotions de la Sullivan Trust Company en tant que président, j'ai essayé dans un éditorial du *Nevada Mining News* de justifier l'action du gouverneur. Mais c'était une toute petite voix noyée dans un océan d'opinions défavorables et qui était totalement sans écho. Cela n'a même pas apaisé le gouverneur.

Le gouverneur, vieillard honnête et simple, brisé de bourse, de santé et d'esprit, affligé de la dénonciation du président, se coucha et mourut le cœur brisé.

Lors de son imposant spectacle funéraire à Reno, auquel ont assisté des milliers de personnes en deuil, venues de toutes les régions de l'État pour rendre hommage au grand vieil homme et qui ont suivi le corbillard jusqu'au cimetière, le sénateur Nixon et son partenaire, George Wingfield , brillaient par leur absence.

Au moment même où la tombe se refermait sur sa dépouille, les troupes quittaient Goldfield.

"C'est la 'Marche des Morts'", a déclaré l'une des personnes endeuillées.

L'arrivée de troupes fédérales à Goldfield a atteint son objectif. Le syndicat des mineurs a été détruit et suffisamment de temps a été gagné pour permettre à l'atmosphère financière de se clarifier. Au moment du départ des troupes, Goldfield Consolidated avait atteint 5 dollars par action. La panique était terminée. L'argent était à nouveau relativement facile.

Je demande l'indulgence du lecteur pour avoir consacré autant d'espace aux faits relatifs à l'apparition au Nevada des troupes américaines à une époque où il n'y avait aucune raison valable pour leur présence. Je pense qu'il s'agit d'un chapitre important de mes expériences et qu'il est très intéressant pour le lecteur général, car il illustre à quel point il est facile de diriger la puissante machinerie de notre grand gouvernement de manière à mener à bien les machinations d'hommes mal intentionnés.

On pourrait penser, après cette démonstration des efforts déployés par le sénateur Nixon pour atteindre un objectif fixé et après avoir été témoin du succès qui a accompagné ses efforts, qu'un individu frappé par la pauvreté comme moi, qui avait eu le courage de mener une campagne dans les journaux dans la propre ville natale du sénateur, contre ses activités financières et politiques, jugerait que c'est la meilleure partie du courage d'émigrer de l'État. Eh bien, je ne l'ai pas fait. Je suis resté sur place. Je n'en doutais pas que j'aurais des nouvelles de Washington plus tard, mais je suis resté malgré tout jusqu'à ce que mes intérêts commerciaux m'en empêchent.

Je ne me suis pas trompé dans mes déductions. Quelques mois plus tard, un inspecteur des postes est venu visiter mon bureau à Reno, qui était apparemment « malade de son travail » et, sans l'intercession rapide par télégraphe du sénateur américain Francis B. Newlands du Nevada auprès du Ministre des Postes à Washington, je suis certain que des influences puissantes, même à ce début, auraient réussi à « déclencher quelque chose ». Mais à un autre moment, je suis en avance sur mon histoire.

CHAPITRE VII

CUIR BRUT

Parce que Rawhide, le nouveau camp aurifère du Nevada, est né pendant la crise financière de 1907, je ne pouvais pas entrevoir d'avenir du point de vue du promoteur - et non "à travers une paire de jumelles". Il faut des capitaux pour développer des « perspectives » aurifères prometteuses en mines versant des dividendes, et je ne pouvais pas imaginer d'où viendrait cet argent. Les marchés des valeurs mobilières de l'Est étaient dans le marasme. Le temps et l'argent représentaient une prime importante. Les prix de toutes les catégories de titres miniers s'étaient stabilisés à presque rien. Les investisseurs étaient à bout de nerfs pour protéger les engagements déjà pris. Partout, les financiers étaient déprimés. Une répulsion à l'égard de la spéculation s'était installée, apparemment pour de bon. Seul un passionné écervelé de l'ordre des fous pouvait espérer, à un tel moment, réussir à commercialiser de nouvelles émissions minières.

Une panique financière n'a cependant aucune crainte pour les chercheurs d'or. L'attrait de l'or est irrésistible. La rigueur monétaire ne sert qu'à renforcer l'incitation naturelle. Dès la première semaine de janvier 1908, 2 000 personnes se trouvaient à Rawhide. Fin janvier, la population atteignait 3 000 habitants.

Le camp occupait facilement le centre de la scène minière du Nevada.

De nombreux pionniers de Rawhide étaient originaires de Tonopah et de Goldfield. Sans exception, l'opinion de ces anciens combattants semblait être que les superficies du nouveau district surpassaient celles des deux camps plus anciens. Jamais auparavant dans l'histoire de l'exploitation minière en Occident n'avait-on découvert un gisement de quartz si apparemment riche en métal jaune à la surface ou à proximité, tout en embrassant en même temps une si vaste zone de minéralisation aurifère. Goldfield, au même âge précoce, n'était qu'un simple ensemble de tentes de prospecteurs, tandis que Rawhide était un camp prospère, animé et peuplé avec plus d'une centaine de sociétés de location menant des opérations minières systématiques.

La nouvelle fut apportée à Reno d'une frappe phénoménale menée sur Grutt Hill à Rawhide. Un échantillon de roche prélevé dans une veine de minerai a titré 300 000 $ la tonne. La concession Kearns sur Balloon Hill rapportait 15 pieds de minerai d'expédition au niveau de 65 pieds qui titrait entre 300 $ et 500 $ la tonne.

Cela a été entièrement vérifié. Des expéditions régulières étaient également effectuées vers les usines de réduction de Goldfield.

Des échantillons de roches parsemés d'or gratuit ont été reçus en ville. J'étais ravi. Les déclarations faites par les « boosters » du camp selon lesquelles une partie de Balloon Hill était « de l'or avec un petit rocher dedans » n'étaient pas des exagérations, à en juger par les spécimens qui ont été placés en ma possession.

Mon apathie a commencé à fondre. Contrairement à mon jugement antérieur, j'ai maintenant commencé à changer d'attitude.

Le camp ressemblait à « la vraie chose », panique ou pas panique.

Pourquoi le public américain ne devrait-il pas, même en ces temps financiers difficiles, s'enthousiasmer pour un camp aurifère offrant des possibilités de gagner de l'argent comme celles qui sont offertes ici, me suis-je demandé. Les noyés ne s'accrochent-ils pas à des pailles ? N'est-ce pas l'habitude des joueurs de courses hippiques, lorsqu'ils perdent cinq courses de suite, de miser sur la sixième en vue de s'en sortir ? Cette panique avait appauvri des centaines de milliers de personnes. Quoi de plus naturel que ceux qui ont été durement touchés se précipitent maintenant les uns sur les autres pour profiter des bonnes choses de Rawhide ? Si le camp réussit, ai-je raisonné, dans la même mesure que Goldfield, les premiers investisseurs engrangeront des millions de bénéfices.

J'ai visité le camp. Ce que j'ai vu m'a électrisé. Bientôt, je fus sous le charme.

DU VRAI OR CHEZ RAWHIDE

Une demi-journée de marche à travers les collines semblait suffire pour convaincre quiconque que les meilleurs mineurs pratiques du Nevada avaient apposé le sceau de leur approbation sur le district. La plupart des centaines de baux d'exploitation de Rawhide appartenaient à ces mineurs de roche dure. Plus d'une demi-douzaine d'ouvertures en surface sur Grutt Hill ont montré la présence de masses de quartz incrusté d'or. À l'intersection des deux principales artères de Rawhide, une série de tirs dans un affleurement de quartz audacieux a révélé un minerai d'or et d'argent titrant 2 700 $ la tonne. Un dyke de quartz-rhyolite enrubanné d'or frappait hardiment le sommet imposant de Grutt Hill. J'ai parcouru sa direction et j'ai prélevé, avec une pioche de prospecteur ordinaire, des échantillons valant entre 2 et 5 dollars la livre.

De l'autre côté de Stingaree Gulch, au sud, le dos accidenté de Balloon Hill formait un lien de connexion entre Grutt et Consolidated Hills. Les concessions Kearns nos 1 et 2 sur Balloon Hill furent le théâtre de grèves d'une telle richesse extraordinaire qu'elles auraient à elles seules déclenché une ruée en Alaska. Le bail Murray sur Consolidated Hill a été considéré comme une véritable aubaine. Là, j'ai vu du quartz contenant au moins un tiers d'or.

Le long du versant sud de Hooligan Hill, plusieurs groupes de bailleurs extrayaient un minerai si riche que des gardes étaient maintenus toute la nuit pour éviter les pertes dues au vol. À la concession Alexander sur Hooligan Hill, les mineurs broyaient le quartz le plus riche de leur puits et lavaient l'or pour une valeur de 20 $ la poêle.

C'étaient les trois principaux centres d'activité, mais ils n'englobaient en aucun cas la zone productive du district. De hautes potences en forme de squelette parsemaient le paysage sur des kilomètres dans toutes les directions. Le rugissement des moteurs à essence suggérait la respiration d'un Titan spectral en proie à un effort herculéen. J'ai également été fortement impressionné par la classe de mineurs au travail.

Il me semblait qu'il n'y avait plus lieu de tergiverser quant aux possibilités de fortune des investisseurs qui mettaient leur argent dans le camp. Âgée de moins de six mois, Rawhide apparaissait comme la région minière la plus active que j'aie jamais vue au même âge.

Il a fallu près de trois ans à Goldfield pour faire d'aussi bons résultats, ai-je raisonné.

Au cours de mes efforts antérieurs d'agent de presse pour les camps miniers du sud du Nevada, j'ai dû imaginer quelle serait la réalité si la moitié des espoirs des enthousiastes des camps étaient exaucés. Il s'agissait apparemment d'un accomplissement plutôt que d'une promesse. Au seuil de la première étape de son ère de développement, Rawhide pouvait se vanter de compter davantage de producteurs réels et presque autant de propriétés en exploitation que Goldfield pouvait en revendiquer à l'âge de trois ans.

Je me suis souvenu que Cripple Creek était né dans la panique mais avait traversé la période aiguë de 1893 à 1896 pour se classer parmi les plus grands camps aurifères du monde.

J'étais plus que convaincu. Un enthousiasme effervescent a succédé à mon scepticisme antérieur. L'histoire est sur le point de répéter le record de Cripple Creek, ai-je conclu.

LA SOCIÉTÉ RAWHIDE COALITION MINES

Grutt Hill, Hooligan Hill, une partie de Balloon Hill et le terrain intermédiaire, formant un groupe compact de huit claims, soit 160 acres, appartenaient à une société de huit prospecteurs. La région constituait le cœur et l'épine dorsale de l'ensemble du district minier.

J'ai rapidement « ligoté » cette propriété pour Nat. C. Goodwin & Company de Reno, avec qui j'ai été identifié. Une société, avec 3 000 000 d'actions d'une valeur nominale de 1 $ l'action, a été constituée pour en prendre le titre. Elle s'appelait Rawhide Coalition Mines Company.

Sur l'ensemble de sa capitalisation, 750 000 actions ont été transformées en trésorerie de la Rawhide Coalition Mines Company. Nat C. Goodwin & Company est devenue agent pour la vente d'actions propres et a reçu de la société une option sur 250 000 actions, pour rapporter 57 500 $ de trésorerie à des fins d'administration et de développement minier. La société Goodwin a également acheté 1 850 000 actions sur les 2 250 000 actions détenues, pour un montant de 443 500 $ de plus, soit au taux de 23,3 cents par action plus une commission de 12 500 $ à verser à un intermédiaire.

Les actions de propriété conservées par les propriétaires d'origine et le reliquat des actions propres, s'élevant au total à 900 000 actions, ont été placés en pool.

Quand j'ai conclu cet accord, l'argent en banque de Nat. C. Goodwin & Company s'élevait à environ 15 000 $. C'était à moi de financer l'entreprise. Je l'ai fait.

Le contrat que j'ai conclu ne prévoyait que 10 000 $ en espèces et le solde à payer à temps. Nat C. Goodwin & Company n'a emprunté d'argent à aucune banque ou particulier, et personne n'a été identifié comme soucieux de taxer ses ressources personnelles à hauteur d'un seul dollar pour mener à bien la transaction. L'argent a été collecté, d'abord pour le trésor de la Coalition, puis pour les vendeurs, en faisant directement appel à l'instinct spéculatif du public investisseur américain. Le public a également payé les dépenses engagées pour les atteindre. Pour ce faire, elle a versé à Nat C. Goodwin & Company une avance sur le prix des achats d'actions de la Coalition, en sus du prix de revient.

Nat. C. Goodwin & Company avait accepté de rapporter une fraction de plus de 23 cents par action à la fois au trésor et aux vendeurs, sans aucune déduction. Toutes les dépenses de publicité et autres dépenses de promotion, était-il stipulé, devaient être supportées par Nat. C. Goodwin & Company et aucun par la société minière.

Quel était le système ? Comment cela a-t-il été fait ?

UNE COURSE DE JOUEURS

Avant la naissance de Rawhide, j'avais pendant sept ans répondu à l'instinct spéculatif (de jeu) du public américain, principalement en construisant des camps miniers et en finançant des entreprises minières. Je me suis alors rendu compte que pour réussir l'entreprise qui m'attendait, à savoir placer le nouveau camp de Rawhide sur la carte des investissements, je devais à nouveau faire appel haut et fort à l'instinct de jeu du pays.

Peut-être pensez-vous, cher lecteur, qu'un homme qui répond à l'instinct de jeu de ses semblables, que ses intentions soient honnêtes ou malhonnêtes, est une personne hautement immorale. Est-il?

Savez-vous que l'instinct de jeu est responsable de la merveilleuse croissance de l'industrie minière aux États-Unis ? Croiriez-vous que sans l'instinct du jeu, le développement des grandes ressources naturelles de ce pays serait presque impossible ?

À de rares exceptions près, chaque entreprise minière prospère aux États-Unis a été financée dans le passé en faisant directement appel à l'instinct du jeu. Au cours de la décennie précédant cette année, plus d'un milliard de dollars ont été collectés et investis de cette manière.

Des investisseurs conservateurs qui se contentent de trois à six pour cent. avec leur argent, n'achetez pas de mines ou d'actions minières. Les spéculateurs (joueurs) qui sont prêts à risquer une partie de leur fortune dans l'espoir de gagner cinq fois ou plus en un an ou quelques années – ce sont ceux-là qui investissent dans les mines et les actions minières.

Il y en a des légions. Aux États-Unis, selon les meilleures informations statistiques disponibles, pas moins de 500 000 hommes et femmes sont actionnaires de sociétés minières.

En fait, l'instinct de jeu trouve son emploi dans l'industrie minière bien avant qu'une propriété n'atteigne le stade où elle peut être considérée comme un prospect digne d'être exploré. Le prospecteur qui suit son burro dans les forteresses des montagnes ou à travers les déserts met souvent sa vie en jeu contre le succès de sa recherche ; ceux qui le mettent en jeu jouent leur argent.

L'instinct de jeu semble devoir continuer à jouer un rôle important dans l'industrie minière pour toujours, ou jusqu'à ce que les instincts de chasse à la fortune de l'homme soient éradiqués ou que tous les trésors du monde aient été exploités.

Maintenant, si la pratique consistant à satisfaire l'instinct de jeu est néfaste, je suis un malfaiteur. Il en serait de même pour des financiers aussi prestigieux que MM. Rothschild, Rockefeller, Morgan, les Guggenheim et d'autres. Je pense personnellement que ce sont *les coutumes* et le temps qui sont responsables du maintien du grand jeu, et non les individus.

La vérité est que nous sommes une race de joueurs et que *nous laissons les capitaines d'industrie gérer le jeu à notre place* .

Après l'argent et le pouvoir politique, la publicité est reconnue par tous les « acteurs » comme le levier le plus puissant pour accomplir de grandes choses. Il n'est pas rare que la publicité accomplisse ce que ni l'argent ni le pouvoir politique ne peuvent réaliser. En général, la publicité peut être assurée et contrôlée soit par l'argent, soit par le pouvoir politique.

Quand Rawhide est né, je n'avais ni argent ni pouvoir politique. Le camp avait besoin de publicité. Je n'avais rien d'autre pour assurer ma publicité que mon esprit. J'ai rapidement réquisitionné tout l'esprit que j'avais et j'ai tout utilisé.

Il y a une différence importante entre posséder une série d'excellentes mines d'or, qui offrent d'énormes possibilités spéculatives, et le fait que le public les reconnaisse comme telles. C'est une chose pour un fabricant d'être lui-même assuré que son article est d'un meilleur rapport qualité-prix que celui de son concurrent. C'en est une autre de convaincre le consommateur. C'est là que réside la valeur d'une publicité organisée.

Attirer l'attention du grand public investisseur américain sur le camp de Rawhide était la proposition qui m'était soumise. Comment cela devait-il être réalisé ? L'affichage publicitaire dans les journaux est coûteux et nécessite des capitaux importants ; l'achat de notices de lecture dans des publications qui acceptent ce genre d'affaires, encore plus.

Un fait majeur ressort de ma première expérience en tant qu'agent de publicité à Goldfield. Peu de rédacteurs en chef ont le cœur de jeter à la corbeille à papier les bons textes, surtout s'ils ne contiennent rien qui puisse provoquer un retour.

Je résolus d'« agent de presse » du camp.

CHAPITRE VIII

L'ATTACHÉ DE PRESSE ET L'ARGENT DU PUBLIC

Le camp le plus médiatique du Nevada avait probablement été celui de Bullfrog. Bullfrog est né deux ans après Goldfield. Le bureau de publicité de Goldfield avait alors considérablement amélioré son art et son efficacité.

Lorsque le boom de Bullfrog était encore jeune, le regretté sénateur américain Stewart, octogénaire et sans emploi, s'est rendu de Washington, à l'expiration de son mandat, au camp Bullfrog. Là, il a déployé son bardeau en tant qu'avocat en exercice. Immédiatement, le bureau de presse a obtenu une photo du cabinet du vénérable législateur et a rédigé un récit sur son nouveau départ dans la vie dans le désert. Le sujet a tellement séduit les rédacteurs du dimanche des grands quotidiens urbains de tout le pays que Bullfrog s'est procuré pour rien des dizaines de pages de publicité inestimable dans les colonnes d'information.

Le sénateur a construit une maison, selon l'histoire, à un endroit où, moins d'un an auparavant, les voyageurs du désert étaient morts de soif et où erraient des coyotes. L'intérieur de la maison située sur le désert a été minutieusement décrit. Des rideaux de chintz de couleur olive protégeaient le patriarche barbu, alors qu'il travaillait dans son bureau, des rayons brûlants du soleil. De vieilles armoires florentines, de coûteux vases byzantins et des spécimens incomparables de Sèvres remplissaient ses salons. Des tapis persans en soie d'un pouce d'épaisseur recouvraient les sols. Des peintures miniatures aux cadres vénitiens représentant d'anciens présidents des États-Unis et des champions de la liberté d'antan ornaient les murs. De précieux bronzes et statuettes de marbre étaient éparpillés à profusion. Les visiteurs ne pouvaient s'empêcher de déduire que le sénateur ne pensait rien de trop beau pour son habitat désertique. *Le nom de Bullfrog ressortait de chaque paragraphe de l'histoire ; aussi le nom d'une mine à l'approche de laquelle était élevée cette demeure du désert et à l'exploitation de laquelle l'attaché de presse avait un intérêt égoïste.*

La partie remarquable de cette histoire, qui a été imprimée avec des photos du sénateur dans un journal métropolitain de grand tirage et de grand prestige sur une pleine page un dimanche et a été diffusée par lui à une vingtaine d'autres, était que la seule vérité il s'agissait justement du fait que le sénateur avait décidé de s'établir à Bullfrog dans le but de créer un cabinet d'avocats. Mais c'était une bonne histoire du point de vue de l'attaché de presse de Bullfrog et de celui du rédacteur du dimanche, et même le sénateur n'y a pas cillé. Il a reconnu qu'il s'agissait d'une « publicité » de camp de la plus haute efficacité, tout comme d'autres résidents de Bullfrog.

Durant le boom de Manhattan, qui suivit celui de Bullfrog, le bureau de publicité devint plus ambitieux. Il a fait une percée dans les colonnes d'information de la presse métropolitaine en semaine et a réussi.

À cette époque, la Sullivan Trust Company de Goldfield faisait la promotion de la société minière Jumping Jack-Manhattan. James Hopper, le talentueux magazine, a écrit un article dans lequel les noms « Jumping Jack » et « Sullivan Trust Company » apparaissaient dans presque toutes les autres lignes. Il fut envoyé par courrier à un grand quotidien de New York et rapidement publié sous forme d'actualité. Le reportage racontait comment l'homme en charge du moteur à essence à l'embouchure du puits Jumping Jack était devenu complètement fou alors qu'il était au travail et comment, sans l'intervention rapide du président de la Sullivan Trust Company, qui se trouvait par hasard au sol , une tragédie aurait bien pu en résulter.

Le mineur, selon l'histoire, est entré dans le seau à la tête du puits et a demandé à l'homme dans la salle des machines de le descendre à une profondeur de 300 pieds. Rapidement comme un éclair, le seau fut descendu. Lorsque le point de 200 pieds a été atteint, il y a eu un arrêt soudain. Avec un cliquetis et un rugissement, le seau fut ramené à moins de 50 pieds de la surface. Ensuite, il fut de nouveau abaissé et rapidement remonté, et l'opération se répéta constamment jusqu'à ce que le pauvre mineur perde connaissance et tombe en une masse tremblante au fond du seau.

En entendant les premiers cris du mineur, M. Sullivan était allé à son secours. Il a assommé l'homme qui se trouvait dans la salle des machines et l'a immobilisé. Puis il remonta le seau contenant la forme presque inanimée du mineur.

Se tournant vers le démon responsable du moteur, qui avait maintenant repris connaissance, M. Sullivan s'écria :

"Comment oses-tu faire une chose pareille ?"

L'homme a répondu : « Il s'appelle Jack, n'est-ce pas ?

"Eh bien, qu'en est-il ?" » rugit M. Sullivan.

"Oh, je sautais juste *le jack* !" » rigola le « fou ».

Ce conte de crèche a été publié ostensiblement dans les colonnes d'un journal new-yorkais haut de gamme comme une véritable nouvelle. Sans aucun doute, la raison pour laquelle les éditeurs ont laissé passer ce texte était qu'il était considéré comme vrai, mais surtout intelligemment écrit.

J'étais trop occupé au début du boom du Rawhide pour écrire quoi que ce soit d'important ou même pour suggérer des sujets particuliers pour des histoires. Il me semblait que les événements passionnants qui se produisaient quotidiennement au cours de cette course folle fourniraient aux correspondants suffisamment de matière pour faire constamment bouillir l'actualité. J'ai rassemblé autour de moi les lumières brillantes de la fraternité des journaux de Reno et je les ai inscrits sur la liste de paie.

Pendant des semaines, en moyenne, au moins une chronique passionnante sur la bousculade de Rawhide a été publiée à la une des grands quotidiens de la Côte. La campagne publicitaire s'est déroulée joyeusement. J'ai surveillé de près le caractère des nouvelles qui étaient envoyées et j'ai été heureux de constater que très peu de fausses couleurs, voire aucune, étaient utilisées. Une bousculade bruyante dans les camps miniers, la deuxième en intensité seulement après l'excitation du Klondike onze ans auparavant, était en cours, et il y avait de nombreuses nouvelles en direct à raconter presque chaque jour.

Au retour d'un de mes voyages à Rawhide, j'ai été alarmé en lisant en première page des principaux journaux de San Francisco une histoire poignante en deux colonnes sur la manière dont Ed. Hoffman, surintendant des mines de la Rawhide Coalition, avait été arrêté la veille sur une route sombre du désert et volé 10 000 $ en or qu'il transportait aux mines dans le but de payer ses salaires.

Je venais de laisser M. Hoffman à Rawhide et il n'avait pas été arrêté.

J'ai fait venir l'homme responsable de cette histoire.

"Dis, Jim," dis-je, "tu es fou. Il y a un retour à cette histoire qui te coûtera ton poste de correspondant pour ton journal de San Francisco. C'est un travail difficile. Arrête-le!"

"Eh bien, les whilikins !" il a répondu. "Comment puis-je ? Voici une commande de suivi sur deux colonnes et je l'ai déjà déposée."

"Qu'as-tu dit dans ta deuxième histoire ?" J'ai demandé.

"Eh bien, j'ai raconté comment un groupe, armé jusqu'aux dents, poursuivait les voleurs et j'ai expliqué qu'ils se trouvaient à moins de trois milles du lac Walker à leur poursuite."

"Tu es un fou !" J'ai protesté. "Tuez ces voleurs et soyez rapide ; faites-le ce soir pour étouffer la demande de copies supplémentaires, ou vous êtes fichu !"

Le lendemain, le correspondant télégraphiait à sa série de journaux que le groupe avait pourchassé les voleurs jusqu'au lac Walker, où ils se sont noyés.

À l'endroit du lac Walker où le correspondant a déclaré que les voleurs avaient trouvé une tombe aqueuse, certains habitants de Reno savaient que sur trois milles dans les deux sens, le lac était peu profond et que l'eau la plus profonde dans ce voisinage mesurait moins de quatre pieds. Cela a provoqué quelques ricanements à Reno. Il n'y a toujours pas eu de retour. Les journaux n'ont jamais eu connaissance de la tromperie. Le correspondant avait été assez malin en envoyant l'article pour tenir les correspondants locaux de tous les autres journaux de l'extérieur de la ville parfaitement informés. Ils avaient envoyé pratiquement la même histoire et n'ont donc pas dévoilé le cliché.

Dans les premiers jours du boom de Rawhide, une rumeur parvint au camp selon laquelle Death Valley « Scotty », l'illustre personnage qui avait été agenté de presse d'un bout à l'autre du pays comme propriétaire d'un Golconda secret, était sur le point de commencer une ruée vers de nouvelles fouilles. Le bureau de presse a décidé d'éliminer l'opposition. Les journaux du pays ont été interrogés comme suit :

"Le repaire de Scotty découvert dans la Vallée de la Mort. Il s'agit d'une cache contenant un certain nombre de coffres vides de Wells-Fargo. Scotty a apparemment pillé le butin des voleurs de scène d'antan. Combien de mots ?"

Les journaux ont juste dévoré celui-ci. Colonne sur colonne était télégraphiée du Nevada. La source de la richesse de Scotty étant élucidée à la satisfaction des lecteurs du « Jaune », la valeur de Scotty en tant que promoteur minier fut sérieusement compromise.

Lorsque j'ai reproché au correspondant de Reno d'avoir publié une fausse histoire concernant le vol du directeur de la mine de Rawhide Coalition, je me souviens qu'il avait soutenu qu'il avait commis une erreur dans un seul sens. Il a dit qu'il aurait dû veiller à ce que le directeur de la mine soit effectivement volé ! Cela, dit-il, aurait éliminé le danger d'un retour.

Il y a des années, à New York, le public a été surpris en lisant l'histoire d'une actrice prenant son bain dans du lait pur. Quelques semaines plus tard, les lecteurs des journaux ont été convulsés par les histoires d'une autre star du firmament théâtral effectuant ses ablutions matinales dans une cuve de champagne.

"Si vous n'y croyez pas", a déclaré l'attachée de presse à une journaliste envoyée pour couvrir l'affaire, "je vous donnerai l'occasion de voir la dame en flagrant délit."

Cela a été fait et, bien entendu, les journaux étaient convaincus qu'il ne s'agissait pas d'un rêve vain d'agent de presse. Bien entendu, aucune de ces femmes n'avait l'habitude de se baigner dans du lait ou du champagne. Un pot de lait coûte moins de 10 dollars et un pot de champagne moins de 200 dollars, mais vous n'auriez pas pu acheter ce genre de publicité pour ces artistes à des prix aussi absurdement bas si vous aviez utilisé les colonnes publicitaires des journaux. La publicité n'aurait pas non plus été aussi efficace. L'histoire absurde du lait a remporté un "coup de grâce" auprès des lecteurs de journaux et a rapporté une grande fortune à l'actrice.

PUBLICITÉ VIA ELINOR GLYN

À ce stade précoce de l'histoire de Rawhide, la sensation littéraire dominante sur les deux continents était « Trois semaines ». Rien, pensaient les correspondants, n'attirerait plus l'attention sur le camp que d'avoir Mme Elinor Glyn à Rawhide, en particulier si elle se conduisait là-bas d'une manière qui pourrait défier les critiques des membres de l'église.

Sam Newhouse, l'exploitant minier multimillionnaire de l'Utah, célèbre sur deux continents comme hôte charmant, surtout lorsque des célébrités sont ses invités, faisait escale à l'hôtel Fairmont de San Francisco. Mme Glyn était à San Francisco au même moment. M. Newhouse et Ray Baker, un Reno Beau Brummel, membre du club, ami de MH De Young, propriétaire et rédacteur en chef du San Francisco *Chronicle* , et descendant d'une maison qui représente l'aristocratie du Nevada, faisaient preuve de l'hospitalité de la côte à l'éminent auteur.

Un message a été envoyé à M. Baker se lisant essentiellement comme suit : "Veuillez suggérer à M. Newhouse et à Mme Glyn l'opportunité de visiter Rawhide. La dame peut obtenir beaucoup de couleurs locales pour un nouveau livre. Si vous empochez le jeu, vous être un héros."

Ray était au travail. En trois jours, Mme Glyn, sous l'escorte de MM. Newhouse et Baker, arriva à Rawhide après un voyage de trente-huit heures en train et en voiture depuis San Francisco.

Le groupe étant arrivé au camp au crépuscule, il leur fut suggéré d'aller dans une maison de jeu et d'assister à une véritable partie de stud poker comme on le pratique dans le désert.

Ils entrèrent dans une pièce. Six joueurs étaient assis autour d'une table. Les hommes étaient sans manteau et crasseux. Leurs gueules mal rasées, rugueuses comme des râpes à muscade, se tordaient en d'étranges grimaces. Tous semblaient avoir souffert de l'alcool. Devant chaque homme était entassé un tas d'éclats d'ivoire de différentes teintes, et à côté se trouvait un six coups. De la poche arrière du pantalon de chaque joueur, un autre pistolet dépassait. Chaque homme portait une ceinture remplie de cartouches. Bien qu'il s'agisse d'un jeu impromptu, il était bien mis en scène.

Un homme aux yeux injectés de sang mélangea et fouilla les cartes. Puis il tendit la main à chacun.

"Je parie 10 000 $", a déclaré haut et fort le premier joueur.

"Appelez ça et gagnez 15 000 $ de mieux", a crié le deuxième en poussant une pile de jaunes vers le centre.

« Levez-vous ! » crièrent deux autres, presque à l'unisson.

Avant que le jackpot ne soit joué, 300 000 $ (en jetons) avaient trouvé leur chemin vers le centre de la table et quatre hommes se tenaient debout sur leurs sièges dans une frénésie de bravade, les canons de leurs fusils vicieusement pointés l'un vers l' autre. Il y avait suffisamment de diable tapi dans les yeux des belligérants pour donner un frisson nerveux aux spectateurs.

Lorsque les coups de feu ont commencé, Mme Glyn et MM. Newhouse et Baker ont adopté le modèle « grand et non coupé ».

Alors que la porte se fermait et que l'on voyait les formes des visiteurs disparaître au coin de la rue opposé, tous les hommes présents dans la pièce pointèrent leurs armes vers le ciel et tirèrent vers le plafond, qui était en toile. La détonation aiguë des coups de revolver résonna dans l'air. Cela fut suivi de gémissements sourds, propres à glacer le sang du groupe en retraite, et d'un bruit de grattage et de bagarre qui transmettait à l'imagination une violente lutte entre plusieurs personnes.

Quinze minutes plus tard, deux civières transportant les « morts » furent transportées à l'atelier des pompes funèbres. Mme Glyn et M. Newhouse, le menton baissé, se tenaient là et assistaient au spectacle lugubre.

Bien sûr, le « meurtre » de ces deux joueurs, au cours d'une partie de cartes aux enjeux sensationnels et en présence de l'auteur de « Trois Semaines », a fait la une des journaux. Rawhide se présentait dans chaque paragraphe des histoires comme un centre minier suffisamment grand pour attirer l'attention d'un magnat des mines multimillionnaire du calibre de Sam Newhouse et d'une auteure de renommée mondiale comme Elinor Glyn. Le camp a bénéficié d'une publicité gratuite destinée à convaincre le public qu'il ne s'agissait pas d'un feu de paille, ce qui était exactement ce que l'on souhaitait.

La nuit suivante, Elinor Glyn, remise du choc de cette passionnante partie de poker, fut escortée à travers Stingaree Gulch. La ruelle était bordée des deux côtés de salles de danse et de bordels sur une distance de deux mille pieds. Mme Glyn a « vu » tout cela.

Les scribes de Rawhide ont vu ici une opportunité de rédiger de beaux écrits :

Les joues décharnées et les formes décharnées de l'humanité fragile, comme on l'a vu la nuit dernière dans la lumière jaunâtre qui se reflétait dans les lampes et les rideaux aux abat-jour pourpres de Stingaree Gulch, ont visiblement affecté la talentueuse auteure anglaise. Ils apportèrent à Mme Glyn une réponse affirmative à la question, si souvent posée ces derniers temps, de savoir s'il est contraire à la moralité publique de faire de l'héroïne de "Trois Semaines" une victime du monde supérieur, pâle de plaisir. Il fut clairement fait comprendre à Mme Glyn que son héroïne ne différait du genre Stingaree Gulch que par le fait que ses joues étaient moins fanées que son personnage.

C'est le genre de commentaire de Laura Jean Libby sur la visite de Mme Glyn à Stingaree Gulch qu'un des correspondants de Rawhide a mis en ligne sur un « jaune », en vue de plaire à l'éditeur et d'assurer une acceptation positive de sa copie.

Plus tard dans la nuit, une alarme incendie a été déclenchée. Les pompiers locaux ont réagi à la manière du Far Western. L'incendie, déclenché pour le seul bénéfice de Mme Glyn, avança avec la rapidité d'un raz-de-marée. Cela a amené sur les lieux une foule mêlée de la racaille du camp. Le tumulte des voix monta haut et fort. L'incendie a embrassé toutes les cabanes désertes et les déchets de bois au pied de l'une des mines. L'utilisation généreuse de kérosène et un vent favorable ont provoqué un violent incendie. Il projetait des pluies d'étincelles dans l'obscurité et brillait comme un phare pour les voyageurs du désert. Les cris féroces des pompiers résonnaient partout. Tout à coup, un individu aux cheveux en bataille s'est élevé hors de la foule et a franchi la porte d'une cabane en feu. Il a disparu dans les flammes. Trois pieds après la porte se trouvait un passage secret menant à un abri dans le tunnel d'une mine voisine. Mme Glyn, bien sûr, ne le savait pas. Elle a salué cet acte comme un acte d'héroïsme audacieux.

L'eau dans le camp était rare, c'est pourquoi on avait recours à la bière en fûts et à la dynamite. Bientôt, les flammes du feu dévorant s'éteignirent. De nouveau, les journaux de tout le pays contenaient des articles, télégraphiés sur place, concernant les expériences remarquables de l'auteur tant discuté de "Trois Semaines" dans le nouveau et grand camp aurifère de Rawhide. L'attaché de presse était dans sa gloire.

SIÈGE DE "AL" MILLER

Les expériences d'Elinor Glyn à Rawhide n'étaient en aucun cas les plus intéressantes que les lecteurs de journaux des États-Unis aient eu le privilège de lire au cours de l'agence de presse du camp.

"Al" Miller a été l'un des premiers exploitants miniers expérimentés à se lancer dans Rawhide. Il débarqua au camp au début de 1907. Après une inspection approfondie des indices miniers dans tout le district, il trouva la section Hooligan Hill de la propriété Rawhide Coalition comme un endroit probable pour développer du minerai payant. M. Miller travaillait dans le secteur minier depuis de nombreuses années et avait été identifié comme étant responsable de certains projets miniers importants au Colorado. Lorsqu'il demanda un bail sur la partie de la propriété de la Coalition englobant une bonne partie de Hooligan Hill, celui-ci lui fut accordé sans pourparlers.

M. Miller a financé son projet directement dans le camp de Rawhide. Il intéressa cinq autres mineurs. Un syndicat s'est formé. Chacun de ces six personnes portait un intérêt égal. Tous ont convenu de souscrire à un fonds de trésorerie pour faire face aux dépenses de développement.

Un puits a été creusé sur un filon très riche de minerai d'or. Lorsqu'il atteignit une profondeur d'environ 40 pieds, le bail Miller était considéré comme l'un des grands « venus » du camp. En fait, une bonne teneur de minerai était exposée de tous côtés et au fond d'un puits de $4\frac{1}{2} \times 7\frac{1}{2}$ pieds. Les échantillons analysés pouvaient atteindre 2 000 $ la tonne.

A ce stade de l'entreprise, une société d'exploitation a été créée. Ceux qui avaient formé le syndicat initial se partagèrent les actions de propriété. M. Miller a reçu l'intégralité des frais et a reçu un salaire pour ses services. Jour après jour, on pouvait le voir à l'œuvre, affûtant l'acier, faisant tourner un guindeau pour hisser la déblaise du fond du puits après chaque coup de feu, et se déployant pleinement en tant que directeur de mine, forgeron, déblayeur et chef d'équipe.

Un jour, j'étais assis dans mon bureau à Reno lorsque j'ai reçu un message téléphonique m'informant qu'il y avait une grosse bagarre pour le contrôle du bail Miller. M. Miller et un grand Suédois qui travaillait pour lui s'étaient barricadés à la mine. Ils menaçaient de mort quiconque s'approchait. Depuis un jour ou deux, nous avions faim et soif de nouvelles en direct du camp. Mon instinct journalistique s'est mis à contribution. J'ai interrogé notre correspondant Rawhide. Il a indiqué que la situation paraissait vraiment grave et qu'une véritable bagarre menaçait. M. Miller avait installé un arsenal important à la mine et avait déposé des provisions pour environ trois jours. Il s'est déclaré prêt à tenir le coup pour une durée indéterminée.

J'ai télégraphié à notre correspondant à Rawhide pour instructions de déposer une histoire de 1 000 ou 1 500 mots maximum. Naturellement, l'excitation était vive dans le camp. Bientôt, des centaines de personnes se sont rassemblées aux points d'observation le long de la crête de Hooligan Hill et des collines environnantes. Tout le monde attendait avec impatience des développements intéressants. Pour le spectateur occasionnel, il semblait qu'une vingtaine ou plus de personnes prêtes à prendre d'assaut la mine pourraient être impliquées. En fait, personne ne pouvait prédire dans combien de temps les hostilités éclateraient.

À l'aide des télégrammes que j'avais reçus du camp, un de mes hommes dicta un récit contenant les faits et l'envoya au correspondant de l'Associated Press à Reno. Cela a été annoncé sans aucune hésitation.

M. Miller avait formé un rempart autour du collet du puits. Le minerai mis à sac était entassé jusqu'à une hauteur d'environ cinq pieds. L'étoffe chargée d'or entourait le puits de tous les côtés sauf un, à l'exception du nord-ouest. Là, Hooligan Hill était incliné vers le haut à un angle de moins de vingt degrés par rapport à la verticale. C'est grâce à cette approche que M. Miller a été contraint de se prémunir constamment contre les attaques. Il a jugé nécessaire, selon nos dépêches, de maintenir une veille constante afin d'écarter toute possibilité de surprise. Lui et son compagnon suédois veillaient à tour de rôle. Parfois, le bruit intermittent des gaz d'échappement des moteurs à essence des usines minières de Balloon Hill et Grutt Hill était entrecoupé par le bruit aigu d'un six coups de feu alors que les groupes assiégés observaient, soit réellement, soit mythiquement, une approche menacée de l'ennemi.

Même si les personnages principaux de cette petite guerre de mimiques se limitaient peut-être à moins d'une vingtaine, chaque incident ou détail était fourni pour constituer une situation très menaçante et extrêmement intéressante, avec plusieurs vies en jeu. Il ne fait aucun doute que M. Miller au moins, et peut-être son compagnon suédois, auraient résisté à toute tentative de prendre « Fort Miller », comme nous l'appelions, jusqu'au sacrifice de sa vie, car il était connu comme un homme d'action qui avait été dans de nombreuses situations critiques sans faire preuve du moindre exercice de son instinct primaire. Le fait que Rawhide ait été sauvé d'un épisode qui aurait pu être à la hauteur de l'importance tragique d'une bataille rangée et qui a causé la perte de nombreuses vies humaines était sans aucun doute dû à la patiente volonté des partenaires de M. Miller et de leurs partisans de se contenter de un siège et d'affamer les deux hommes en possession de la mine plutôt que d'entreprendre de les mettre en déroute.

L'histoire s'est déroulée comme une traînée de poudre et nous avons été assiégés pour d'autres et pour une suite à l'histoire originale. Pendant trois jours, nous avons gardé le fil en vie et les fils chargés de détails sur le siège et la prise d'assaut infructueuse du Camp Miller, à Hooligan Hill, dans le Nevada.

J'ose dire que M. Hearst, avec sa facilité bien connue à servir des trucs chauds à un public amateur de sensations, n'a jamais surpassé en ce domaine les histoires qui ont été diffusées à travers les États-Unis et qui ont sombré sur cet intéressant épisode de l'histoire minière. développement du cuir brut.

L'histoire promettait d'être bonne pendant au moins une semaine lorsque nous fûmes quelque peu surpris d'apprendre que M. Miller avait capitulé. Il semble qu'en stockant son fort avec de la nourriture, il n'avait fourni qu'un gallon de whisky et lorsque celui-ci commença à manquer, le deuxième ou le troisième jour, il tenta, seul, une expédition de recherche de nourriture à la recherche d'une réserve supplémentaire de John Barleycorn. Pendant son absence, son compagnon suédois hissa un drapeau de trêve, et lorsque Miller revint sur les lieux de l'action, il trouva sa mine en possession de ses ennemis.

Charles G. Gates, fils de John W. Gates, le célèbre plongeur boursier, s'est rendu à Rawhide à deux reprises. Il passait son temps à inspecter les nombreux chantiers miniers, dont il n'y en avait pas moins de soixante-quinze en pleine exploitation. La nuit, il gagnait souvent aux tables de jeu. Son arrivée à Rawhide fut largement télégraphiée et contribua à exciter l'intérêt général.

Une jeune femme d'une beauté éblouissante et d'une belle prestance a été découverte sans chaperon dans le camp. Elle avait été attirée par les histoires de fortunes gagnées en une nuit. Au cours d'un processus d'interrogation par quelques citoyens éminents, elle a révélé qu'elle s'était enfuie de chez elle dans l'Utah pour chercher seule sa fortune dans le désert. D'une manière espiègle, elle exprima l'opinion que si on lui permettait de suivre sa propre voie, elle réussirait bientôt dans sa mission. Mais elle n'a pas voulu divulguer la manière dont elle envisageait d'opérer. Elle a avoué qu'elle n'avait pas d'argent. Il y avait une expression sereine mais posée de mélancolie dans ses yeux qui captivait tous ceux qui la voyaient.

De nombreux aventuriers itinérants de la meilleure classe du quartier qui avaient écouté l'appel de la nature mais se seraient sentis aussi bien dans le salon d'un millionnaire de la Cinquième Avenue que dans le boom-camp, ont déclaré que sa beauté était d'une classe. par lui-même. Aucune loi dans le camp ne justifiait l'expulsion de la jeune fille, mais des mesures semblaient justifiées. En quelques instants, 500 $ furent souscrits comme bourse pour permettre à la jeune fille de quitter le camp et de prendre un nouveau départ dans la vie. Feu Riley Grannan, plongeur sur piste de course, Nat. C. Goodwin, le joueur remarqué, et trois autres personnes ont souscrit 100 $ chacun. Elle a refusé d'accepter le cadeau. Le lendemain, elle a disparu.

Il y avait ici une histoire d'intérêt humain passionnante. Les journaux du monde entier ont publié l'histoire. Deux ans plus tard, la photographie de cette jeune fille a été envoyée à son insu aux juges d'un célèbre concours de beauté dans un État de l'Extrême-Occident. Les juges étaient sur le point de lui attribuer le prix sans aucun doute lorsque l'enquête sur ses antécédents a révélé son escapade à Rawhide. Le prix a été remis à un autre.

Lorsque le camp avait quatre mois d'existence et que l'eau coûtait encore entre 3 et 4 dollars le baril, le prix standard d'un bain étant de 5 dollars, un banquet coûtant 50 dollars le plat était servi à une centaine de soldats de fortune attirés sur place depuis près de 100 ans. tous les climats. Les banqueteurs jouaient avec un bon couteau et une bonne fourchette. L'esprit de *camaraderie* a imprégné la fête. Il y avait beaucoup de libations, beaucoup de discours postprandiaux, beaucoup de joie débridée. *Les bons mots* volaient de bouche en bouche. Chansons et plaisanteries étaient échangées. L'air résonnait d'hilarité. Nat. C. Goodwin s'est réchauffé à une conversation pleine d'esprit, étrange et racée autour de la table. Puis il prononça un discours heureux. D'autres l'ont suivi dans la même veine. Une imagination luxuriante et débridée et un esprit tranchant ont marqué la plupart des discussions. Les festivités se sont terminées en réjouissance.

Les correspondants ont brûlé les dépêches au sujet de ce banquet. Dans la mémoire du plus ancien prospecteur, aucune scène pareille n'avait jamais été jouée dans un camp minier du désert quand il était si jeune et à une époque où le pays sortait tout juste d'une panique qui semblait pour un temps déformer tout son tissu financier. .

L'ORATION FUNÉRAIRE DE RILEY GRANNAN

En avril 1908, Riley Grannan, le célèbre plongeur des hippodromes, mourut d'une pneumonie à Rawhide, où il dirigeait une maison de jeu. Il n'a été malade que quelques jours et sa vie s'est éteinte comme le tabac d'une bougie. Lorsque tout l'or des imposantes collines de Rawhide aura été réduit en lingots et qu'il ne restera même plus un poteau pour guider le voyageur du désert vers l'endroit où a eu lieu la plus grande bousculade de l'histoire minière occidentale, la postérité se souviendra de Rawhide pour l'oraison funèbre qui a été prononcé sur le cercueil de M. Grannan par HW Knickerbocker, porteur du tissu et promoteur de la mine.

Le discours prononcé par M. Knickerbocker à cette occasion était un exemple remarquable d'éloquence soutenue. Délivrant des expressions d'une pensée exquise et d'un langage brillant, au mépris total de la longueur de ses phrases et sans même utiliser un mémorandum au crayon, M. Knickerbocker, avec une délicatesse d'expression pure comme la poésie, a exhorté ses auditeurs à dire que le défunt "jouait au gibier mort". " n'avait pas vécu sa vie en vain. Bientôt, la foule, qui écoutait avec une attention soutenue, était d'humeur fondante. Au fur et à mesure que M. Knickerbocker progressait dans son discours, ses règles étaient ponctuées d'accès convulsifs de chagrin.

Les correspondants de Rawhide ont réorganisé toute la valeur de l'événement du point de vue de l'agent de presse. M. Grannan avait été un plongeur de renommée mondiale sur le terrain, et les correspondants ont brûlé l'huile de minuit dans le but de rendre justice à leur sujet.

D'autres lumières et ombres de l'agence de presse Rawhide sont contenues dans la dépêche suivante, parue dans un journal de San Francisco au début du boom :

GOLDFIELD , 19 février.—WH Scott, de la maison de courtage Goldfield Scott & Amann, qui est revenu de Rawhide ce matin, exprime l'opinion que d'ici un an, ce camp sera le plus grand producteur d'or de l'État. "Quand un homme est fauché à Rawhide", a déclaré M. Scott, "il peut toujours manger. Tout ce qu'il a à faire est d'aller trouver un bail et de débourser l'argent du petit-déjeuner. Il y a du minerai riche sur chaque décharge, et chaque homme est bien accueilli."

HW Knickerbocker a envoyé ceci à un journal de Reno :

De l'or, de l'or, de l'or ! Les sages d'autrefois recherchaient une alchimie grâce à laquelle ils pourraient transmuer les métaux vils en or. C'était alors une quête vaine ; c'est une quête inutile maintenant. Le cuir brut a été découvert ! Aucune fleur ne fleurit sur sa poitrine nervurée comme la pierre. Aucun ruisseau capitonné n'embrasse son sol dans la verdure, pour briller en argent feuilleté sous le contact du rayon de soleil. Pas de fleurs ni de nourriture, pas de beauté ni d'utilité en surface ; mais de son cœur couvert de désert, Rawhide déverse sur le monde un flot d'or jaune qui se traduit non seulement par de la nourriture, des maisons et du confort, mais aussi par des images, de la poésie, de la musique et toutes ces choses qui agissent d'une manière objective. au développement d'une virilité à part entière.

Joseph S. Jordan, le célèbre rédacteur en chef des mines du Nevada, a envoyé cette dépêche aux journaux de sa chaîne sur la côte :

C'est à travers ce qui est aujourd'hui la rue principale de Rawhide qu'à l'époque de 1949, les créateurs californiens se dirigeaient vers le nouvel Eldorado. Ils eurent de nombreuses difficultés à traverser avant d'atteindre l'or qui était leur attrait, et des milliers de personnes qui traversèrent les collines de Rawhide n'atteignirent jamais leur objectif. Ils furent massacrés par les Indiens ou victimes de la soif et de la chaleur du désert, et pendant de nombreuses années, le chemin à travers les plaines fut marqué par les ossements blanchissants des éclaireurs. Et pendant ce temps-là, reposaient les trésors du capitaine Kidd, les rançons en couronnes.

Harry Hedrick, le journaliste chevronné des camps miniers de Far Western, a envoyé ceci à son journal :

Faire valoir vingt revendications différentes en une seule journée, comme je l'ai fait ; prendre la roche vierge du rebord, la réduire en pulpe, puis regarder un chapelet de scories saintes séductrices encercler la poêle ; regarder par-dessus l'épaule de l'essayeur pendant qu'il sort le précieux bouton du creuset, telles sont les choses convaincantes de ce plus récent et du plus grand des camps d'or. Ce n'est pas une nouveauté de disposer de milliers de tests. En fait, c'est monnaie courante. Signaler des grèves de quelques centaines de dollars par tonne semble être un décevant.

Il y a eu de nombreux événements réels à Rawhide qui me permettent de dire, en passant en revue la vigoureuse campagne publicitaire qui a marqué sa première année de croissance phénoménale, que quatre-vingt-dix pour cent. La correspondance, y compris les dépêches spéciales envoyées du camp et de Reno, qui a été publiée dans les journaux des États-Unis, était non seulement fondée sur des faits mais était littéralement vraie dans la mesure où on peut compter sur n'importe quel journaliste pour décrire avec précision événements.

Demandez à n'importe quel propriétaire ou rédacteur en chef d'un journal haut de gamme d'exprimer son sentiment concernant le "truquage", qui représentait environ dix pour cent. du travail de presse de Rawhide décrit ici et il vous dira qu'un tel travail est un reproche au journalisme. C'est peut-être le cas, mais nous vivons à une époque où ce type de travail des attachés de presse est la règle et non l'exception. L'agent publicitaire qui réussit à accomplir cette tâche est généralement en mesure de toucher une allocation annuelle aussi importante que celle du président des États-Unis. Il n'y avait rien de criminel dans la performance à Rawhide, car il n'y avait aucune fausse déclaration intentionnelle concernant le caractère ou la qualité d'une mine dans le camp de Rawhide. Les correspondants ont été avertis à plusieurs reprises de faire extrêmement attention à ne pas dépasser les limites à cet égard.

Il est vrai qu'il existe des degrés de « truquage » auxquels aucun agent de presse ne voudrait s'abaisser.

Quelque part dans les « Confessions d'un mangeur d'opium » de De Quincey, il décrit l'une de ses chimères comme un clair de lune parfait et, comme les images sculptées de la lampe pendante dans « Christabel », *toutes sculptées dans le cerveau du sculpteur* . Les correspondants de Rawhide et de Reno étaient coupables de très peu de travaux qui correspondent exactement à la description de De Quincey. Il y avait une base pour presque tout ce qu'ils écrivaient, même la prétendue découverte de l'entrepôt secret de richesses de Death Valley Scotty, cette histoire circulant dans le Nevada, bien que non publiée jusqu'alors, depuis plus de dix-huit mois. Il est vrai qu'au cours du boom de Manhattan, on avait eu recours à une fiction sans substance, sans fondement et sans fondement, dans une seule histoire sur le fou chargé du treuil sur le Jumping Jack, mais c'était une exception à la règle et l'histoire était inoffensive. .

PARMI LES « GRANDS FELLOWS »

Si vous ne pensez pas que le caractère du travail de l'attaché de presse pendant le boom du Rawhide était relativement haut de gamme et inoffensif, cher lecteur, vous avez vraiment une autre « réflexion » à venir. À une époque où le prix de Goldfield Consolidated vacillait sur le New York Curb et où le marché avait besoin de soutien, juste avant la chute du cours de l'action de 7 $ à environ 3,50 $, le New York *Times* a publié dans une position bien visible sur son sur la page financière, un reportage selon lequel JP Morgan & Company était sur le point de prendre le contrôle de cette société. C'est un exemple de « faux » *nuisible , le type grossier que Wall Street utilise occasionnellement pour attraper des drageons.*

En voici un autre :

Thompson, Towle & Company, membres de la Bourse de New York, publie un journal hebdomadaire appelé *News Letter* . Une grande partie de son espace est consacrée à l'examen de la situation du cuivre, dans les mines et sur les marchés boursiers. WB Thompson, le patron de la société, connu pour ses manipulations de marché à Nipissing, s'intéresse à hauteur de millions à Inspiration, Utah Copper, Nevada Consolidated, Mason Valley et à d'autres sociétés minières de cuivre. Le 25 janvier 1911, alors que les marchés du cuivre et des actions en cuivre étaient malades et que le prix du métal et des actions était à la veille d'une baisse, ce qui s'ensuivit temporairement, le *News Letter* , dans un article intitulé "Copper ," dit:

Tous les affleurements du pays ont été examinés et on ne sait pas où l'on peut chercher de nouvelles propriétés.

aux lecteurs du *News Letter* de croire qu'aucune autre mine de cuivre ne serait découverte dans ce pays et que, à cause de cela et d'autres conditions mentionnées, l'approvisionnement en métal devrait bientôt être épuisé et le prix du métal et des titres de cuivre doivent progresser.

La déclaration du *News Letter* selon laquelle tous les affleurements du pays ont été examinés et qu'on ne sait pas où l'on peut chercher de nouvelles propriétés - enfin, si toute la population de l'Amérique du Nord était d'accord en bloc pour accepter le travail de prospection des Rocheuses Les montagnes et les montagnes de la Sierra Nevada à elles seules pourraient difficilement accomplir le travail de toute une vie.

L'utilisation de l'automobile a sans aucun doute été à l'origine, ces dernières années, de l'impulsion donnée à la découverte de mines qui devrait doubler le produit minéral de ce pays au cours des deux prochaines décennies, et qui dira ce que la machine volante accomplira ? à cet égard? En outre, les nouveaux procédés de fusion et les installations de réduction améliorées réduisent généralement quotidiennement le coût du traitement des minerais et rendent les gisements de minerai à faible teneur commercialement intéressants, jusqu'ici considérés comme sans valeur.

La meilleure opinion des mineurs de ce pays est que nos ressources minérales n'ont pas encore été « écrémées » et que le terrain minier du pays occidental n'a pas encore été complètement « gratté ».

Par conséquent, la déclaration faite dans un journal soi-disant consacré aux intérêts des investisseurs, selon laquelle il ne faut pas s'attendre à ce que d'autres mines de cuivre soient découvertes, est un piège conçu pour piéger les imprudents.

Ce qui précède est un exemple de contrefaçon très nuisible mais relativement grossière, utilisée par certains promoteurs de la classe multimillionnaire de Wall Street lorsque leurs actions ont besoin du soutien du marché.

Voici un spécimen de la marque *insidieuse* du faux pour devenir riche rapidement. Le 7 mars 1911, le New York *Sun* imprimait dans la deuxième colonne de sa Une la dépêche suivante :

TACOMA, Washington, 6 mars.—F. Augustus Heinze est de nouveau devenu riche ; cette fois, c'est une fortune dans les champs aurifères Porcupine au Canada.

Charles E. Herron, un exploitant minier de Nome, qui revient tout juste des nouveaux gisements aurifères, fait autorité en affirmant que Heinze est « à l'intérieur du grand argent ». Il a acheté le groupe de claims Foster, adjacent à la célèbre mine Dome, de laquelle on estime que $25,000,000 seront glanés cette année et pour le développement duquel un chemin de fer est actuellement en construction.

Le champ aurifère Porcupine, selon Herron, est l'une des merveilles de l'époque. Un prospecteur a décapé la veine sur une distance de cinquante pieds et l'a polie par endroits, de sorte que l'or soit visible partout. Sa tranchée a trois pieds de profondeur et il demande 200 000 $ en espèces en l'état.

Un groupe d'Alaskiens a offert au propriétaire de ce claims 50 000 $ par coup pour tout le minerai qui pourrait être soufflé avec deux bâtons de dynamite, mais il a refusé.

Un travail de presse comme celui-ci est plus que susceptible de séparer injustement le public de son argent.

L'objet est un excellent exemple de l'une des « astuces impalpables et astucieusement conçues qui trompent les plus sages et qui vous ont fait atterrir » que j'ai promis, au début de « Mes aventures avec votre argent », de dévoiler. J'ai dit dans mon avant-propos :

Savez-vous qu'en répondant à votre instinct de jeu, les méthodes pour vous amener à vous séparer de votre argent sont si astucieusement et si habilement appliquées par les plus hautes puissances qu'elles vous trompent complètement ? Pouvez-vous imaginer que dans presque tous les cas où vous vous sentez prêt à vous lancer dans une spéculation donnée, des voies et des moyens presque scientifiques dans leur caractère insidieux ont été utilisés contre vous ?

L'article du New York *Sun* indique que l'on estime que 25 000 000 $ seront glanés cette année grâce à la mine Dome à Porcupine. La vérité est qu'aucun ingénieur n'a jamais évalué le minerai en vue dans l'ensemble de la mine, selon les déclarations publiées jusqu'à présent, à quelque chose comme la moitié de cette quantité brute, et la mine elle-même ne peut pas produire autant que 100 000 $ cette année.

Une usine d'une capacité de 240 tonnes par jour a été commandée par la direction et elle devrait être opérationnelle d'ici le premier octobre, mais pas avant. [2] Le minerai, selon le *Porcupine Hand Book de HP Davis* , une autorité reconnue, "a été déclaré en moyenne entre 10 et 12 dollars la tonne". Le coût estimé le plus bas pour l'extraction et le broyage est de 6 $. Une estimation juste des bénéfices serait donc de 5 $ la tonne, sans tenir compte des dépenses d'exploration minière dans d'autres directions sur la propriété ou d'autres dépenses accessoires, qui s'élèveront sans aucun doute à 1 $ la tonne sur la production. La production de 240 tonnes de minerai par jour avec un bénéfice net de 4 dollars la tonne signifierait un rendement net de 28 800 dollars par mois. Si l'usine fonctionne pendant les mois d'octobre, novembre et décembre, la société "glanera" 86 400 $ en 1911, et non 25 000 000 $, comme le suggère l'article du New York *Sun*. [3]

à quel point l' estimation de 25 000 000 $ *du New York Sun* est exagérée en considérant que pour glaner 25 000 000 $ en un an dans n'importe quelle mine dont le minerai titre 11 $ en moyenne et dont le coût d'exploitation, de traitement et de nouveau développement est de 7 $, il faut la valeur brute du tonnage extrait de la mine qui est broyé au cours d'une année doit être d'au moins 53 571 000 $. De plus, pour réduire une telle quantité de minerai de cette qualité en lingots en une seule année, il faudrait construire des usines d'une capacité de 17 260 tonnes par jour. Comme mentionné, la capacité journalière réelle de l'usine actuellement en construction est de 240 tonnes. [4]

Il ne fait aucun doute que l'introduction en bourse de la société minière Dome aura bientôt lieu et que le public sera « autorisé » à souscrire aux actions ou à les acheter sur le New York Curb à un prix qui conviendra aux promoteurs. Cela semble certain, car sinon pourquoi ce travail de presse brut ? [5]

L'article indique qu'un certain nombre d'Alaskiens ont offert de l'argent au taux de 50 000 $ par coup pour tout le minerai pouvant être soufflé avec deux bâtons de dynamite, mais ont été refusés. Dans aucune littérature que j'ai jamais vue, il n'y a jamais eu de déclaration faite par un sauvage maintenant derrière les barreaux qui pourrait s'approcher de celle-ci dans une déformation flagrante des faits. Tout le minerai qui pourrait être déplacé d'un seul coup avec deux bâtons de dynamite ne dépasserait pas quatre tonnes. Pour rembourser l'investisseur, il faudrait donc que ce minerai soit en moyenne supérieure à 12 500 dollars la tonne. L'article du New York *Sun* indique que malgré cette offre, le propriétaire était prêt à vendre la totalité de la propriété pour 200 000 $. Imaginez ceci : il y a quatre tonnes de roche sur la propriété d'une valeur de 12 500 $ la tonne, sur une distance de 50 pieds l'or scintille à la surface, et il y a des centaines de milliers de tonnes de roche dans le même type de formation sur la même propriété. , mais le propriétaire est quand même prêt à en disposer pour 200 000 $! La déclaration est absurde et scandaleuse. C'est le type décrit par De Quincey comme « tout sculpté dans le cerveau du sculpteur ».

L'ANGLAIS INVERSÉ

Parlons maintenant de « l'anglais inversé » dans cette ligne de travail de presse. Cher lecteur, des voies et moyens similaires, tout aussi scientifiques dans leur insidiosité, ont été utilisés contre vous pour empoisonner votre esprit *contre* la valeur des investissements miniers de promoteurs concurrents, alors qu'il s'est avéré dans l'intérêt d'hommes puissants d'y parvenir. .

Lorsque les bureaux de BH Scheftels & Company, avec lesquels j'étais identifié, furent perquisitionnés dans sept villes par l'agent spécial Scarborough (autorisé depuis à démissionner) du ministère de la Justice du gouvernement des États-Unis, en septembre 1910, deux des hommes qui avait joué un rôle actif dans l'organisation du raid a rassemblé dans le salon de l'Astor House les journalistes chargés de couvrir l'histoire par les journaux de New York et de Brooklyn. Là, ils ont donné l'information qu'Ely Central, dont j'avais conseillé l'achat à partir de 50 cents par action jusqu'à 4 dollars et encore plus bas, était en fait sous option pour moi et mes associés sur de gros blocs à 5 cents. En fait, le prix moyen payé pour ces actions optionnelles en argent réel par mon peuple dépassait 90 cents par action, sans ajouter un centime au coût des dépenses des ingénieurs miniers, de la publicité ou de quoi que ce soit d'autre. Mon peuple avait également payé en partie un bloc acheté lors d'une vente privée au prix de 3 dollars l'action, en plus d'avoir acheté des dizaines de milliers d'actions sur le marché libre à 4 dollars et plus. Le New York *Times* et le New York *Sun* , deux journaux qui misent sur la rectitude de leurs rubriques d'information et de publicité, ont publié cette affirmation, ainsi qu'une quarantaine d'autres tout aussi fausses, sinon plus. Il en fut de même pour le New York *American* et les autres journaux américains de Hearst.

L'article du New York *Times* racontait comment j'avais personnellement récupéré en quinze mois pas moins de 3 000 000 de dollars grâce à mes opérations de marché. En fait, mes associés et moi-même nous étions appauvris en essayant de soutenir les actions sur le marché libre contre les attaques concertées de promoteurs rivaux et d'autres intérêts puissants sur lesquels nous avions piétiné les finances. Toute personne bien informée à Wall Street le sait.

Le New York *Times* a déclaré que tous les hommes liés à BH Scheftels & Company avaient tenté d'obtenir une adhésion au New York Curb et que toutes les demandes avaient été rejetées. Aucune demande d'adhésion n'a jamais été déposée parce que, d'une part, les règles du Curb interdisaient l'adhésion à une société et, d'autre part, la société Scheftels employait déjà plusieurs membres avec un salaire régulier et plus d'une douzaine de membres à commission.

Il a également été déclaré que BH Scheftels & Company avait demandé son adhésion au Boston Curb et que sa demande avait été rejetée. C'était aussi un mensonge fait de toutes pièces.

En trois mois, selon le New York *Times* , pas moins de 400 000 lettres ont été reçues en réponse aux circulaires envoyées par BH Scheftels & Company. Cela représente une moyenne de plus de 5 000 lettres par jour ouvrable sur une période de trois mois. L'exagération était ici d'environ 5 000 pour cent.

Toutes les propriétés promues par la société Scheftels ont été déclarées dans l'article du New York *Times* comme étant « pratiquement sans valeur ». C'était complètement absurde et tellement trompeur que si j'avais été accusé de faire du picking, l'effet n'aurait pas pu être plus nocif.

La Rawhide Coalition avait produit plus de 400 000 $ en lingots d'or, avait probablement été « de haute qualité » dans une mesure presque équivalente, selon le jugement d'hommes bien postés sur le terrain, et pas moins de cinq miles de travaux de développement souterrains. avait été fait sur la propriété. Le travail de développement et la production n'avaient jamais cessé depuis un seul jour. En outre, lorsque le camp de Rawhide était encore en langes, j'avais initialement acheté la participation majoritaire de Nat. C. Goodwin & Company à une évaluation de 700 000 $ pour la mine.

Le contrôle d'Ely Central avait été repris par BH Scheftels & Company et payé pour une valorisation bien supérieure à un million de dollars pour la propriété, et plus de 200 000 $ avaient été dépensés dans le développement minier au cours des quatorze mois de la quasi-exploitation de Scheftels. contrôle. Jumbo Extension était un célèbre producteur de Goldfield. À la suite du raid, un vingtième de sa superficie a été vendu à Goldfield Consolidated pour 195 000 $. Le 15 juillet de l'année en cours, la société a versé aux actionnaires 95 000 $ de dividendes, soit 10 pour cent. au pair de la capitalisation émise. Bovard Consolidated, qui était promu à 10 cents l'action à titre spéculatif, s'était révélé être un "citron" après une période de développement minier actif, les valeurs du minerai se rétrécissant en profondeur, mais BH Scheftels & Company avait immédiatement informé actionnaires à cet effet.

Le New York *Times* a déclaré que BH Scheftels & Company avait vendu les actions d'Ely Central pour un montant de cinq ou six millions en espèces et avait réalisé un bénéfice de 3 000 000 $ sur ces transactions. Les livres comptables de la société Scheftels montrent que non seulement la société n'a pas gagné d'argent avec la vente d'Ely Central, mais qu'elle a en réalité perdu des sommes considérables.

Le New York *Times* a déclaré qu'il avait été annoncé qu'un wagon de minerai avait été expédié de la mine d'Ely Central à titre d'échantillon, mais que le gouvernement n'avait pas été en mesure de savoir à qui ce wagon de minerai était destiné. La vérité était que l'envoi avait été adressé à la fonderie la plus connue des États-Unis et que le minerai contenait en moyenne 7 pour cent. le cuivre, et qu'il n'aurait pu être expédié hors du camp que par un seul chemin de fer qui a le monopole — transaction facile à retracer.

BH Scheftels & Company a été accusée par le New York *Times* d'avoir déboursé près de 600 000 $ en trois mois sur la promotion de la South Quincy Copper Company. Les faits sont qu'après avoir reçu 30 000 $ de souscriptions et restitué chaque souscription sur demande en raison de la crise du cuivre métallique, la société Scheftels a abandonné la promotion et n'a même jamais demandé la cotation de ses actions sur aucun marché. Une somme importante a été perdue ici par la société Scheftels.

Même en énonçant la peine prévue pour l'utilisation abusive du courrier, qui était le crime accusé par l'agent du gouvernement qui a ensuite démissionné en raison d'une conduite répréhensible pour le gouvernement, le New York *Times* a déclaré que la peine était de cinq ans de prison, ce qui était plus hop-skip-and-go-merry erreur. Le crime est un délit et la peine maximale pour un délit est de dix-huit mois.

J'ai dénombré pas moins de cinq cents déclarations infondées et trompeuses de ce genre concernant moi-même et mes associés, qui ont été faites au cours de l'année écoulée par des journaux et des associations de presse. L'ombre a été prise pour le fond.

Or, le raid des Scheftels, je le prouverai en temps voulu, fut le point culminant d'une campagne de fausses déclarations et de brigandage financier aussi âprement menée qu'on n'en a jamais connue. Chronologiquement, une introduction au sujet n'est pas à sa place ici. Toutefois, l'effet de l'agent de presse qui faisait partie de la campagne de destruction est pertinent pour le sujet à l'étude.

Le résultat immédiat fut que des milliers d'actionnaires des différentes sociétés minières parrainées par la société Scheftels se virent voler une somme globale s'élevant en millions, ce qui représentait la baisse consécutive de la valeur marchande des actions.

La campagne journalistique de fausses déclarations et de diffamation était essentielle aux plans et aux objectifs des hommes qui ont harcelé le gouvernement contre moi. La destruction définitive de la confiance du public dans les titres avec lesquels j'étais identifié est devenue nécessaire pour justifier l'ensemble de la procédure dans l'esprit du public.

À première vue, la pièce donnait l'impression que le gouvernement des États-Unis s'était engagé à juste titre à supprimer une dangereuse bande de criminels. L'article paru dans le New York *Times* et dans d'autres journaux le lendemain du raid était une justification avancée à cette fin.

Le fait que des dizaines de milliers d'actionnaires innocents risquaient de tout perdre, à la suite de l'utilisation abusive d'une puissante machine publicitaire maladroite, n'a pas arrêté les conspirateurs un instant. J'avais un passé de jeunesse et, par conséquent, les journaux prenaient peu de risques en publiant quoi que ce soit sans enquête ni preuve. Et ils ont dépassé les limites, en particulier les journaux qui ont l'habitude d'autoriser de temps à autre l'utilisation de leurs rubriques d'information pour contribuer aux mesures publicitaires d'intérêts puissants.

En contraste avec le "truquage" relativement inoffensif qui caractérisait l'agence de presse de Rawhide, le travail brut des journaux que nous venons de décrire est aussi différent qu'un gâteau aux anges et de l'antimoine. Si vous n'êtes pas encore convaincu, écoutez ceci :

LE POUVOIR DE L'IMPRESSION PUBLIQUE

Dans le *Saturday Evening Post* du 31 décembre 1910, parut un article intitulé "Lancement d'une société. Comment les pirates et les marchands du commerce mettent les voiles. Par Edward Hungerford", que je cite, sans omettre ni modifier tant de choses. comme une virgule. Se référant, à mon avis, à Ely Central, promu par moi-même et mes associés, M. Hungerford dit :

Voici un cas typique : un terrain minier récemment exploité sur le marché libre, chantier naval de plusieurs de ces embarcations pirates : un prospect situé non loin d'une des mines les plus riches de l'Ouest a été capitalisé par un certain nombre d'hommes qui, après avoir Ils s'étaient convaincus qu'ils ne paieraient pas, ils l'ont abandonné et n'ont guère pensé à l'entreprise qu'ils avaient créée.

Un jour, ils reçurent par l'intermédiaire d'un avocat une offre de quatre mille dollars pour le million pair d'actions qu'ils s'étaient préparés à émettre à une valeur nominale de cinq dollars l'action. On leur a dit qu'un jeune homme riche était prêt à prendre un avion de quatre mille dollars sur la propriété, au cas où cela pourrait permettre d'exploiter du minerai. L'accord a été conclu. Peu de temps après, un homme bien connu fut nommé copropriétaire de la mine, ce qui "promit" d'enrichir tous ceux qui s'y intéressaient.

Ce n'était pas la première fois que la valeur marchande d'un nom connu était utilisée pour exploiter une entreprise. Tout homme de haut rang a de nombreuses offres de ce type.

Les actions achetées quatre cents chacune étaient vendues sur le trottoir à cinquante cents. Ensuite, ils ont été avancés à soixante cents. Bientôt, un « marché » – ainsi appelé – fut créé et les actions trouvèrent une vente immédiate. Petit à petit, ce projet a été avancé jusqu'à ce qu'il soit réellement recherché par les investisseurs, qui étaient non seulement disposés, mais désireux de payer quatre dollars par action pour l'acquérir.

M. Hungerford déclare dans ce qui précède : « Cette mine a été capitalisée par un certain nombre d'hommes qui ont abandonné après s'être convaincus que cela ne rapporterait rien. » La déclaration est fausse si elle fait référence à Ely Central, comme je le crois. Les principaux propriétaires et organisateurs ont tenté de le promouvoir par l'intermédiaire d'une maison de la Bourse de New York sur le New York Curb à un prix supérieur à 7 dollars par action, soit à une valorisation de plus de 8 000 000 dollars pour la mine, mais la panique des banquiers de 1907-1908 est intervenue. et c'est pour *cette raison* qu'ils ont arrêté. Le titre s'est vendu en 1906 à plus de 7,50 dollars l'action sur le New York Curb, deux ans avant que je m'y identifie.

M. Hungerford dit qu'un jour, ces hommes *ont reçu par l'intermédiaire d'un avocat UNE OFFRE DE 4 000 $ POUR UN MILLION D'ACTIONS, et ils ont vendu* .

À quel point cette affirmation est cruellement fausse, personne ne peut le ressentir plus que moi. Le prix moyen payé par mes associés en argent dur pour la participation majoritaire dans les 1.600.000 actions de capitalisation, comme déjà mentionné, était supérieur à 90 cents, soit considérablement plus d'un million de dollars au total. Un montant supplémentaire de 600 000 $ ou plus a été utilisé pour protéger le marché des actions, ce qui porte notre coût, sans ajouter un centime pour les dépenses de promotion, à environ 1,50 $ par action au lieu de quatre cents, soit plus de 2 000 000 $ pour la propriété et non 5 000 $.

Ligne par ligne et mot pour mot, je pourrais analyser la déclaration de M. Hungerford et démontrer que 95 pour cent. cela est faux à la fois en prémisse et en déduction. Mais cela ne serait cumulatif que sur un seul point. Mon excuse pour mentionner ce point est de donner un exemple frappant de la force et du pouvoir surprenants qui s'attachent à une publicité insidieuse dans les journaux du type cité par le New York *Times* . M. Hungerford "est tombé" dans le piège et s'est prêté innocemment aux desseins des hommes qui ont parrainé l'histoire en la transmettant lui-même aux lecteurs du *Saturday Evening Post* .

Le but ici était de montrer l'imposition faite au public américain chaque jour dans les colonnes des journaux quotidiens et d'autres publications, mais je n'ai pu transmettre au lecteur qu'une infime suggestion quant à la profondeur de la situation. auquel cette perception est pratiquée. Les limites de l'espace interdisent tout empiètement supplémentaire, sinon je préférerais étendre indéfiniment ma liste d'exemples.

Nous entendons beaucoup parler ces jours-ci des abus du journalisme. Une grande partie des critiques sont adressées aux éditeurs qui prêtent l'utilisation de leurs colonnes à un "boosting" destiné à aider leurs annonceurs. Mais peu d'attention est accordée à cet autre mal, à savoir l'utilisation des chroniques d'information dans le but de détruire les rivaux commerciaux, les rivaux politiques et généralement les ennemis des hommes qui exercent suffisamment d'influence pour employer cette méthode.

Cette ramification du sujet me plaît parce qu'elle a au moins autant d'importance pour les citoyens que celle de l'orgueil inspiré. Je crois que le public entendra beaucoup plus parler de cet aspect des abus dans les journaux à l'avenir que par le passé. La communauté se réveille et manifeste le désir d'en savoir plus sur cette pratique odieuse.

ENCORE DU CUIR BRUT

Pour revenir à Rawhide. Suite aux efforts de presse « scientifiques » dont le camp a bénéficié, une bousculade frénétique s'est ensuivie. La ruée a été d'une telle ampleur qu'elle reste sans précédent dans l'histoire minière occidentale. Pas moins de 60 000 personnes ont traversé les étendues désolées et balayées par les vents du désert montagneux du Nevada pendant cette effervescence. Pas moins de 12 000 d'entre eux sont restés sur place pendant plusieurs mois.

Des records dans les camps miniers ont été battus. La population maximale de Goldfield au plus fort de son essor était d'environ 15 000 habitants, mais il a fallu plus de trois ans et la découverte de la mine d'or à la plus haute teneur au monde pour attirer ce nombre de personnes. Cripple Creek, pendant deux ans après sa découverte, n'était guère plus qu'un hameau. Leadville au cours de sa première année était à peine entendu parler.

Les scènes jouées dans Rawhide lorsque le boom était à son apogée sont difficiles à décrire. La valeur de l'immobilier a augmenté en six mois dans une mesure aussi grande que celle de Goldfield en trois ans. Les lots d'angle de la rue Main se sont vendus jusqu'à 17 000 $. Le loyer foncier pour les parcelles de 25 × 100 pieds s'élevait à 300 $ par mois. De jour comme de nuit, les tables de jeu des palais de plaisance étaient remplies de joueurs, et les aventuriers étaient littéralement obligés de se frayer un chemin à travers les rangs serrés des spectateurs pour prendre part au jeu. Les mineurs étaient à fleur de peau. De nombreux bureaux d'analyse, accessoires des « évaluateurs », produisaient des lingots à partir d'un minerai extraordinairement riche, facilement hypothéqué par un certain élément parmi les hommes travaillant sous terre.

L'ouverture du complexe de jeux de hasard de "Tex" Rickard à Rawhide a été célébrée par une orgie qui a franchi une nouvelle étape pour des événements de ce genre dans le sud du Nevada. Les recettes du bar totalisaient plus de 2 000 $. Les jeux auraient permis à M. Rickard de gagner 25 000 $ le premier jour. Le champagne était la boisson courante. Le jour se fondait dans la nuit et la nuit dans le jour. Les courtisanes rougies de Stingaree Gulch ont fourni l'élan de ‾ Dans les rues densément peuplées, des Orientaux à la mode, des prospecteurs bottés de creuseur, des mineurs crasseux, des courtiers, des promoteurs, des exploitants de mines et des commerçants, avec ici et là une dispersion de « cornes d'étain », se sont bousculés et ont formé un tourbillon kaléidoscopique d'humanité en constante évolution.

Dans les collines environnantes, on pouvait entendre le craquement du guindeau, le cliquetis de la chaîne et le bourdonnement du treuil à essence, ponctués à intervalles fréquents par de vives détonations de dynamite explosive.

Les cargos chargés de minerai en partance, tirés par des équipes de mulets de dix travées, rendaient presque impraticables les routes reliant le camp aux points d'entrée à proximité. Venant de la direction opposée, des chariots lourdement chargés transportant du bois et des fournitures, ainsi que des automobiles rassemblées devant les gardes avec du fret humain, bloquaient les routes.

La campagne publicitaire de Rawhide, du point de vue d'un agent de presse, a été un succès retentissant. Du point de vue du promoteur, les résultats sont toutefois mitigés. Nat. C. Goodwin & Company a pu faire plus qu'une impasse financière avec sa promotion de la Rawhide Coalition Mines Company, mais elle n'a pas profité autant qu'elle aurait pu l'avoir fait, si les temps avaient été propices.

Je n'ai pas tardé à découvrir que mes premières déductions, faites au début du boom du Rawhide, à savoir que le pays n'était pas d'humeur financière à considérer favorablement les demandes de reconnaissance d'un nouveau camp minier, étaient justes et qu'il La situation aurait été meilleure si la naissance de Rawhide avait été retardée pendant un certain temps ou jusqu'à ce que le pays puisse reprendre son souffle financier. Les foules sont venues à Rawhide, mais peu avaient de l'argent. Aussi flatteuse que soit l'ampleur de l'afflux, il était facile de voir que si la campagne publicitaire avait été supprimée pendant un certain temps, les résultats en matière de récolte auraient été infiniment plus importants. Si les conditions financières avaient été favorables, les efforts visant à donner au camp une publicité « scientifique » auraient sans doute donné lieu à de nombreux résultats pour « l'intérieur » d'un personnage qui auraient signifié des sommes d'argent bien plus importantes en banque.

Nat. C. Goodwin & Company reconnaissait également qu'elle avait travaillé dans une situation très désavantageuse en tentant de financer une grande entreprise minière située à une distance aussi grande des centres financiers de l'Est que Reno. Nous n'étions guère à la hauteur du promoteur oriental qui, grâce à l'emplacement pratique de ses bureaux, pouvait entretenir des contacts personnels étroits avec ses partisans.

L'événement habituel dans l'exploitation minière a eu lieu à Rawhide. Les gisements de surface extraordinairement riches se sont ouverts en profondeur dans de vastes masses de minerai à teneur moyenne et faible. La seule exigence de Rawhide semblait être un chemin de fer et une usine de broyage d'une capacité de 500 ou 600 tonnes par jour. Il a été décidé que je devrais venir dans l'Est et tenter de financer la société pour le développement de mines en profondeur, la construction d'une usine de traitement et de chemins de fer, et également pour conclure l'accord conclu avec les vendeurs détenant la participation majoritaire. Le délai de paiement a été prolongé pour Nat. C. Goodwin & Company, et l'option d'achat était désormais évaluée par la société Goodwin à une fortune.

A New York, sous la signature de Nat. La société C. Goodwin a mené pendant un certain temps, sous ma direction, une campagne publicitaire dans les journaux en faveur du numéro, qui était désormais coté sur le New York Curb. Hayden, Stone & Company, banquiers de Boston et de New York, qui ont depuis financé avec succès les sociétés de cuivre Ray Consolidated et Chino, se sont engagés à envoyer leur ingénieur à Rawhide pour faire une étude de la propriété en vue de financer la société pour le chemin de fer. et du matériel de broyage d'une valeur de plus d'un million de dollars. Sous l'impulsion de cette nouvelle et du Nat. Dans le cadre de la campagne publicitaire de C. Goodwin, le prix du marché des actions a grimpé jusqu'à 1,46 $, soit une valorisation de plus de quatre millions de dollars pour la propriété.

Quelques semaines plus tard, une rupture brutale du marché s'est produite. Quelqu'un a eu la nouvelle avant Nat. C. Goodwin & Company a fait valoir que la proposition de financement d'un million de dollars avait été mal accueillie par l'ingénieur. L'entreprise n'avait effectué aucun travail systématique d'aménagement souterrain. Un travail énorme a été accompli, mais il a été accompli dans le cadre du système de crédit-bail. Les bailleurs, qui, en raison du manque d'installations de traitement, n'étaient pas en mesure de disposer d'un bénéfice sur le minerai titrant moins de 40 $ la tonne, avaient concentré tous leurs efforts sur le transport à la surface du minerai de transport à haute teneur et n'avaient fait aucun effort. du tout pour masquer et mettre en évidence les grands tonnages connus de qualité moyenne et basse. Les ingénieurs ne tiennent rien pour acquis et celui-ci a indiqué que la proposition de dépenser un million de dollars devrait être rejetée parce qu'un tonnage correspondant n'avait pas été bloqué ni mis en vue.

À ce jour, le camp a connu des difficultés sans installations de broyage adéquates, mais il est pratiquement autonome. D'un point de vue physique, on reconnaît aujourd'hui que les mines sont très prometteuses. L'entreprise est gérée de manière honnête et efficace. Le président, depuis le jour de la constitution jusqu'à aujourd'hui, a été EW King, ancien président de la Montana Society of Mining Engineers, directeur de plusieurs banques du Montana et reconnu comme l'un des gestionnaires de mines d'or les plus compétents de l'Ouest. . M. Scheeline, président de la Scheeline Banking & Trust Company de Reno, qui est le banquier le plus ancien et le plus conservateur de l'État du Nevada, en est le trésorier depuis le début.

L'histoire de Rawhide est encore en devenir et son dernier chapitre n'a pas encore été écrit, par quelque moyen que ce soit. Il n'est pas non plus impossible que les potentialités productives latentes qui ont été établies à Rawhide puissent rester longtemps en grande partie dormantes.

À Wall Street Nat. L'accord de C. Goodwin & Company avec les vendeurs du contrôle de Rawhide Coalition a ensuite été financé avec succès. Cela a été fait en faisant appel à l'instinct spéculatif de cette classe d'investisseurs qui parient habituellement sur les actions minières. Les efforts visant à financer la société minière elle-même, au point qu'elle puisse se ranger au rang des grandes mines d'or occidentales versant des dividendes, n'ont pas eu autant de succès.

---

[2]

L'incendie du mois de juillet retardera l'installation à une date ultérieure.

[3]

En arrivant à ces chiffres, je suis plus que juste. Des estimations récentes de la valeur moyenne des minerais sont de 8 $, et je connais certaines estimations d'hommes miniers très compétents qui ne descendent que de 4 $. Certains ingénieurs affirment que la justification manque même pour une estimation de 4 $. Le Dôme n'est en aucun cas encore un succès commercial prouvé du point de vue minier, bien qu'il possède beaucoup de minerai, en raison de valeurs moyennes incertaines.

[4]

Elle a été détruite par l'incendie de juillet et doit être remplacée.

[5]

Le commentaire qui précède sur la situation de Porcupine a été plus que justifié par les développements survenus après la date d'écriture de ces lignes. La première batterie de quarante timbres dans la première usine de timbres n'a été en service qu'en avril 1912, plus d'un an après la date de la prédiction selon laquelle 25 000 000 $ seraient glanés en 1911.

CHAPITRE IX

LE JEU DE WALL STREET

Un homme qui pense savoir ce qui m'est arrivé à Wall Street, et *pourquoi cela s'est produit* , suggère que la section new-yorkaise de "Mes aventures avec votre argent" soit préfacée par ce qui suit :

C'est l'histoire d'un imbécile énergique, sûr de lui, agressif, optimiste, enthousiaste, nerveux, intrépide, imprudent, intransigeant et *présomptueux* .

Peut-être était-il digne d'être suivi dans la mesure où il jetait sa propre fortune avec ceux à qui il demandait de le suivre, mais il était néanmoins un leader dangereux car il ne voyait pas les déchirures de sa propre armure et manquait de prudence, de prudence et de discrétion. Il voyait un but devant lui et mènerait la course, mais il n'a toujours pas pris en compte une circonstance de sa jeunesse qui a laissé une tache sur son écusson et a placé entre les mains d'adversaires injustes une arme empoisonnée prête à l'emploi. Il n'a pas compris la nécessité de se lier d'amitié avec ses concurrents et d'apaiser ses détracteurs au fur et à mesure de sa progression. En fait, il n'a pas du tout pris en compte ces éléments. Il s'est fait beaucoup d'ennemis et peu d'alliés. Il n'a jamais fait de compromis. Naturellement, il connut une défaite désastreuse pour lui-même et pour les fidèles qui lui faisaient confiance.

Je ne suis pas d'accord. Je n'étais pas idiot. J'ai refusé d'être un fripon et je n'en suis pas désolé. Je pense à un homme de part qui, en tant qu'actionnaire, fait depuis des années le sale boulot de promoteurs miniers multimillionnaires sans scrupules de Wall Street. Malhonnête dans ses opinions exprimées et courtisans dans chacune de ses actions, l'intérêt de l'homme de pouvoir de Wall Street est toujours le sien par rapport à celui de l'investisseur non protégé. Je considère cet homme comme une personne ignoble. Je ne pourrais pas faire comme lui si mon existence même dépendait d'une telle conduite. Je préférerais être en faillite et fauché pour le reste de ma vie plutôt que d'être lui. Pour moi, servir les objectifs vils d'escrocs de haut niveau simplement parce qu'ils ont de l'argent et du pouvoir reviendrait pour moi à troquer mon âme et à perdre ma tranquillité d'esprit. Je ne les vendrais pas non plus pour tout l'argent du monde.

L'honnêteté est la meilleure politique. Le type d'homme que j'ai décrit ne peut pas prospérer longtemps. Il doit évidemment subir une éclipse totale. Les affaires de ce monde sont fondées et bâties sur l'intégrité individuelle. L'homme d'affaires qui se laisse utiliser pour réaliser les desseins vils des hommes haut placés perd le respect de ceux qu'il sert, se méfie à jamais de ceux-ci et perd sa caste dans le groupe même auprès duquel il essaie de gagner les faveurs.

J'affirme que des intérêts puissants et malhonnêtes à Wall Street ont jugé nécessaire, pour des raisons égoïstes, de me mettre en faillite. Je déclare qu'ils ont attendu leur heure jusqu'à ce que les clameurs des journaux contre les soi-disant promoteurs de l'enrichissement rapide aient été encouragées, excitées et stimulées au point que les citoyens se sont imprégnés de l'idée que tous les promoteurs qui utilisent les colonnes publicitaires des journaux sont des escrocs. Et j'affirme que lorsque le gouvernement a utilisé sur moi et mes associés son rare pouvoir de saisie, de perquisition et de confiscation, c'était sans aucune preuve qu'une quelconque loi gouvernementale avait été violée. Dans ce chapitre et dans le dernier chapitre de "Mes aventures avec votre argent", j'expose les faits qui, je crois, prouvent ces affirmations jusqu'à la dernière syllabe.

BON GROS POISSON VS. MAUVAIS PETIT POISSON

Demandez au lecteur de journal occasionnel de définir d'emblée l'adjectif composé Get-Rich-Quick et il vous dira qu'il s'applique uniquement aux promoteurs professionnels qui emploient des méthodes publicitaires flamboyantes, promettent de grands profits spéculatifs, utilisent d'autres procédés destinés à séparer le public de son argent, et sont dans tous les cas malhonnêtes. C'est l'idée que de puissants « intérêts » ont inculquées dans l'esprit du public par des actions de presse subtiles et insistantes.

À maintes reprises au cours du déroulement de « Mes aventures avec votre argent », je me suis efforcé de montrer que les forces vraiment dangereuses pour devenir riche rapidement sont les hommes haut placés qui, par l'utilisation astucieuse et insidieuse des colonnes d'information des « amicales » " Les publications et autres qui les copient séparent le public de millions et de millions.

J'ai dit dans mon avant-propos ce qui suit :

Les malfaiteurs les plus dangereux sont les hommes haut placés qui s'emparent d'une bonne propriété, la surcapitalisent, évaluent sa valeur à plusieurs fois ce qu'elle vaut, utilisent des méthodes astucieuses pour tromper le public réfléchi en lui faisant croire que l'action vaut la valeur nominale ou plus, et imposent sur les investisseurs à un montant qui leur enlève de grosses sommes d'argent. Il y a plus d'un million de victimes de cette pratique aux États-Unis.

Personne n'a le droit de supposer qu'un promoteur qui vend des actions au moyen d'affichages publicitaires dans les journaux est *en soi* un opérateur pour s'enrichir rapidement. Il existe des promoteurs professionnels honnêtes du type display publicitaire et des promoteurs malhonnêtes, tout comme il existe des promoteurs honnêtes du type multimillionnaire et des promoteurs malhonnêtes.

Le promoteur minier *de niveau local* et clairvoyant, qui croit à la publicité dans les journaux et finance avec succès des entreprises en faisant appel à grands cris au public investisseur spéculatif, rend un véritable service et a droit à une place parmi les hommes honorables. En effet, il est le héros du prospecteur et « pauvre » propriétaire de mines de l'Occident. Lui seul se dresse entre ces hommes et l'accaparement du monopole.

Les mineurs, les actionnaires et les financiers du pays le comprennent, même si les lecteurs de journaux de l'Est ont appris à croire que ce type de promoteur doit être un opérateur pour s'enrichir rapidement.

Un courtier de Wall Street qui spécule sur les titres de la Bourse de New York pour son propre compte est considéré comme dangereux. EH Gary, président du conseil d'administration du Steel Trust, a déclaré sous serment à Washington en juin que JP Morgan ne spéculait jamais. Demandez au membre moyen de la Bourse de New York quelles sont les chances du joueur en bourse. S'il est franc, il haussera les épaules et répondra quelque chose comme ceci :

"Si le jeu pouvait être battu, pensez-vous que je serais un courtier ? Ne serais-je pas un joueur ?"

La valeur marchande globale des sièges à la Bourse de New York s'élève à près de 100 000 000 $. Il en coûte plus de cent millions de dollars de plus chaque année pour rassembler et traiter, par l'intermédiaire de bureaux et de succursales, les affaires spéculatives qui constituent l'essentiel des transactions des membres. Le « cagnotte » ou « rake-off » est énorme. Qui le paie ? Vous entendez parler du courtier qui se rend en Europe sur son yacht chaque été. Combien de ses clients commerciaux voyagent par là ?

Qui paie le fret ? Peut-on battre un jeu où tant de multimillionnaires sont créés parmi ceux qui sont « à l'intérieur » et où un si grand pourcentage de l'argent des spéculateurs doit sortir chaque année pour payer l'énorme coût de l'entretien d'un vaste système de bureaux de bourse ? , bourses, fils télégraphiques et téléphoniques, journaux, bureaux de publicité, yachts, palais de la Cinquième Avenue, énormes contributions aux campagnes politiques nationales et étatiques, etc.?

Vous entendez une protestation contre les bucketshops. Il n'y a pas d'embargo fédéral contre le bucketshopping. Et pourtant, d'une manière ou d'une autre, l'appareil du ministère de la Justice du gouvernement est utilisé pour écraser ce type d'institution de jeux de hasard. Or, quelle est la différence de principe entre parier sur la marge sur les fluctuations des actions dans un bucketshop et faire de même via une maison de la Bourse de New York ?

Voilà la différence sans importance :

Le marchand de seaux prend l'autre bout du jeu, vous paie de sa poche lorsque le marché va dans votre sens et garde votre argent lorsqu'il va à votre encontre. Il ne livre jamais de stocks.

Le membre de la Bourse de New York est censé acheter vos actions pour vous et les *conserver* – certaines le font et la plupart non, comme indiqué plus loin – mais dans ce cas non plus, aucune action ne vous est livrée.

La transaction est en principe la même que celle du bucketshop, en ce qui concerne la fonctionnalité de jeu. La seule vraie différence est que lorsque vous pariez sur les fluctuations du marché via les bucketshops, aucune contribution n'est versée à la « cagnotte » de la Bourse de New York.

LE JUSTE WALL STREET ET LE PUBLIC « SUCKER »

Le membre de la Bourse de New York vous dira que le mal du bucketshopping est que le bucketshopper est tenté lorsque le public est acheteur sur les actions de déprimer le marché par de fortes ventes à découvert. D'un autre côté, le bucketshopper vous insiste sur le fait que son entreprise joue contre des fluctuations dans lesquelles il n'a aucune part et que les pouvoirs financiers de Wall Street recourent à la même astuce dont on l'accuse parfois. Les "intérêts" savent à chaque heure de la journée approximativement combien d'actions ont été empruntées pour être livrées contre des ventes "à découvert" ou sont portées sur marge pour le compte long. Ils savent quels sont les intérêts à court ou à long terme du public, et eux aussi ont le pouvoir de secouer le public à tout moment. Pire encore, il est de notoriété publique que cette pratique est continuellement utilisée. Les actions sont augmentées et maintenues en cas de mauvaises nouvelles, et réduites et maintenues en baisse en cas de bonnes nouvelles ou d'absence de nouvelles du tout. Les nouvelles sont cachées et fabriquées en fonction des occasions. Pendant des années, le marché a été truqué au point de s'effondrer. Les « suceurs » du trading sur marge ont été traités jusqu'au bout. George E. Crater, Jr., écrit :

Le trading sur marge à la Bourse de New York est la forme de jeu de hasard la plus dangereuse et la plus destructrice connue, car, étant « légale » et donc « respectable », elle séduit des centaines de milliers de personnes qui n'auraient jamais songé à risquer leur argent au « faro », " "rouge-et-noir", "roulette" ou tout autre jeu de hasard. Les statistiques montrent que plus de gens sont ruinés physiquement, moralement et financièrement par le jeu boursier que par toutes les autres formes de jeu ordinaire réunies. Monte Carlo est une philanthropie chrétienne comparée à « Wall Street ». Vous avez une chance tout aussi bonne, sinon meilleure, de gagner une fortune à Monte-Carlo qu'en créant des « marges » contre les hausses et les hausses de la Bourse, et si vous vous ruinez à Monte-Carlo, le propriétaire vous remboursera au moins suffisamment d'argent. votre argent pour payer votre retour à la maison. L'homme qui « fait faillite » sur les « marges » ne trouve aucun soulagement à son service à la Bourse ou chez les courtiers. Il n'y aurait pas autant de millionnaires dans ce pays s'il n'y avait pas autant d'imbéciles prêts à gaspiller leur argent sur les marges.

Un hurlement de condamnation s'élève contre les courses de chevaux. Les journaux, les périodiques, les politiciens, les passionnés, les croisés et les charlatans de tous les horizons sont encouragés à faire grand bruit. Les courses de chevaux, comme le bucketshopping, sont un moyen de spéculation – de jeu – et elles détournent beaucoup d'argent de Wall Street. Les fakirs, qui sont les outils de Wall Street, collectent des fonds auprès de Wall Street pour leurs services et en même temps font un capital moral ou politique de leur zèle dans leur croisade contre la concurrence des jeux de hasard de Wall Street.

Le promoteur de l'exploitation minière du petit fretin, qui n'est pas membre de la Bourse, ne paie aucun tribut au gros gibier, échappe à la discipline et au contrôle de l'organe directeur de la Bourse de New York et ne fait pas partie de la machinerie, définit créer une entreprise compétitive qui répond à l'instinct de jeu sous la forme de valeurs minières fluctuantes. Le public spéculateur se met à l'action, l'aime et investit de l'argent qui aurait pu être utilisé dans le trading sur marge à la Bourse de New York ou pour un « investissement » dans les valeurs industrielles à bas prix en constante fluctuation ou dans les actions minières à prix plus élevés qui sont parrainées par de gros intérêts avec des affiliations à la Bourse de New York.

Rapidement, la machinerie de Wall Street est utilisée pour l'écraser. Colonne après colonne est imprimée dans les magazines et les journaux sur Get-Rich-Quicks. Une condamnation pour crime est obtenue contre un véritable délinquant qui veut s'enrichir rapidement – un petit gars qui est coupable, mais pas plus que son frère « autorisé » plus haut placé, qui fait des dégâts infiniment plus importants. Celui *qu'une* coterie de voleurs à dés de haute classe de Wall Street recherche réellement, parce qu'il les a contrecarrés dans leurs opérations d'escroquerie en les exposant dans son journal, mais contre lequel ils ne peuvent pas faire valoir leurs arguments, a un squelette dans son placard. Ils le présentent, le balancent en l'air, font croire au public que lui aussi doit être un scélérat, et il est attaqué par un agent du gouvernement pendant le tumulte ; et ils « s'en sortent » avec ça. La croisade des « justes » contre le « devenir riche rapidement » est poussée à l'extrême. Le public « tombe » amoureux de la « drogue ». Le gouvernement a enfin agi pour protéger les investisseurs !

Cela ne vous ferait-il pas plaisir ?

Si PT Barnum se réincarnait et que son esprit brouillon s'agrandissait par miracle un million de fois, il lui serait encore impossible de concevoir une falsification aussi gigantesque du public américain, comme cela a été le cas ces dernières années.

Et le public n'est pas « branché ». Les intrigants astucieux de Wall Street continuent de jeter de la poudre aux yeux du « public connard », et non seulement ne voient aucune raison pour laquelle ils devraient abandonner cette pratique, mais trouvent également très lucratif de continuer à le faire.

LA COMMERCIALISATION DU STOCK MINIER

En règle générale, il faut beaucoup d'argent pour créer une mine rentable à partir d'une perspective prometteuse. Plus tard dans l'avancement de la mine, pendant la période de construction, d'autres sommes très importantes sont généralement nécessaires pour payer le blocage d'une réserve de minerai et pour fournir des installations de broyage pour la réduction des minerais.

Le prospecteur minier itinérant de notre empire minier occidental, le chercheur intrépide de mines qui rit des difficultés et ridiculise l'idée du danger, qui fait des compagnons des monstres de Gila et du crotale du désert, dont le seul soulagement du silence éternel des étendues inexplorées des terres arides Les déchets sont l'appel sexuel du coyote : il n'a le choix que entre deux marchés pour vendre sa « trouvaille ». Il peut soit accepter une somme relativement modeste de la part de l'agent d'un puissant syndicat minier pour son prospect, soit recevoir un prix spéculatif équitable de la part du promoteur professionnel.

Les grands financiers miniers de ce pays se font rarement concurrence pour l'achat d'une propriété minière. Cela est particulièrement vrai si l'une des autres sociétés opère dans le district où se trouve la propriété du propriétaire de la petite mine.

En règle générale, le propriétaire initial, dont toute la fortune est peut-être liée à la propriété, se trouve alors dans la situation où il doit soit accepter la première offre, aussi petite soit-elle, qui lui est faite par l'un de ces intérêts dominants, soit trouver ce marché fermé pour lui.

Son alternative, comme nous l'avons mentionné, est une vente à un promoteur minier indépendant aux moyens relativement modestes, qui constitue une société pour posséder et développer la propriété et finance l'exploitation du début à la fin en vendant les actions de l'entreprise au grand public.

La méthode de cette catégorie de promoteurs professionnels — l'espoir du petit propriétaire de mine — pour commercialiser ses stocks, implique généralement l'utilisation libérale des colonnes publicitaires des journaux. Il lui manque une « force d'attraction » ou un pouvoir suffisant pour faire parler favorablement de ses actions et des miennes dans la littérature financière de l'époque à un degré qui susciterait l'intérêt du public, et il doit donc construire ses propres forces publicitaires.

La publicité coûte de l'argent et le public en paie le prix. Mais si le promoteur est honnête, ce poste de coût ne constitue pas en soi un argument en faveur des offres d'actions du capitaliste minier multimillionnaire qui ne fréquente pas les colonnes publicitaires des journaux. Il n'établit pas non plus de poursuite contre les marchandises du promoteur qui le fait. Les dépenses de promotion supportées par le promoteur publicitaire sont loin d'approcher dans leur totalité la différence entre le prix de revient et le prix auquel le promoteur magnat invite habituellement le public à participer à des entreprises similaires.

Par exemple : Il y a quelques années, un certain homme a acheté une certaine mine pour 1 000 000 $ en paiements à terme. Il a fait un marché pour les actions de cette mine sur le New York Curb à une moyenne supérieure à 8 $ par action, soit plus de 8 000 000 $ pour la propriété. Sa société, membre de la Bourse de New York, a conseillé aux gens dans leurs publications largement diffusées sur le marché d'acheter les actions à ce chiffre. Et pourtant, la propriété est sans travaux de réduction, il faudra 2 500 000 à 3 000 000 $ en plus de l'argent actuellement dans la trésorerie de l'entreprise pour en construire un, cet argent doit encore être collecté quelque part et d'une manière ou d'une autre, et l'ère de production de l'entreprise ne peut pas commencer avant encore deux ans au plus tôt. Je pourrais citer de nombreux exemples de ce type.

Quand Nat. C. Goodwin & Company de Reno a acheté le contrôle de Rawhide Coalition, lors du passionnant boom du camp de Rawhide au début de 1908, l'évaluation convenue pour la propriété était de 700 000 $. C'était bien plus que ce que les propriétaires d'origine pouvaient obtenir à l'époque avec un quelconque intérêt important. Lui aussi avait besoin d'installations de broyage.

En fait, sans le succès des promoteurs miniers du Nat. C. Goodwin & Company et BH Scheftels & Company, le grand filon Comstock, qui produisait plus de 600 000 000 $ de lingots d'or et d'argent, serait probablement resté sous-exploité. La forte demande du public au début des années 70 pour les actions minières Comstock de toutes sortes a été créée par une série d'introductions en bourse flamboyantes et de campagnes boursières agressives. Si le Con. La mine de Virginie ne s'était pas ouverte sur un véritable gisement de minerai à une profondeur de 1 400 pieds, la frénésie de spéculation sur les actions de Comstock aurait pu entrer dans l'histoire comme une autre bulle des mers du Sud.

Le promoteur du "brass-band", bien entendu, n'est donc pas sans honneur au Far West. Privez le prospecteur de mines des services de ce type de projecteur d'entreprise, avec ses machines d'exploitation, à savoir des installations pour attirer le public spéculateur et investisseur, et vous portez un coup au plexus solaire au petit minier occidental. À l'inverse, chaque obstacle placé sur le chemin du promoteur minier de méthodes bruyantes et de moyens modérés est une raison supplémentaire de se réjouir de la part du capitaliste minier multimillionnaire de Wall Street.

Lorsque la BH Scheftels & Company, avec laquelle j'étais identifié, fut attaquée par le gouvernement des États-Unis en septembre 1910, un cri s'éleva de l'exploitant de la mine occidentale à son représentant au Congrès. Le meilleur sentiment du Far West, tel que j'ai pu le comprendre, favorisait l'idée que le dernier espoir du petit propriétaire minier occidental avait été brisé. Au cours de la courte période d'activité de BH Scheftels & Company à New York, elle a levé directement près de 2 000 000 $ pour les propriétés minières occidentales et a influencé indirectement dans cette direction au moins 10 000 000 $ supplémentaires.

Le raid a été un coup dur pour le petit propriétaire de mine occidental qui a besoin de capitaux pour développer ses propriétés et n'a aucune affiliation avec les capitalistes. Depuis le raid, je ne connais aucun propriétaire minier d'un des grands États de l'Extrême-Occident qui ait réussi à financer une proposition minière à l'Est, sauf en remettant la totalité de sa propriété entre les mains d'un grand intérêt, qui en a pris possession. pour une somme insignifiante en comparaison de ce que le public sera finalement censé payer pour cela lorsque le titre sera finalement commercialisé sur les trottoirs et les bourses.

JE BUCK LE JEU DE WALL STREET

Après avoir mené la grande campagne publicitaire de Rawhide, dans le but d'attirer l'attention du public investisseur américain sur les possibilités spéculatives des actions de la Rawhide Coalition Mines Company, et de m'être ainsi efforcé de financer le proposition - après que j'ai échoué par cette méthode, face à la panique des banquiers de 1907-1908, à disposer de suffisamment d'actions pour financer la société pour le développement de la mine en profondeur, l'équipement de l'usine et le paiement aux propriétaires d'origine du prix de l'achat. Après avoir obtenu le contrôle convenu, je suis arrivé à New York à la fin du mois d'octobre 1908, déterminé à tenter de réaliser mon objectif initial à la fois en faisant appel directement au public au moyen d'annonces publicitaires dans les journaux et en concluant un accord pour une partie de l'entreprise avec les « grands » gars.

J'ai trouvé les actions de Rawhide Coalition cotées sur le Curb et le marché au repos. L'intérêt du public pour l'Est avait été éveillé dans une certaine mesure, mais le marché n'absorbait pas les stocks. Une tentative visant à inciter les principaux courtiers en valeurs mobilières à mentionner favorablement la question dans leurs lettres de marché a échoué. Ceux qui étaient disposés à donner une certaine publicité aux actions exigeaient soit un « call » pour les actions à bas prix, soit une réduction pure et simple en dessous du cours du marché pour les actions dont ils se débarrassaient.

De telles concessions n'étaient pas envisageables. C'était l'intention de Nat. C. Goodwin & Company pour soutenir un marché en hausse pour Rawhide Coalition. Mon expérience à Goldfield avec les courtiers en valeurs minières m'a convaincu que peu d'entre eux pouvaient protéger les intérêts des actionnaires dans une telle entreprise. Les courtiers en valeurs minières à commission de cette période, qui mettaient leurs clients en actions à, disons, 30, étaient tentés de conseiller des prises de bénéfices lorsque le prix avançait jusqu'à, disons, 50, parce que par l'opération ils gagnaient une commission supplémentaire et gagnaient souvent une commission supplémentaire, ou troisième, en faisant sortir leurs clients du stock avec profit et dans un autre, en prélevant une commission sur chaque transaction.

Nat. C. Goodwin & Company a décidé de "l'essayer" directement auprès des spéculateurs des titres miniers en les sollicitant à travers les colonnes publicitaires des journaux, en leur demandant d'acheter les titres du New York Curb par l'intermédiaire de leurs propres courtiers. En outre, Hayden, Stone & Company, la société bancaire de Boston et de New York, a été incitée à accepter de lever 1 000 000 $ pour l'entreprise pour les besoins du chemin de fer et de l'usine, si leur ingénieur faisait un rapport favorable.

Doté d'argent pour acheter de l'espace publicitaire et muni de certificats d'actions pour approvisionner le marché, Nat. C. Goodwin & Company a inauguré une campagne active sur le trottoir de New York.

Ce qui s'est passé sera instructif pour le lecteur sur plusieurs points ; parmi eux ceux-ci :

(1) Le promoteur minier indépendant n'obtient pas toujours de l'argent lorsqu'il réussit à créer un marché porteur pour ses actions.

(2) Certains courtiers en valeurs mobilières apparemment de haut rang « écorcheraient » tout aussi bien un promoteur minier de cet ordre qu'un spéculateur ordinaire. Ils ne jouent aucun favori.

(3) Soyez un promoteur minier très honnête, sans affiliation à la Bourse de New York, ses motivations seront forcément mal interprétées s'il commet une erreur. Les "grands" gars s'en prendront aux journaux ou aux rédacteurs de journaux qu'ils contrôlent ou influencent. La poussière sera jetée aux yeux

du public afin qu'il achète les produits des grands, principalement pour les vendre à la Bourse de New York, et qu'il puisse à jamais avoir des préjugés contre ceux des petits.

La campagne au sein de la Rawhide Coalition a bien progressé. C'était au début de novembre 1908. Pendant six semaines, j'avais soutenu le marché des actions sur le trottoir de New York pour Nat. C. Goodwin & Compagnie de Reno. Mon bureau était un appartement dans un hôtel de la Cinquième Avenue ; nos courtiers étaient membres de la Bourse de New York. Depuis un mois, nous avions l'habitude d'afficher quotidiennement des publicités dans les colonnes financières des quotidiens de New York, signées par Nat. C. Goodwin, pour faire exploser le titre. Environ 600 000 actions étaient entre les mains du public. Le marché, qui se trouvait sur le trottoir de New York, était « réel ». Les achats spéculatifs avaient fait passer le prix de 40 cents à 1 dollar par action. Les rapports sur les mines étaient roses. Une large distribution du stock était en cours.

Le public a manifesté un vif intérêt. Le Nat. Les publicités de C. Goodwin indiquaient que 2 $ devraient paraître raisonnables pour le stock d'ici le jour de Noël. Il y avait des raisons. Plusieurs mines très prometteuses ont été ouvertes. Un ingénieur de haut rang examinait la propriété. Si son rapport était favorable, un accord était pratiquement assuré qui impliquerait une dépense de 1 000 000 $ pour le développement d'une mine en profondeur, un chemin de fer et des installations de broyage adéquates. Cela signifierait à son tour des dividendes anticipés pour les actionnaires. Des mineurs expérimentés et conservateurs avaient exprimé l'opinion que la propriété portait les marques indubitables d'un grand producteur.

Le titre est devenu la caractéristique du marché Curb. Il occupe facilement le centre de la scène. Pas moins de 20 courtiers ont pu être dénombrés dans la foule exécutant des ordres à presque toute heure de la séance quotidienne. Le fait qu'une maison de la Bourse de New York exécutait les ordres de soutien de « l'intérieur » impressionnait le « talent ». Les achats publics par l'intermédiaire d'autres maisons de la Bourse de New York ont encore davantage convaincu les vétérans de Curb que le titre était « la marchandise ». Les prix ont augmenté sous l'impulsion des achats publics. Les courtiers en trottoir eux-mêmes ont été infectés. Le 7 décembre, le prix a grimpé à 1,40 $ par action. Il s'agit d'une avance de 500 pour cent. au-dessus du « plus bas » pour le stock d'il y a six mois.

LE « DOUBLE-CROSSING » DE LA COALITION RAWHIDE

À la clôture de la journée du 7 décembre, nos courtiers, une seule société, membre de la Bourse de New York, ont signalé l'achat de 17 100 actions sur le marché libre à un prix moyen d'environ 1,39 $, et la vente de 1 800 actions. à un peu au-dessus de cette moyenne. Pour la première fois au cours de la campagne, il semble y avoir eu une pression vendeuse. Nous avions cédé "long" 15.300 actions. La somme de 21 000 $ en espèces était nécessaire pour payer le stock « long ».

Le 8 décembre, le lendemain, la même société de courtiers a annoncé avoir acheté 17 800 actions à un prix moyen de 1,37½ $ et vendu 12 800 actions à un prix moyen de 1,40 $ – « long » le jour 5 000 actions.

Le 9 décembre, nos achats par l'intermédiaire de cette société totalisaient 16 800 actions au prix moyen de 1,40 $, tandis que nos ventes totalisaient seulement 6 400 actions en légère avance.

Nat. C. Goodwin & Company était désormais « acheteur » sur les transactions de trois jours sur 30 700 actions et avait été appelée à jeter 43 000 $ derrière le marché pour les conserver. C'était une charge relativement petite à transporter et ne nous a pas alarmés. Nous avons considéré que le titre en valait la peine. Nous étions cependant curieux de connaître la raison de cette vente.

Nat. C. Goodwin & Company avait placé la plupart des actions en circulation directement de Reno auprès du public investisseur à un prix compris entre 25 cents et 1 $ par action, et les premiers acheteurs récoltaient une récolte. Mais cela ne semble pas être l'explication de toutes ces ventes. L'intérêt pour le titre était désormais généralisé. Il y avait des achats publics gratuits et pour chaque véritable preneur de bénéfices, il semblait y avoir un nouvel acheteur. Apparemment, quelqu'un vendait les actions « à découvert ».

Tard dans la nuit, un membre de notre société de courtage qui exécutait nos ordres de soutien m'a rendu visite à mon appartement. Je lui ai demandé de quels ordres de protection il pensait que le stock aurait besoin le lendemain matin pour se prémunir contre une attaque professionnelle. Il a répondu:

"Je pense que si vous nous donnez un ordre d'achat de 5 000 actions à 1,35 $, il n'y aura aucune difficulté."

J'avais cru comprendre qu'il voulait s'occuper du marché pour moi le lendemain matin et qu'il me préviendrait, bien sûr, rapidement si d'autres ordres de soutien étaient nécessaires.

L'ordre fut donné. Il s'agissait là d'une précaution très ordinaire, car il n'y a guère d'actions sur la liste qui ne seraient pas pillées par des professionnels si des ordres de soutien n'étaient pas connus sur le marché. Comme le samedi n'est qu'une courte séance de deux heures, j'ai vraiment adhéré à l'idée.

Me retirant tard dans la nuit, j'ai laissé un appel à 11 heures. Le lendemain matin, vers 10 h 45, j'ai été réveillé par mon voiturier. Il a dit Nat. C.

Goodwin me voulait sur longue distance. M. Goodwin était à Cincinnati, où il jouait un engagement d'une semaine.

"Bonjour", a déclaré M. Goodwin. "Vous ont-ils eu ? Dois-je télégraphier à la Knickerbocker Trust Company pour qu'elle vous verse 25 000 $ pour soutenir le marché ? On rapporte ici qu'ils vous mettent dans un trou."

"Quoi de neuf?" J'ai demandé.

"Eh bien, les courtiers ici disent que le titre a atteint 60 cents sur le Curb peu après l'ouverture", a-t-il déclaré. Ce fut nouvelles pour moi.

"Je n'ai pas besoin de plus d'argent", répondis-je. "Je dormais. Nos courtiers étaient au travail. Je verrai ce qui se passe et je vous le dirai dans peu de temps. Ne vous inquiétez pas." Et j'ai raccroché.

J'ai téléphoné à nos courtiers et ils m'ont signalé qu'ils avaient acheté 5 000 actions à 1,35 $ à l'ouverture et qu'ils avaient retiré leur soutien. "Il y avait trop de stocks à vendre", ont-ils déclaré.

"C'est l'enfer. Vous n'auriez pas dû permettre au marché de s'effondrer de cette façon. Soutenez le titre !" J'ai dit. "Achetez 7 500 actions au marché !"

En quelques instants, cette société de courtiers a annoncé avoir remonté le marché à 1,16 $. La reprise n'a toutefois été que temporaire. Une autre poussée a fait chuter le titre à 60 cents.

Nos courtiers avaient acheté 7 000 actions entre 1 $ et 1,16 $, puis ils s'étaient arrêtés. Le membre de leur entreprise qui avait traité nos commandes tout au long de cette campagne a déclaré que l'achat de ce nouveau bloc de stock avait épuisé notre solde de trésorerie en dépôt auprès de son entreprise. Ils avaient à encaisser un certain nombre de traites, attachées à des actions vendues à des courtiers occidentaux, qui ne nous avaient pas encore été créditées. Il y avait aussi un gros bloc d'actions de la Coalition qui nous devait de leur part. C'était le stock qu'ils avaient acheté sur nos commandes de soutien. Ils refusèrent cependant de considérer ni les traites ni les actions comme un crédit.

Nous avions de l'argent en dépôt et du crédit auprès d'un certain nombre d'autres courtiers. J'ai immédiatement téléphoné à plusieurs d'entre eux pour acheter de gros blocs d'actions à une limite de 95 cents. C'était 35 points au-dessus du devis qui m'a été donné. Aucune action n'a été déclarée achetée sur ces ordres.

J'ai sauté dans un taxi et me suis rendu au bureau des courtiers qui s'occupaient de nos commandes.

La situation était critique. J'ai pleinement compris qu'une cassure aussi brutale du prix de marché d'un titre qui avait été si largement exploité devait s'avérer choquante pour les investisseurs. Je craignais que la confiance du public ne soit complètement brisée.

"C'est un outrage!" J'ai protesté. "Achetez 5 000 actions à 95 !" J'ai présenté cinq billets de 1 000 $ en guise de paiement d'avance.

Il était midi moins cinq lorsque je donnai l'ordre. A midi, ils ont annoncé qu'ils avaient acheté 2 000 actions, pour lesquelles je leur ai donné l'argent. Le marché a clôturé 95 enchères pour un "wagon complet".

À première vue, il semble que le marché soit passé de 60 à 95 à l'achat de 2 000 actions. C'était une autre conviction qu'il devait y avoir quelque part quelque chose de pourri dans la pièce.

L'enquête m'a convaincu que j'avais été « trahi ».

La seule société de courtiers, membre de la Bourse de New York, qui traitait nos ordres, avait fait office de centre de compensation, détenant nos actions et notre argent. Ils avaient un avantage que les courtiers en valeurs mobilières comprennent bien. Ayant exécuté la plupart de nos ordres de soutien, leurs agents sur le trottoir étaient également en mesure de juger avec précision le pouls de la spéculation professionnelle et profane. Il était facile pour quelqu'un de nous "imposer une faute".

Peu après midi, j'appris que l'ingénieur de Hayden, Stone & Company avait refusé la proposition d'avancer 1 000 000 $ pour la construction d'un chemin de fer et d'une usine. Un tonnage suffisant de minerai n'avait pas été bloqué dans la mine. Au-delà d'un doute, cette information était en possession des courtiers dès le début de la journée.

Pendant que je dormais, le marché avait subi des dommages irréparables. Au moment où le prix a atteint 1 $ en baisse, les échanges avaient atteint des proportions énormes. Une clique de courtiers Curb aurait été des vendeurs persistants tout au long. Leur identité montrait très clairement que le processus de double croisement avait été utilisé pour se faire plaisir.

J'ai accusé notre courtier de ne pas protéger nos intérêts, les intérêts des actionnaires. J'ai poussé un hurlement. Il télégraphia à un autre membre de sa maison, parti en chasse, de revenir en ville. La nuit prochaine, ces deux hommes, Nat. C. Goodwin et moi-même nous sommes rencontrés dans mes appartements à huis clos. Leur entreprise a accepté de facturer à leur propre compte 3 000 des 5 000 actions déclarées achetées pour nous à 1,35 $. Quelques autres concessions mineures ont été faites.

Le lendemain de la "pause", les journaux new-yorkais ont publié des polémiques sensationnelles sur les causes de la chute du cours des actions.

Au cours des mois précédents, pas moins d'une douzaine d'autres valeurs mobilières s'étaient ouvertes à plusieurs reprises à la Bourse de New York et à la Bourse de New York, mais les maisons de la Bourse en étaient les sponsors et le journal est resté muet. Jamais, à ces occasions, les journaux n'ont laissé entendre que quelqu'un avait peut-être séparé le public de son argent.

Nat. C. Goodwin et moi avons été accusés à tort d'avoir volontairement détruit le marché pour secouer le public. Le New York *Sun* a publié un compte rendu de la « rupture » en première page, en haut de la dernière colonne. Cela a commencé sur un ton qui indiquait aux lecteurs confiants que les choristes avaient perdu leurs économies à cause des recommandations de M. Goodwin.

Le *Sun* a publié la liste des dirigeants de la Rawhide Coalition Mines Company et a souligné le fait que « de la renommée de la Sullivan Trust Company » j'étais le deuxième vice-président.

Le *Soleil* n'a fait aucune mention de la « double croix ». Ni aucun autre journal, à l'exception d'un seul.

Le New York *Tribune* a déclaré :

Hier, une maison de bourse qui passait des ordres sur les actions a été accusée d'avoir mené l'attaque contre elle, mais des membres de la société ont déclaré qu'ils n'avaient agi que comme courtiers pour des clients dans le cadre de l'ordre normal des affaires.

À la suite des « rôtis » des journaux, qui ont contribué à détruire davantage la confiance du public, deux courtiers du système de câble continental de Logan & Bryan ont eu recours à des tactiques visant à imposer une baisse des prix. Ce câble compte plus d'une centaine de connexions avec des courtiers à l'extérieur de la ville. Un rapport a été envoyé par fil selon lequel Nat. C. Goodwin & Company avait fait faillite. Un autre apprenait que la Rawhide Coalition Mines Company était sur le point de passer entre les mains d'un séquestre. Le *Nevada Mining News* a accusé Nat. Boas de San Francisco et JC Weir de New York d'échanger des messages à cet effet sur les systèmes filaires Logan & Bryan, afin que tous les correspondants en ligne aient les faux rapports. On pensait que Boas et Weir étaient tous deux « à découvert » sur le titre. Tous deux opéraient ouvertement en faveur d'un nouveau déclin. Ces tactiques et d'autres similaires ont entraîné une nouvelle baisse du prix à 40 cents le 24 décembre, ce qui était le « plus bas » du mouvement.

Deux semaines après Noël, le titre s'est redressé à 58 cours acheteur et 59 cours demandé, et le marché s'est à nouveau raffermi. Le 14 janvier, le prix a grimpé jusqu'à 70. À ce stade, le titre est redevenu le centre d'attaque. Le 20 janvier, le prix était revenu à 50.

Jusqu'à présent, le résultat net de Nat. Les diverses campagnes de C. Goodwin & Company sur Rawhide Coalition consistaient en la distribution de quelque 600 000 actions. La question avait été bien exploitée. Il avait un grand public et un large marché. Certains excellents juges de la valeur des mines étaient devenus actionnaires. Cependant, l'entreprise n'avait toujours pas de financement pendant une longue période de développement systématique de la mine et de construction d'une usine.

Nous comprîmes très clairement qu'il faudrait mettre au point certains arrangements pour éviter une répétition des ennuis que nous avait causés la société de courtage de la Bourse de New York.

SOUTIEN AU MARCHÉ « À L'INTÉRIEUR »

Le déménagement à New York de BH Scheftels & Company, des courtiers en valeurs mobilières de Chicago, des représentants de Nat C. Goodwin & Company de Reno, et une fusion des intérêts de courtage et de promotion des deux sociétés ont eu lieu.

Il y avait un précédent pour cette décision. Il existe un millier d'autres sociétés dans ce pays qui sont étroitement affiliées à la Bourse et à d'autres maisons de courtage, par le biais d'un ou plusieurs de leurs administrateurs ou propriétaires étant partenaires dans l'entreprise. En fait, il serait difficile de mettre le doigt sur un seul grand intérêt de ce genre qui ne dispose pas d'une telle représentation. Ces maisons ont bien entendu pour règle de recommander l'achat d'actions qui intéressent leurs dirigeants. Les affiliations de ce type s'avèrent essentielles au succès du financement des entreprises. Un certain nombre de sociétés de la Bourse de New York dirigées ou contrôlées par des hommes fortement intéressés par les projets miniers nécessitant un financement sont des représentants de cette méthode dans le domaine minier.

La plupart d'entre eux ont réussi à promouvoir des projets auxquels eux-mêmes ou leurs associés sont fortement intéressés, grâce aux facilités bancaires et de courtage ainsi offertes. Principalement grâce à l'utilisation de la littérature sur le marché et aux manipulations de marché qui l'accompagnent, ces maisons ont placé auprès de leurs clients les titres de leurs membres et associés. Ils ont compris cela en maintenant une activité de courtage, de banque et de promotion, sans parader devant le public, sans jamais nier le caractère mixte de leur activité.

Pour que le lecteur comprenne la nécessité de traiter les affaires de cette manière, il doit comprendre le principe sous-jacent du financement d'une entreprise par la voie du marché boursier coté.

Il existe deux manières de financer une entreprise avec l'argent d'autrui. La première consiste à utiliser la méthode primitive consistant à faire appel directement au public pour des souscriptions à la manière d'un bonimenteur, en prenant l'argent et en s'abstenant ensuite de coter les actions ou d'établir un marché libre pour celles-ci. De nos jours, on ne peut pas financer une entreprise importante par une telle procédure. Il est pratiquement impossible d'emprunter auprès des banques ou des courtiers en prêts sur des titres n'ayant pas de valeur marchande fixe. Un marché doit être établi, car sans un marché sur lequel vendre, les investisseurs intelligents n'achèteront pas.

La méthode couramment utilisée, et la seule qui ait été jugée efficace par les financiers, consiste donc à créer une demande pour le titre, à encourager la spéculation, à établir un marché actif et à écouler les actions sur le marché lorsque la nécessité l'exige chaque fois qu'un financement est effectué. est requis. Cela implique et nécessite que les intérêts internes soutiennent la sécurité du marché libre. Par conséquent, pour une commercialisation réussie du stock par les promoteurs, une fois qu'une demande est créée et que les achats publics sont en cours, il devient nécessaire que les actionnaires soient tenus au courant des dernières transpirations sur la propriété et sur le marché - soient fournis. des nouvelles concernant leurs intérêts afin qu'ils puissent juger de la valeur de leurs stocks. Ce processus est particulièrement essentiel pendant la période de financement de l'entreprise et la période de digestion sécuritaire du public.

En fin de compte, le but ultime à cet égard de tous les mécanismes de promotion de Wall Street – ceux qui ont distribué des milliards de dollars de titres aux investisseurs – est de placer les actions là où elles « resteront en place », c'est-à-dire ne pas revenir sur le marché libre pour embarrasser les intérêts qui sont derrière l'entreprise et qui sont obligés de soutenir le marché pendant une longue période.

Sur la question de l'éthique du soutien du marché par « l'intérieur », on pourrait écrire un livre entier. Je ne tenterai pas ici d'aborder longuement le sujet. Qu'il suffise de dire qu'à mon avis, le soutien « interne » à un titre coté n'est pas fondé lorsqu'il vise à créer un vaste marché, à stimuler l'intérêt public et à augmenter le prix jusqu'à un point qui se situe dans les limites de l'intérêt intrinsèque. plus une valeur spéculative raisonnable. Cependant, soutenir le marché jusqu'à le stimuler est une iniquité morale lorsqu'il est effectué de manière malhonnête pour le seul bénéfice de « l'intérieur » et au détriment de l'actionnaire. Ce type de soutien du marché n'est qu'un peu moins répréhensible qu'une manipulation qui a pour but de réduire le prix de marché d'un titre en dessous de sa valeur réelle, qui, à mon avis, est presque toujours infâme.

Je pourrais déclarer ici qu'une seule fois j'ai « supporté » un stock de « l'intérieur », et cette fois-là, c'était une affaire temporaire, provoquée par le désir d'obtenir à un prix réduit un gros prix. bloc de stock qui était pressé d'être vendu à partir d'un trimestre auquel je n'étais pas obligé. Même dans ce cas, j'ai donné à l'investisseur une grande partie des avantages obtenus par mes associés en lui laissant détenir des actions au même prix que celui que "l'intérieur" avait obtenu. Je n'ai jamais non plus essayé de pousser le prix d'une action à un niveau supérieur à celui que je considérais justifié par la valeur spéculative raisonnable et intrinsèque démontrée du titre.

CHAPITRE X

ENTREZ, BH SCHEFTELS & COMPANY

BH Scheftels & Company, Incorporated, courtier en valeurs minières, successeur de BH Scheftels & Company, pendant de nombreuses années courtier en valeurs mobilières à Chicago, a ouvert ses portes sur Broad Street, New York, le 18 janvier 1909. Pendant une longue période, BH Scheftels & La société de Chicago avait été annoncée comme les représentants orientaux de la société Nat. C. Goodwin & Company de Reno, dont M. Goodwin avait été président. Il était maintenant annoncé que Nat. C. Goodwin était devenu vice-président de la nouvelle société BH Scheftels & Company. Parce que M. Goodwin était de profession acteur et non courtier en valeurs mobilières et à cause des abus personnels qu'il avait subis suite aux critiques injustes des journaux qui avaient suivi la « cassure » du prix du marché de Rawhide Coalition un mois auparavant, il était tout à fait disposé à servir de vice-président au lieu de président. En outre, il ne pouvait pas consacrer le temps de sa profession à s'occuper de près des affaires.

La nouvelle société BH Scheftels & Company a fait sa révérence devant le public en présentant immédiatement dans sa littérature de marché des conseils en faveur de l'achat d'actions de la Rawhide Coalition Mines Company. Je suis devenu directeur de la publicité de la société Scheftels, directeur de ses entreprises de promotion et chargé de la protection des intérêts de la société sur tous les marchés où ses actions étaient négociées.

Bientôt, je menai une nouvelle campagne auprès des investisseurs, qui devint si chaude, si passionnante et si grande que pendant dix-neuf mois, je travaillais en moyenne seize heures par jour, dimanche compris, sans pouvoir achever en un seul jour les affaires accumulées par la journée. L'entreprise s'est développée jusqu'à ce que BH Scheftels & Company dépense plus de 1 000 000 $ par an en dépenses de bureau et de publicité. Au cours de ses dix-neuf mois d'existence, elle a acheté, vendu et livré environ 15 000 000 d'actions minières. La société Scheftels a battu à cet égard tous les records jamais établis par une maison de courtage et de promotion de titres miniers dans l'histoire de Wall Street. Tout au long de sa carrière, il a été vicieusement attaqué de toutes parts, mais il a tenu bon. Grâce à son emprise sur le public spéculateur minier, qui bénéficiait d'un traitement plus équitable que jamais auparavant, il a survécu aux assauts concertés d'un certain nombre d'intérêts importants avec lesquels il avait rivalisé et contrarié, jusqu'au jour de septembre 1910, sur mandat. juré seul par un certain George Scarborough, depuis autorisé à démissionner, investi de la charge et du pouvoir d'un agent spécial du ministère de la Justice, ses bureaux ont été perquisitionnés, ses

livres et papiers saisis, ses biens confisqués et ses officiers et employés arrêtés
.

La dépense annuelle de BH Scheftels & Company était de 1 000 000 $ ou plus.

Suit un relevé tabulé du poste de dépense. Les chiffres sont approximatifs. Les livres de la société, qui sont maintenant en possession du ministère de la Justice du gouvernement des États-Unis, montreront probablement que la dépense annuelle était plus importante. Les livres n'étant pas facilement disponibles, on s'efforce ici d'être ultra-conservateur dans la fixation des chiffres :

DÉPENSES ANNUELLES DE BH SCHEFTELS & COMPANY

Création du siège social et de six succursales (mobilier, agencements, etc.) $	40 000
Location de bureaux	35 000
Système de câblage privé reliant les succursales de six villes à New York	25 000
Téléphones	5 000
Péages télégraphiques	100 000
Salaires (tous les bureaux)	200 000
Lettre de marché quotidienne et hebdomadaire (impression et affranchissement)	100 000
Frais généraux de bureau, etc.	100 000
Frais de port divers	25 000
Divers imprimerie et papeterie	25 000
Publicité, publicité, etc.	200 000
Experts comptables	15 000
Commissions et salaires des courtiers Curb	50 000

Examens miniers, honoraires d'ingénieurs,
frais juridiques, etc.   50 000

Frais d'intérêt   30 000

      Total $ 1 000 000

Avant que la société Scheftels ne soit en activité un mois, il devint évident qu'elle « répondait à un besoin ressenti depuis longtemps ». Dans presque toutes les branches, elle remplissait certaines fonctions d'une manière plus satisfaisante pour les spéculateurs et les investisseurs miniers que ses concurrents.

Son service d'information Market Letter, généralement de 16 pages, constituait l'article principal. Il a rapidement gagné un tirage de 34 000 exemplaires parmi les actionnaires les plus prestigieux et les mieux informés des sociétés minières du pays. Il a également été régulièrement envoyé à plus de 2 500 courtiers en valeurs mobilières, dont des membres du New York Stock Exchange, du New York Cotton Exchange, du Boston Stock Exchange, du New York Produce Exchange, etc.

Avant que la société Scheftels n'ait cinq mois, le travail de sa lettre de marché était complété par le *Mining Financial News*, un hebdomadaire qui avait été publié pendant une longue période à Reno sous le nom de *Nevada Mining News*, plus récemment sous le nom de *Mining Financial News*, et qui transféré à New York lorsque la société Scheftels a découvert que le public du secteur minier était avide de nouvelles en direct et de la vérité sur les propositions minières des autres États ainsi que celles du Nevada. Le *Mining Financial News* et le Scheftels Market Letter, parus à trois jours d'intervalle, recevaient des informations provenant pratiquement des mêmes sources. Le journal a été envoyé par courrier à tous les lecteurs de la Market Letter.

Les correspondants miniers les plus compétents et les plus fiables disponibles contre de l'argent à Tonopah, Goldfield, Ely, Rawhide, Cobalt, Butte, Globe et dans d'autres camps miniers, et les collecteurs d'informations sur le marché les plus expérimentés dans les centres boursiers miniers de Salt Lake, San Francisco, Boston, Philadelphie, Toronto et New York ont été inscrits sur la liste de paie. Les courtiers de ces villes et d'autres, notamment Duluth, Seattle et Butte, ont fourni davantage d'informations.

Partout où il y avait une activité minière ou commerciale, une représentation du plus haut caractère était recherchée. Les informations étaient toujours diffusées par câble, quel qu'en soit le prix, chaque fois que cela était important pour les négociants en actions minières. Les dépenses n'ont jamais été épargnées lorsque l'information était considérée comme ayant de la valeur pour le spéculateur ou l'investisseur. Dans les bureaux new-yorkais de la société Scheftels et du *Mining Financial News* , adjacents les uns aux autres, était réunie une équipe de journalistes possédant une longue expérience dans le domaine financier minier. Peu de choses qui se sont passées dans les mines ou sur les marchés ne leur ont jamais échappé. Quelques jours avant que les journaux miniers de l'Ouest n'atteignent l'Est, la Scheftels Market Letter ou le *Mining Financial News* communiquaient des nouvelles concernant le développement minier. Ils contenaient également un diagnostic et un pronostic boursier quotidien et hebdomadaire. Celles-ci étaient basées sur les informations recueillies par des forces entraînées et aidées de temps en temps par des informations secrètes qui filtraient dans les bureaux. Ce service obtint bientôt une précision jusqu'alors inconnue dans la rue.

Il n'y a probablement pas un courtier en valeurs mobilières sur cinq cents qui reconnaîtrait une mine souterraine s'il en voyait une. Sur les listes de paie de BH Scheftels & Company et du *Mining Financial News,* il y avait trente hommes qui avaient été littéralement élevés dans les mines et qui, lorsqu'ils prenaient la plume, savaient de quoi ils écrivaient. La société Scheftels et le journal ont fourni des informations de qualité sur les mines et les marchés aux investisseurs qui avaient été inondés de désinformation, de suppositions et de bavardages. Il cherchait à guider correctement les spéculateurs sur les valeurs minières.

C'était vraiment une tâche délicate que de traiter le *Mining Financial News* d'une manière qui ne laisserait pas croire à des gens stupides qu'il s'agissait d'un journal entièrement indépendant. Il était souhaitable que son indépendance soit maintenue dans une certaine mesure, afin que la pleine valeur du *Mining Financial News* , en tant que propriété, puisse croître. L'intention était qu'un jour, lorsque le *Mining Financial News* se trouverait sur une base payante, rompre l'alliance Scheftels.

Le *Mining Financial News* a toujours été une entité. Elle avait jusqu'alors été parfois aidée financièrement par des sociétés de promotion minière avec lesquelles j'avais été identifié et a toujours été pour cette raison un quasi organe de maison. Mais elle préservait invariablement une certaine indépendance dans ses colonnes d'information et, au moins, une indépendance partielle en matière de propriété qui lui permettait de voler de ses propres ailes.

PLUS DE VÉRITÉ SUR « L'ACTUALITÉ FINANCIÈRE MINIÈRE »

LORSQUE le *Mining Financial News* a été transféré à New York, M. Scheftels a fait preuve de beaucoup de persuasion pour convaincre les propriétaires de transférer le titre de propriété à la société Scheftels. Certes, si la société Scheftels pouvait se vanter d'être propriétaire du journal en tête de sa page éditoriale, ce serait une grande plume dans la casquette Scheftels et pourrait amener les investisseurs à penser qu'une organisation qui pourrait posséder et publier un journal métropolitain de premier ordre Un journal du genre *Mining Financial News* doit, pour cette seule raison, mériter un crédit financier.

Thompson, Towle & Company, membres de la Bourse de New York, impriment un modèle en petite taille d'un tel journal, appelé *News Letter*. Hayden, Stone & Company et Paine, Webber & Company, de Boston et de New York, auraient beaucoup d'influence auprès du *Boston News Bureau*, un journal qui présente des informations sur les mines et les marchés d'actions minières. Le *Boston News Bureau* n'a parfois imprimé aucune publicité, et à d'autres moments, il l'a fait. Il est considéré par les courtiers en valeurs minières de Boston qui gèrent les titres de cuivre du Michigan et de l'Arizona comme un complément nécessaire à leur littérature de marché. *La Copper Letter de Walker* et le *Boston Commercial* en sont d'autres exemples. *La Copper Letter de Walker*, qui ne contient aucune publicité, dit depuis des années les choses les plus gentilles sur les titres en cuivre promus et engendrés par d'importants intérêts de Boston et de New York. Inutile de préciser que ce que disent *le Walker's Copper Letter*, le *Boston Commercial* et le *Boston News Bureau* à propos des propositions minières de leurs amis est en règle générale basé sur des faits. Le fait est que les promoteurs estiment nécessaire que l'actualité concernant les marchés, les valeurs mobilières et les mines qui les intéressent fassent l'objet d'une large publicité.

C'était l'idée des propriétaires du *Mining Financial News*, dont BH Scheftels, président et 25 pour cent. propriétaire du capital de BH Scheftels & Company, n'en était pas un, que quiconque fournirait le nerf pendant que le journal se relevait et s'établissait avait droit à toute la publicité que le journal pouvait lui donner de manière cohérente et honnête . Avec cette compréhension, la société Scheftels a supposé prendre tous les revenus du *Mining Financial News* et payer toutes les dépenses de fonctionnement jusqu'à ce que le journal puisse devenir autonome.

Ce faisant, elle a rendu un service extraordinaire à l'ensemble de l'industrie minière, dans la mesure où l'espace consacré aux entreprises Scheftels n'y représentait pas en moyenne plus d'un huitième de l'ensemble, et elle a dépensé des dollars pour fournir des informations sur toutes les actions où d'autres sociétés financières minières les publications dans son domaine ont dépensé des sous.

Pour s'assurer que le public comprenne que le *Mining Financial News* était le quasi-organe de la société Scheftels, de nombreuses précautions ont été prises. Aucune demande d'admission aux courriers n'a été déposée en tant qu'affaire de seconde classe, et le journal a été posté sous un tarif postal de un et deux cents. Le nom de Harry Hedrick a été remonté en haut de la page en tant que vice-président de la société propriétaire du *Mining Financial News* , M. Hedrick étant ouvertement employé par la société Scheftels comme chef de son service de correspondance. Mon propre nom a ensuite été placé en tête de la page éditoriale en tant que rédacteur, la société Scheftels ne cachant pas ma position de chef absolu de son département de publicité, de ses entreprises de promotion et de tous les marchés des actions promotionnelles Scheftels. La connexion avait déjà été établie encore plus étroitement que cela. J'avais auparavant été annoncé comme vice-président de Nat. C. Goodwin & Company de Reno et vice-président de la Rawhide Coalition Mines Company ; et la société Scheftels avait annoncé que Nat. C. Goodwin en était son propre vice-président.

En outre, la société Scheftels a annoncé dans sa documentation sur le marché qu'elle avait des intérêts égoïstes à protéger le marché des actions en raison du Nat. Affiliation à C. Goodwin. Des articles de marché signés par BH Scheftels ont parfois été publiés à la une du *Mining Financial News* . Chaque fois que quelqu'un demandait la lettre de marché de Scheftels, un exemplaire du *Mining Financial* News lui était régulièrement envoyé gratuitement par courrier. Statuts sous la signature d'autres dirigeants et employés, anciennement de Nat. C. Goodwin & Company de Reno et plus tard de BH Scheftels & Company de New York, ont été très fréquemment publiés dans le *Mining Financial News* .

La raison probablement la plus importante pour laquelle la société Scheftels a conclu ce type d'accord avec le *Mining Financial News* était qu'elle pouvait le faire avec seulement une très petite dépense supplémentaire. La société Scheftels a jugé nécessaire d'employer des correspondants dans tous les centres miniers et commerciaux, et les mêmes correspondants pouvaient travailler pour les deux entreprises. Un autre argument économique était qu'une énorme économie pourrait être réalisée sur les péages télégraphiques, toutes les dépêches adressées au journal étant envoyées au tarif de la presse. Ces dépêches étaient toujours à la disposition de la société Scheftels et de sa clientèle.

L'idée de l'organisation Scheftels était que le public investisseur dans les sociétés minières avait cruellement besoin d'une bonne direction et que toute maison de courtage qui le dirigerait correctement serait bientôt incapable de traiter toutes les affaires qui lui seraient proposées.

Et c'est exactement ce qui s'est passé. Avant que l'entreprise Scheftels n'ait six mois d'existence, les quinze hommes de son service comptable étaient obligés de travailler jour et nuit – à maintes reprises jusqu'à 6 heures du matin – pour rattraper leur retard.

Si le service d'information Scheftels était aussi parfait que l'argent et l'intelligence pouvaient le faire, ses installations pour l'exécution des ordres sur le New York Curb, le Boston Curb, la Bourse de San Francisco, la Bourse de Salt Lake, la Bourse de Toronto et d'autres les marchés miniers étaient inégalés. Ses bureaux de New York et de Boston étaient reliés aux succursales de Philadelphie, Chicago, Détroit, Milwaukee et Providence par des câbles privés exclusifs, et le service vers les bureaux en dehors de la ville était presque instantané.

Les bureaux de New York étaient situés juste en face du Curb Market sur Broad Street, au rez-de-chaussée du grand immeuble *du Wall Street Journal*, mesurant 50 pieds sur 200 pieds de profondeur, occupant environ 10 000 pieds carrés de surface au sol. Le bureau de Boston, occupant deux étages, était situé à moins de 100 pieds du marché Curb de cette ville. Les fils publics des compagnies de télégraphe assuraient un service rapide entre San Francisco, Salt Lake et Toronto, où les affaires se faisaient par l'intermédiaire des membres des bourses minières de ces villes. Les lignes privées de la société Scheftels étaient constamment inondées de cotations rapides et de nouvelles du marché, de la mine et de l'entreprise à chaque heure de négociation. A New York, les courtiers Curb des Scheftel emploient, certains à salaire, d'autres à commission, rarement au moins dix et, à une époque, plus de vingt.

Le service de correspondance a été présidé pendant une longue période par deux des hommes les mieux placés du marché minier et pouvant être employés contre de l'argent. C'est de ce département que sortaient généralement les directeurs des bureaux extérieurs. Dans la cage du caissier, six hommes travaillaient avec un salaire moyen supérieur à 100 dollars par semaine, enregistrant les actions, recevant les actions, payant l'argent et tirant les chèques. La masse salariale du service de courrier, qui était géré en collaboration avec le *Mining Financial News*, était relativement faible. Les machines permettant d'économiser de l'argent pour gérer l'importante production de lettres et de journaux commerciaux ont fourni un service excellent et économique. Une dizaine de sténographes étaient régulièrement employés au service de la correspondance. Parfois, lorsqu'un effort particulier était fait pour intéresser le public à une certaine sécurité qui concernait particulièrement la société, une force de quarante dactylographes supplémentaires était mise en service pour de courtes périodes.

LES PRINCIPES SCHEFTELS

Lorsque la société BH Scheftels & Company a ouvert ses portes à New York, elle n'avait aucune affiliation avec d'autres intérêts de Wall Street. Il n'avait d'autre objectif à défendre que le sien. C'était pratiquement un indépendant. Elle a bricolé ses propres produits, en prenant soin de toujours s'en tenir aux faits et sans jamais mâcher ses mots sur la qualité des produits de ses contemporains. Le principe de la société Scheftels et du *Mining Financial News* était de toujours avoir *raison* dans leurs prévisions de marché. L'ordre général donné aux collecteurs d'informations et aux pronostiqueurs du marché sur les mines et les marchés était de DONNER LES FAITS .

La loi édictée était la suivante : si la nouvelle est mauvaise et est susceptible de nuire aux intérêts de nos meilleurs amis, dites-la dans l'intérêt de l'investisseur. Si tout va bien et que les bailleurs de fonds des actions concernées se révèlent être nos pires ennemis, dites-le-lui. Peu importe de quel côté du marché vous pensez que BH Scheftels & Company s'engage dans l'une de ses propres spéculations, informez le client de toutes les nouvelles. Mettez la cause du négociant en actions minières devant vous comme celle qui doit toujours faire avancer les choses. N'exagérez jamais. En fin de compte, cette politique doit revenir à notre crédit et à notre profit.

Finalement, cette politique a abouti à notre ruine. Notre politique de vérité a été directement responsable de la perte de millions de dollars au profit de promoteurs concurrents, et ils se sont unis pour nous détruire.

Les activités de publicité, de promotion et de courtage de la société étaient d'une telle ampleur, et en même temps si simples, qu'elles attirèrent immédiatement l'attention de la rue. Avant que la société Scheftels ait six mois d'existence, les vétérans du jeu financier commençaient à penser qu'un grand intérêt se cachait derrière cette préoccupation. Ses méthodes de marché fringantes, ses puissantes mesures de publicité et son assurance débridée ont attiré beaucoup d'attention. De tous côtés, des avis d'experts parvenaient à la société Scheftels, selon lesquels sa manière de faire était convaincante dans la mesure où elle connaissait le métier. Mais l'opinion générale des talents semblait être que la nouvelle société dépensait trop d'argent et qu'elle ne pourrait pas gagner à moins qu'un grand boom des actions minières ne s'ensuive.

Les tactiques de marché adoptées par la société Scheftels dans ses activités de promotion étaient vieilles comme le monde. À la Bourse de New York, ils avaient déjà été employés des milliers de fois. La méthode survivra probablement à tout temps. La société cherchait à distribuer les actions dont elle devenait à son tour le sponsor – d'abord Rawhide Coalition, puis Ely Central, plus tard Bovard Consolidated et enfin Jumbo Extension – par le système approuvé de Wall Street visant à établir l'intérêt et l'enquête du public et à provoquer un marché actif. L'objectif était d'établir des prix plus élevés pour les titres, toujours dans les limites d'une valeur spéculative intrinsèque et raisonnable. Tous les efforts ont été orientés dans cette direction.

Des projets comme celui-ci sont cependant parfois contrecarrés. Les marchés tombent malades. Il y a plus de presses à vendre que « l'intérieur » n'a d'argent à payer. Les actions cassent leurs cours. Le promoteur ne peut alors pas gagner d'argent et risque d'en perdre beaucoup. Puisque gagner de l'argent est son objectif principal et la distribution d'actions secondaire, il doit faire des calculs précis lorsque les marchés sont soumis à l'habitude de casser les prix. C'est là que BH Scheftels & Company, grâce à son activité de courtage, a découvert, après une courte période, qu'elle détenait le pouvoir de s'assurer contre la baisse des marchés.

Sans stocks promotionnels disponibles – obtenus en gros à des chiffres inférieurs aux valeurs justifiées – dans lesquels elle pourrait bénéficier de centaines de milliers de dollars sur un marché en hausse, la dépense annuelle d'un million de dollars de la société Scheftels n'aurait pas été justifiée. . Une fois que le marché a recherché des niveaux inférieurs et qu'aucun profit n'a pu être réalisé sur les promotions, cela a entraîné un arrêt de l'activité à grande échelle.

L'assurance de la société était le marché libre des actions de la liste générale et ses activités de courtage.

De temps en temps, elle a ouvertement vendu à découvert des dizaines de milliers d'actions dans lesquelles elle n'avait aucun intérêt de promoteur, en sortant sur le marché libre et en les vendant à tous les offrants contre livraison future, en les empruntant à des courtiers et en les vendant pour un prix immédiat. livraison, et par ventes à découvert en général.

Les spéculateurs jouent sur le marché, tout comme la société Scheftels, mais jamais contre ses propres actions. Cependant, les spéculateurs achètent des actions minières directement ou sur marge parce qu'ils veulent jouer. La société Scheftels a joué sur le marché pour une raison exactement opposée. Elle ne voulait pas mettre ses œufs dans le même panier et voulait une assurance contre les baisses du marché pour couvrir les pertes de promotion qui pourraient en résulter en cas de ralentissement général du marché.

Et la société Scheftels n'a pas inauguré de faux système de comptabilité ni ne s'est cachée derrière des buissons pour ce faire.

De plus, l'entreprise n'a profité de personne. Les cartes n'étaient pas marquées. Le jeu n'était pas empilé. Il n'y a pas eu de négociation par le bas. L'opinion du marché dont l'entreprise était directement ou indirectement responsable était authentique jusqu'au dernier énoncé. Aucune nouvelle n'a été supprimée sur aucun titre. La société a divulgué à ses clients et au grand public toute information externe ou privilégiée importante concernant les actions de la liste générale qui était en sa possession. Au moment même où elle manquait de stocks en plus grand volume, ses prévisions de marché lui valurent une réputation d'exactitude jamais enregistrée auparavant.

Si les actions dont la société manquait - actions figurant sur la liste générale et s'élevant probablement à 15 pour cent du volume de l'ensemble de ses affaires, le reste des transactions étant entièrement en actions "maison" (ces actions "maison" elle ne pourrait pas en manquer en raison des options de son promoteur sur des centaines de milliers d'actions) - si les actions de la liste générale ainsi « vendues à découvert » montaient en prix et que la société était obligée d'entrer sur le marché plus tard et de « couvrir » une grande perte, la société avait toujours à cœur de chanter un hymne d'action de grâce, car elle pouvait très bien se permettre de payer les pertes qu'elle avait subies dans la liste générale avec les profits plus importants qui seraient réalisés dans les actions de la maison. qui doit, en effet, participer à l'essor général.

Les titres de garantie constitués par les clients en guise de marge pour l'achat d'autres actions étaient crédités sur les comptes des clients et mélangés aux propres titres de l'entreprise. Dans tous les cas, une approbation appropriée des certificats, présentés comme marge de garantie, était requise. Tout certificat d'actions porte au verso une procuration en blanc. La signature de la personne à qui le certificat a été délivré le rend négociable par le courtier. C'était la règle de la maison d'informer toujours ceux qui apportaient des garanties aux bureaux contre marge que les stocks seraient utilisés et qu'ils ne recevraient pas en retour les certificats identiques. Dans un certain nombre de cas, des objections ont été formulées. L'acceptation du titre comme marge de garantie a alors été rapidement refusée. S'il y a eu quelques exceptions à cette règle, c'était contraire aux instructions et dues à la négligence ou à l'ignorance. Chaque fois qu'un client fermait son compte et exigeait la restitution de sa garantie, des stocks de même description et dénomination étaient rappelés et la livraison était effectuée.

La même règle s'appliquait aux actions gagées auprès de la société pour des prêts, étant précisé dans le billet à ordre signé par l'emprunteur que le privilège d'utiliser les actions était accordé au prêteur.

Cette pratique est si courante et la règle si généralement comprise par les commerçants de titres miniers que les clients s'y opposent rarement.

Pour tester l'usage général, un ami, sur ma suggestion, a récemment envoyé des certificats d'actions à 17 courtiers en valeurs mobilières exerçant actuellement leurs activités à Wall Street. Trois d'entre eux étaient membres de la Bourse de New York et 14 étaient membres du New York Curb, du Boston Curb ou d'une bourse minière. Une lettre essentiellement rédigée comme suit a été envoyée à chacun des 17 :

Vous trouverez ci-joint ...... actions de .... à utiliser comme marge de garantie pour l'achat d'un bloc supplémentaire de .... actions. Veuillez acheter au marché et signaler rapidement.

Les 17 ordres ont été exécutés par les 17 maisons individuelles. Un mois plus tard, lorsque le stock commandé a progressé sur le marché, la lettre suivante a été envoyée à chacun des 17 :

S'il vous plaît, vendez les actions ...... de ...... que vous avez achetées pour moi il y a un mois au marché et retournez-moi le certificat d'actions que je vous ai envoyé en garantie avec un chèque pour mes bénéfices.

Il a fallu près de deux mois pour que les 17 soient livrés. Lorsqu'ils l'ont fait, aucun d'entre eux n'a rendu le même certificat qui avait été présenté en garantie.

Ne soyez pas choqué, cher lecteur, par cette révélation. C'est la *coutume* .

Et ne pensez pas, s'il vous plaît, que les courtiers en valeurs minières sont seuls à se consacrer à la pratique générale. Si vous commandez l'achat d'un bloc d'actions sur marge en espèces auprès d'une maison de la Bourse de New York ou envoyez un certificat d'actions en garantie au lieu d'espèces à l'une d'entre elles pour l'achat d'actions supplémentaires, vous recevrez un bordereau de confirmation de le commerce qui lira généralement quelque chose comme ceci :

Nous nous réservons le droit de mélanger ce stock dans nos prêts généraux, etc.

Autrement dit, le droit est réservé, et effectivement exercé, de transférer immédiatement la propriété des certificats au courtier.

À moins qu'un certificat soit au nom d'un client et ne soit pas approuvé par lui, celui-ci n'a aucun contrôle sur celui-ci. Selon la loi, un courtier a le droit d'hypothéquer ou de prêter des titres ou des marchandises gagés auprès de lui, dans le but de réunir les sommes nécessaires pour compenser le prix d'achat, et ces titres n'ont aucune affectation. En d'autres termes, le client n'a pas droit à des actions spécifiques, de sorte que les actions achetées avec l'argent d'un client peuvent être livrées à un autre client.

Quant à la société Scheftels qui s'expose à des accusations de « bucketshopping » en « vendant » des actions, une telle éventualité n'avait jamais été imaginée. La loi pénale de l'État de New York, articles 390 à 394 inclus, est la seule loi pénale couvrant les opérations de marché communément appelées bucketing et bucketshops. Dans chaque article et sous-division, il est prévu que lorsque les deux parties ont l'intention qu'il n'y ait pas d'achat ou de vente réel, mais que le règlement soit effectué sur la base de devis, un crime a été commis, le texte de la loi étant "dans lequel *les deux parties* à cet accord avoir l'intention, etc. » ou « lorsque *les deux parties* n'ont pas l'intention, etc. » La société Scheftels n'a jamais été partie à un tel accord. Et il a toujours été d'usage d'effectuer la livraison des stocks commandés achetés dans un délai raisonnable après que le client ait payé intégralement le montant dû.

Or, ni moi-même ni la société Scheftels ne sommes responsables des conditions de courtage telles qu'elles existent, ni des lois telles qu'elles sont écrites. La coutume et la pratique sont responsables. Le but ici est de communiquer la nature exacte des méthodes commerciales de la rue telles que je les ai trouvées et de mettre un accent particulier sur celles qui sont critiquables.

LA SOCIÉTÉ SCHEFTELS CONTRE LE TRADING SUR MARGE

La société Scheftels n'a pas encouragé ses clients à négocier sur marge. En fait, il s'est élevé contre cette pratique. À maintes reprises, le *Mining Financial News* a dénoncé, dans son éditorial, le commerce des marges. La lettre hebdomadaire du marché de la société résonnait dans le même sens. A plusieurs reprises, dans des annonces sur grand écran publiées dans les journaux, la société Scheftels a dénoncé cette pratique et a exhorté le public à mettre fin à ce type de commerce.

Il y avait des raisons égoïstes à cela. Dans la commercialisation de ses promotions, l'entreprise Scheftels a constaté que pas plus de 20 pour cent. des ordres du public pour ces actions donnés à d'autres courtiers étaient en cours d'exécution, ou, s'ils étaient exécutés, que les actions étaient immédiatement revendues sur le marché, les courtiers ou leurs alliés étant « debout » sur la transaction.

Si la société Scheftels avait pu détruire cette pratique par sa campagne publicitaire, elle aurait sans doute pu, au cours de ses dix-neuf mois d'existence, réussir à promouvoir trois ou quatre fois plus de sociétés minières qu'elle l'a fait, et ses bénéfices auraient été ont été quadruples.

Cependant, cela a séduit le public en vain. Les appels bruyants et fréquents aux traders sur marge pour qu'ils règlent leurs soldes débiteurs et exigent la livraison de leurs certificats, ce qui obligerait chaque courtier à sortir sur le marché et à acheter les actions qu'il vendait à ses clients, ont lamentablement échoué.

La leçon de cette expérience était que le public spéculateur ne se souciait pas de savoir si ses courtiers étaient à court de titres ou non. Tout ce qu'ils voulaient, apparemment, c'était être assurés que lorsqu'ils seraient prêts à clôturer leurs comptes, leurs stocks, leurs bénéfices ou leurs soldes créditeurs seraient disponibles.

Quel est le mal de la vente à découvert du type décrit ici ? Le seul mal que j'ai jamais pu découvrir est que le marché se voit refuser le soutien que le fait de détenir des actions est censé apporter. Cette épreuve pèse le plus lourdement sur le promoteur. Il ne semble pas y avoir de remède. Même si un courtier achète les actions et ne les revend pas lui-même, aucune loi ne lui refuse le droit d'emprunter sur ces actions ou de les prêter à quelqu'un d'autre. Et il est dans l'intérêt du courtier, parce qu'il obtient l'usage de l'argent, de toujours prêter les actions. Les actions sont rarement empruntées par qui que ce soit, sauf pour effectuer des livraisons lors de ventes à découvert.

Qu'en est-il du courtier qui n'exécute pas du tout son ordre mais « reste » sur la transaction dès le début et vend les actions « à découvert » à son propre client, retardant l'achat effectif jusqu'à ce que la livraison soit exigée ? Cette pratique est encore moins dommageable pour le client que celle qui consiste à exécuter l'ordre d'achat pour le client au moment où l'ordre est donné, puis à revendre les actions sur le marché pour le compte du courtier ou de son ami - le pratique habituelle lorsque l'objet d'une vente à découvert est recherché. Lorsqu'un courtier achète des actions sur le marché, il doit enchérir sur celles-ci, et l'achat effectif signifie généralement pour le client un prix de revient plus élevé que celui des cotations permanentes.

La règle de la rue est de facturer au client des intérêts sur tous les soldes débiteurs. Lorsqu'un courtier prête à un vendeur « à découvert » des actions qu'il porte pour son client, il reçoit la totalité de la valeur marchande, en garantie de son retour. Dans ce cas, le courtier cesse de supporter des frais d'intérêts pour le client et peut en outre prêter avec intérêts le dépôt marginal en espèces déposé par le client.

Peut-être pensez-vous, cher lecteur, qu'un courtier qui facture à son client des intérêts au taux de six pour cent. par an sur l'argent qu'il a cessé d'avancer est tordu. Très bien. Si tel est le cas, alors tous les membres de la Bourse de New York doivent être qualifiés d'« escrocs ». Voici comment cela fonctionne, même parmi les membres de la classe la plus élevée et les plus conservateurs de ce grand magasin de valeurs mobilières :

John Jones ordonne l'achat par son courtier de 1 000 actions Steel sur marge. Il rembourse 10 pour cent. du prix d'achat. M. Jones reçoit un relevé à la fin du mois lui imputant des intérêts au taux de six pour cent. par an, ou plus si le marché de l'argent au jour le jour est plus élevé, sur les 90 pour cent. du prix d'achat avancé par la maison.

Le jour même où l'ordre de John Jones est reçu, William Smith ordonne à la même maison de vendre à découvert 1 000 actions de Steel sur le marché. Cette commande est également rapidement exécutée. Le courtier utilise alors les 1 000 actions de Steel qu'il a achetées pour le compte de John Jones pour les livrer via la Clearing House pour le compte de William Smith. Parfois, un

William Smith fictif est créé, connu sous le nom de « Compte n° 1 », « Compte A. & S. », « Compte E. », etc. Cela se produit généralement lorsqu'un courtier veut cacher à ses comptables qu'il ou un associé prend l'autre côté du commerce du client.

Le courtier n'a plus d'argent, mais il facture à M. Jones le taux d'intérêt régulier sur son solde débiteur. En fait également, les actions achetées pour M. Jones ne sont jamais livrées à son courtier. La Clearing House, en raison de la vente « à découvert », intervient et la livre au courtier à qui elle est due « au solde ».

La coutume et la pratique couvrent une multitude de transactions remarquables, n'est-ce pas ?

Vous disposez du cadre de la structure Scheftels et de son environnement de Wall Street décrit dans ce chapitre. Une partie du récit est sans aucun doute « sèche comme la poussière », mais son récit s'est avéré nécessaire pour permettre au lecteur profane d'interpréter correctement la chronologie des événements émouvants qui constitue le volet final.

Dans ce qui précède, je me suis efforcé de mettre à nu de nombreuses pratiques communes à Wall Street. Partout où je les ai mis à la porte de la BH Scheftels & Company, j'ai donné à cette société le pire, car dans le récit j'ai omis de mentionner une multitude d'événements qui étaient extrêmement honorables pour la société Scheftels. La plupart d'entre eux étaient liés aux expériences de la société Scheftels en tant qu'agent de publicité et promoteur. Sa politique de publicité et de promotion à grande échelle a suscité la colère des pirates influents de Wall Street et a provoqué la « pression » à Washington qui a abouti au raid fédéral dans les bureaux de Scheftel.

J'ai réservé cette série dramatique d'événements pour mon dernier chapitre.

CHAPITRE XI

Un combat à mort

Dans le milieu professionnel, la société Scheftels était considérée comme un intrus dès le jour où elle a mis les pieds dans le quartier financier.

Sa première infraction a été de réduire ses taux de commission. Cette décision a dressé tout le trottoir contre l'entreprise. Mais au fur et à mesure que la pièce progressait, elle s'est avérée sans importance en comparaison du crime indescriptible consistant à dire la vérité sur les propositions minières d'autres personnes qui étaient candidates à l'argent public. La société Scheftels avait établi comme règle qu'une réputation bien établie en matière d'exactitude des déclarations était un grand atout pour tout promoteur ou courtier. Pour acquérir un tel prestige, le principe a été suivi dans la publicité nationale émanant de la Chambre selon laquelle, peu importe qui la vérité blessait ou favorisait, elle devait toujours être dite lors de la publication d'informations concernant la valeur de tout titre coté ou non coté. L'espace dans la Scheftels Market Letter ou dans les colonnes d'information du *Mining Financial News* était inachetable.

L'application de cette règle s'écartait largement des méthodes dominantes. Mais cela ne nous a pas fait hésiter. Ayant ressenti le pouls spéculatif pendant des années, j'en connaissais le battement. Le public, après avoir perdu des milliards de dollars, commençait à être « éduqué ». La base des promoteurs miniers – hauts et bas – à Wall Street croyait toujours que « une personne naît chaque minute et aucune ne meurt ». Mais moi et mes associés ne l'avons pas fait. Un public sans instruction avait été impitoyablement « réduit » en dizaines d'entreprises soutenues par de grands noms respectés. Les spéculateurs étaient avides de vérité. Nous avons décidé de leur donner. Nous leur avons donné directement.

Ce système publicitaire a provoqué la ruine de la société Scheftels à cause des puissants ennemis qu'il s'est fait. La politique était quand même correcte. Malgré cette persistance, rien n'était ni n'est mieux calculé pour renforcer la demande pour toutes les descriptions de titres méritoires. La société Scheftels a été la pionnière dans l'exploitation de ce principe comme base fondamentale et sous-jacente du courtage et de la promotion. Cependant, en étant pionnière dans cette politique, la société Scheftels fut sacrifiée aux préjugés et à la colère de la vieille école de promoteurs.

LE TIR DES PREMIERS ARMES

Avant que la société Scheftels ne soit dans la rue trois mois, elle a failli tomber en panne. Forte d'excellentes nouvelles minières, elle a acheté près de 300

000 actions de Rawhide Coalition sur le marché libre, à hauteur de 71 cents par action. Une campagne déterminée a été menée contre le titre par les sociétés de courtage en valeurs minières qui l'avaient vendu à découvert. Des ballots de titres empruntés ont été jetés sur le marché par la foule qui opérait pour le déclin. La société Scheftels a tout absorbé. Des lettres et des télégrammes ont été envoyés par des ennemis du marché, exhortant les actionnaires à vendre. Une clique puissante perdait de grosses sommes à la hausse.

La société Scheftels a publié des annonces invitant les traders sur marge à exiger la livraison de leurs certificats. Cet expédient s'est avéré de peu d'utilité. Les courtiers ont continué à retarder les livraisons aux clients et nous ont vendu et livré tous les titres qu'ils pouvaient emprunter ou mettre la main. La poursuite des ventes a finalement fait irruption dans les réserves de trésorerie de la société Scheftels, à un point tel qu'elle l'a obligée un jour à se retirer et à laisser le marché aux tireurs d'élite. Ce jour-là, en quelques heures, environ un demi-million d'actions de Rawhide Coalition ont changé de mains sur une capitalisation de 3 000 000 d'actions. Les prêts de la société ont été rappelés. Cela l'a obligé à lancer de gros blocs d'actions sur le marché. Une rupture brutale s'ensuit. C'était exactement ce que voulaient les intérêts qui nous tiraient dessus. Ils ont couvert leurs ventes à découvert avec de gros bénéfices.

Au milieu de la mêlée, la société Scheftels a offert une maison de bourse de grande importance, qui lui avait prêté pour le compte d'une société de courtiers de Salt Lake 12 500 $ sur 50 000 actions de Rawhide Coalition, l'argent pour reprendre le prêt. Un représentant de la Bourse a déclaré, penaud, que sa société avait prêté une partie des actions promises à des courtiers de l'extérieur de la ville. Il a demandé du temps. Sous la menace de conséquences désastreuses, la société boursière nous a racheté des actions sur le marché libre cet après-midi-là pour combler le déficit, puis nous a restitué ces actions à la place de celles dont elle s'était séparée. Il avait été spécifiquement stipulé par la société Scheftels, lors de l'octroi du prêt, que les certificats devaient être conservés intacts et que les actions ne devaient pas être prêtées ou vendues pendant la durée du prêt d'argent.

Cette expérience s'est répétée fréquemment au cours de la carrière de Scheftel sur le trottoir. Cela a coûté à BH Scheftels & Company plus d'un million de dollars, au cours de ses dix-neuf mois d'existence, pour apporter un soutien loyal du marché, en période d'attaque "professionnelle", aux actions qu'elle avait engendrées ou promues et dont elle se sentait moralement responsable.

La société Scheftels a trouvé à maintes reprises parmi les actions qui lui avaient été livrées, en contrepartie d'achats effectués sur le marché libre, les mêmes certificats qu'elle avait donnés en gage auprès de courtiers en prêts en garantie de prêts et qu'elle avait hypothéqués à la condition expresse que les certificats ne devaient pas être utilisés. Cela nous a ouvert les yeux sur l'une des pratiques les plus courantes, non seulement sur le Curb, mais aussi à la Bourse. Il n'y a guère de panne sur aucune bourse ou sur le trottoir qui ne révèle les certificats des clients, qui ont été initialement mis en gage, étant entendu qu'ils ne devaient pas être "utilisés" dans les coffres-forts d'autrui.

La première offense grave des forces publicitaires de la société Scheftels contre le groupement promotionnel « Oh, laissez-nous seuls » de Wall Street fut un coup dur en avril et mai 1909, à travers la littérature de marché Scheftels, au Nevada-Utah.

L'association qui possédait le contrôle prit de mauvaise grâce les restrictions sur la propriété. Nous avons entendu un terrible rugissement souterrain. À cette époque, le prix des actions Nevada-Utah était d'environ 3 dollars. La lettre de marché de Scheftels indiquait qu'il n'y avait probablement pas 30 cents de valeur boursière derrière la propriété. Le prix a immédiatement commencé à s'effondrer. Depuis, on fait de la luge. Au début du mois de septembre de cette année, le titre était coté entre 37½ et 50 cents.

Une chose telle que la publication de faits qui éclaireraient les actionnaires et le public quant à la valeur et à l'état réels n'avait jamais été entendue auparavant, alors qu'une telle illumination allait à l'encontre des plans de promoteurs fermement enracinés dans la rue.

La campagne contre le Nevada et l'Utah a donc attiré une large attention sur BH Scheftels & Company et le *Mining Financial News* .

Suite à la divulgation du Nevada et de l'Utah, le Daily Market Letter et le Weekly Market Letter de la société Scheftels et le *Mining Financial News* ont subi une bonne, forte et rauque « chute » de la société La Rose Mines, capitalisée pour 7 500 000 $. La Rose possède l'une des plus grandes mines productrices du camp argentifère de Cobalt. Un projet de marché était en cours, avec La Rose comme médium et WB Thompson, célèbre à Nipissing, comme principal manipulateur. Nous avons mis un terme au jeu lorsque le prix a atteint un « sommet » de 8,50 $, ce qui a permis au public d'économiser une énorme somme d'argent. Dans le cadre de notre campagne, le titre est tombé à 4 $, soit une diminution de 6 750 000 $ de la valeur marchande de la capitalisation. Cela faisait de WB Thompson et de ses associés des ennemis implacables de la société Scheftels et de moi-même. Nous ne nous sommes pas beaucoup inquiétés. Nous approvisionnions le public. En effet, nous étions satisfaits de notre travail.

À la suite de cet incident, le Scheftels Market Letter et le *Mining Financial News* ont critiqué un accord sur les titres miniers dans lequel WB Thompson et les Guggenheim étaient conjointement intéressés. Il s'agissait de la désormais célèbre fusion Cumberland-Ely-Nevada Consolidated. Plus tard, la fusion s'est élargie et a absorbé l'Utah Copper Company, ou plutôt l'Utah Copper Company a absorbé les autres, et la propagande de Scheftel a trouvé une autre occasion de rendre un grand service aux actionnaires de Nevada Consolidated.

Notre attaque a porté atteinte à la réputation du Guggenheim auprès des investisseurs de tout le pays et a contribué à réduire leur influence sur le grand groupe d'actionnaires – plus de 6 000 hommes et femmes – de Nevada Consolidated. Même s'ils ont finalement réussi, les Guggenheim étaient endeuillés par les coups et les expositions auxquels ils avaient été soumis. Quant à la société Scheftels et au *Mining Financial News* , ils avaient encore davantage démontré l'honnêteté et la valeur de leur service publicitaire.

Un plan de marché visant à gonfler le prix des actions de la Ray Central Copper Company jusqu'à plusieurs fois leur valeur était une entreprise précieuse contre laquelle nous avons braqué nos armes publicitaires et tiré plusieurs bordées efficaces. L'effort des promoteurs pour s'associer aux deniers publics n'aurait pas été aussi sensationnel si des hommes de moindre importance avaient été associés à l'opération. Dans notre publicité "ourse" sur celui-ci, nous n'avons pas mâché nos mots. Ce faisant, nous touchons à nouveau un autre intérêt puissant : les Lewisohn.

Plus tard, la révélation par le *Mining Financial News* et le Scheftels Market Letter des manipulations de marché de Kerr Lake, contrôlée par Lewisohn, a encore plus « attiré l'attention » des membres de ces deux organisations auprès de cette puissante faction et a cimenté plus étroitement les liens de camaraderie entre le parti au pouvoir. pouvoirs.

Keystone Copper, un autre « bébé » de Lewisohn, a suivi ses cours sur le Curb tandis que Kerr Lake jouait un rôle de premier plan. L'accord de Keystone était une petite chose discrète, mais terriblement bonne dans la mesure où elle allait d'un point de vue unilatéral. J'ai braqué le projecteur de la publicité sur Keystone.

Les révélations de Scheftels Market Letter et *Mining Financial News* dans l'intérêt des spéculateurs et des investisseurs concernant Nevada-Utah, La Rose, Cumberland-Ely, Nevada Consolidated, Utah Copper, Ray Central et Kerr Lake étaient assez sensationnelles, mais elles n'incluaient en aucun cas tout le travail dans cette ligne. Au cours de l'année 1909, cette littérature publicitaire a concerné pratiquement toutes les sociétés minières importantes dont les actions étaient négociées sur le New York Curb. Les vérités désagréables que ces forces étaient obligées de dire de temps à autre touchaient la sensibilité délicate de nombreuses personnalités de la rue. Ceux-ci s'étaient habitués à un régime invariable de sucreries.

Il semblerait que leur appétit pour les aliments sucrés serait devenu écoeurant et qu'un changement serait un soulagement reconnaissant. Ce n'était pas. La vérité était de mauvais goût. Cela a interféré avec la noble industrie minière du public et a réduit les profits de cette fin du jeu. En tenant un registre quotidien de l'évolution du marché et de l'exploitation minière, ces agents publicitaires ont percé de nombreux ballons aux couleurs de l'arc-en-ciel. Très fréquemment, ils donnaient au public sa première idée précise et intelligente de la valeur réelle des promotions et des propriétés. Là où les prix du marché représentaient un surplus d'espoirs et d'attentes, la vérité a été dite. L'objectif était de sortir la spéculation minière des nuages et de poser les pieds sur terre.

Dans cet effort louable, nous sommes allés à l'encontre des plans des puissants. Nous avons également violé la vulgaire règle non écrite de certains membres de la fraternité de Wall Street : « ne jamais éduquer un idiot ». Notre travail publicitaire a provoqué un réajustement du jugement et des valeurs marchandes, outre ceux déjà mentionnés, sur des actions telles que First National, Butte & New York, Trinity Copper, Micmac, Ohio Copper, United Copper, Davis-Daly, Montgomery-Shoshone, Goldfield Consolidated. , Combine Fraction, Colombie-Britannique, Granby, Cobalt Central, Chicago Subway et soixante à quatre-vingts autres.

Les fils sous tension de notre service publicitaire ont irrité la chair des Guggenheim, des Thompson et des Lewisohn, et perturbé leurs affiliations, relations et alliés largement diffusés, parmi lesquels John Hays Hammond, J. Parke Channing et EP Earle ; ainsi que Charles M. Schwab, EC Converse, BM Baruch, le sénateur américain George S. Nixon, George Wingfield, Hooley, Learned & Company, de nombreuses autres maisons de la Bourse de New York, un groupe de puissants cabinets d'avocats d'affaires, une foule de personnalités influentes. des politiciens, des courtiers de Curb qui avaient grossi en exécutant des ordres manipulateurs pour « l'intérieur », des banquiers qui déposaient les soldes de trésorerie des sociétés minières, et même JP Morgan & Company, qui étaient partenaires des Guggenheim dans leurs entreprises en Alaska et étaient pour une époque où on dit méditer une fusion des sociétés de cuivre du pays avec celles contrôlées par les Guggenheim comme noyau.

L'HISTOIRE D'ELY CENTRAL

En gardant les spéculateurs à l'écart des actions qui se vendaient à des prix gonflés, la société Scheftels et le *Mining Financial News* sont devenus chers auprès d'un grand groupe d'argent populaire. Le public a économisé d'énormes sommes d'argent.

Cependant, cela n'a réalisé que le côté négatif d'une grande idée. L'affirmative exigeait que la société Scheftels place ses adeptes dans une ou plusieurs actions où ils pourraient réellement gagner de l'argent.

La société Scheftels était à la recherche d'une proposition d'exploitation minière de cuivre véritablement haut de gamme. Elle a trouvé ce qu'elle cherchait à Ely Central, une propriété située entre les meilleurs terrains du Nevada Consolidated, bordée par le Giroux et occupant une position stratégique dans le grand camp de cuivre du Nevada d'Ely, berceau de ce qui est probablement la plus grande mine de cuivre porphyre la moins coûteuse d'Amérique.

En envahissant le territoire d'Ely en tant que promoteur et en annexant Ely Central, la société Scheftels a commis ce qui était probablement, pour les intérêts parmi lesquels notre travail publicitaire avait causé le plus de dégâts, un crime impardonnable. Nous sommes intervenus au cœur même du jeu et sommes devenus un facteur perturbateur dans leurs opérations minières.

La propriété Ely Central s'étend sur plus de 490 acres. Des années auparavant, dans les premiers jours du camp, il avait été ignoré par les géologues et les promoteurs qui choisissaient le terrain pour les Nevada Consolidated, Giroux et Cumberland-Ely, parce qu'il était recouvert d'une formation non minéralisée appelée rhyolite. Au fur et à mesure que les travaux de développement avançaient et que l'énorme valeur des mines environnantes était révélée, leurs propriétaires se sont rendu compte qu'ils avaient peut-être commis une erreur et qu'il valait tout aussi bien prendre possession de la propriété d'Ely Central.

Le terrain était particulièrement précieux pour le Nevada Consolidated, ne serait-ce que pour une simple superficie pour relier et compacter les propriétés qui leur appartenaient. La deuxième démonstration de leur mauvais jugement fut le fait que, ayant prévu d'exploiter le gisement de Copper Flat par la méthode de la pelle à vapeur, ils ont négligé la valeur de la propriété Ely Central, qui leur offrait le seul moyen pratique d'accéder au minerai inférieur. niveaux de cette fosse pour l'exploitation par les pelles à vapeur.

L'enquête m'avait révélé que les preuves apportées par l'exploitation minière sur les propriétés voisines étaient toutes en faveur du minerai de cuivre sous-jacent à la région d'Ely Central. La rhyolite, qui recouvrait Ely Central, était une « coulée » recouvrant le minerai, et non un « dyke » venant d'en bas et le coupant.

Pourquoi la propriété était-elle inutilisée ? L'enquête a révélé que la Ely Central Copper Company avait une dette de 89 000 $ et qu'un effort de panique visant à financer la société pour le développement d'une mine en profondeur avait échoué. La panique de 1907-1908 avait paralysé les promoteurs et ils ne pouvaient pas aller de l'avant.

La société Scheftels a entamé des négociations avec les frères Pheby et OA Turner, qui détenaient le contrôle de toutes les actions de la société Ely Central qui leur appartenaient. Au cours des négociations, au début de juillet 1909, j'appris que les Guggenheim et WB Thompson étaient très contrariés d'apprendre que la société Scheftels était sur le point de financer l'entreprise. Ils avaient déprécié la valeur de la propriété, comme les acheteurs potentiels ont tendance à le faire partout dans le monde.

Avant que j'entre en scène, les frères Pheby s'étaient trouvés l'objet d'attaques persistantes et mystérieuses. Leur crédit a été attaqué de toutes parts et ils se sont retrouvés pris en embuscade et bousculés à chaque mouvement qu'ils entreprenaient. Ils ont été contraints de se retrouver dans une position où l'on pensait qu'ils accepteraient tout ce qui pourrait leur être proposé pour leur intérêt dans Ely Central. Le hasard a voulu que la société Scheftels entre dans la course à ce moment psychologique.

En résumé, la société Scheftels a effectivement souscrit 1.280.571 actions sur 1.600.000, ce qui représente une augmentation de capital pour une somme totale de 1.158.916$, soit à un prix moyen de 90½ cents par action. Le délai imparti pour le paiement de la totalité de l'argent était de neuf mois, des paiements stipulés étant convenus à intervalles réguliers entre les deux. L'effet immédiat de cet arrangement fut le suivant : une propriété dormante, endettée et en jachère, fut métamorphosée en une entreprise en activité avec de bonnes perspectives de devenir bientôt une grande mine de cuivre éprouvée, avec un revenu assuré pour couvrir les dépenses de développement d'une mine profonde sur le territoire. une grande échelle et une carrière commerciale devant elle qui pourrait égaler celle qui l'avait précédée dans le district d'Ely du point de vue de l'intérêt public.

Au cours des négociations, les actions se sont vendues jusqu'à 1 $ par action. La vente pour le compte de Philadelphie d'un important bloc d'actions sur le marché libre a fait chuter le prix, d'un coup, à 50 cents. La société Scheftels a racheté des actions à l'occasion de cette pause et a invité ses clients à faire de même. Le jour de la conclusion de l'accord, le marché s'était redressé à 75 cents. Six semaines avant que l'accord ne soit conclu, la lettre de marché de Scheftels et le *Mining Financial News* avaient commencé à inciter à l'achat des actions. L'organisation Scheftels n'était pas grossière. L'établissement était disposé à ce que le public puisse accéder au sous-sol. Il y avait près de 300 000 actions en circulation, que la société Scheftels n'avait pas répertoriées dans son contrat.

Les lecteurs de Market Letter et de *Mining Financial News* se sont jetés les uns sur les autres pour profiter de la bonne nouvelle. En cela, ils étaient sages. Début septembre, le prix avait progressé sur le marché jusqu'à 1 $. La publicité de Scheftels a été forte en faveur du titre. Mais il n'avait pas encore atteint son plein potentiel. Il attendait le rapport d'un ingénieur pour s'assurer doublement qu'il avait raison.

Le colonel Wm. A. Farish, ingénieur des mines avec de nombreuses années d'expérience et homme jouissant d'une grande réputation dans tout le pays minier occidental, avait été envoyé par la société Scheftels pour faire un rapport sur l'Ely Central. Des années auparavant, le colonel Farish avait fait un rapport sur les propriétés de Nevada Consolidated et décrit les méthodes mêmes actuellement utilisées pour récupérer ses minerais. Mais le colonel Farish était en avance sur son temps, et les capitalistes dans l'intérêt desquels il agissait n'étaient pas préparés à une avancée aussi radicale par rapport aux méthodes alors existantes, ni à croire que des minerais de cuivre d'une si faible teneur pouvaient être extraits à un prix aussi bas. un profit, surtout à 140 milles du chemin de fer le plus proche. Les temps et les conditions ont changé et les 140 milles ont été parcourus par une liaison ferroviaire bien équipée.

L'opinion du colonel Farish a confirmé nos attentes les plus chères. Le rapport indiquait que les possibilités minières d'Ely Central étaient presque aussi grandes que celles du Nevada Consolidated lui-même. Sur la base de ce rapport réalisé en septembre, le projet a acquis une nouvelle importance. Des opérations de développement ont été entreprises pour prouver le terrain dans le but de démontrer l'existence des 33 000 000 de tonnes de minerai de porphyre commercial dont le colonel Farish a indiqué dans son rapport qu'elles se trouveraient probablement dans les limites de la partie sud de la propriété Ely Central.

Cette perspective a fait décoller l'organisation Scheftels. Nous avons été éblouis. Nous nous voyions à la tête d'une mine valant entre 25 et 40 millions de dollars. On n'a pas perdu de temps pour organiser une campagne pour financer l'ensemble de l'affaire. N'ayant pas de multimillionnaires syndiqués pour la soutenir, la société Scheftels s'est adressée au public pour obtenir de l'argent, comme l'avaient fait des centaines d'autres promoteurs notables et prospères. La campagne publicitaire qui a suivi pour lever des capitaux a été décrite dans des centaines de colonnes de journaux comme l'une des plus spectaculaires jamais tentées à Wall Street.

J'avais une confiance absolue dans les grands mérites d'Ely Central, une confiance qui n'a pas été affaiblie le moins du monde par les vicissitudes par lesquelles l'entreprise, la société Scheftels et moi-même avons traversé personnellement. En treize mois, la société Scheftels a fait dépenser plus de

150 000 $ pour le développement de la mine et 75 000 $ supplémentaires pour l'administration de la mine et de l'entreprise. Lorsque la société Scheftels fut perquisitionnée par le gouvernement le 29 septembre 1910 et que les travaux furent interrompus, les dépenses de la mine s'élevaient en moyenne, pour les neuf mois de cette année, à plus de 15 000 dollars par mois. Le travail se poursuivait nuit et jour. Tous les efforts possibles étaient déployés pour prouver la propriété dans les plus brefs délais. Les carottages envoyés depuis la surface avaient déjà révélé la présence de minerai en profondeur, et je suis absolument certain qu'un mois ou deux supplémentaires auraient mis les foreurs aériens souterrains en contact avec un vaste gisement identique en qualité et en valeur à celui-ci. celui situé de chaque côté dans la superficie consolidée du Nevada.

Ely Central était la sensation du New York Curb en 1909-1910. J'ai utilisé les forces publicitaires qui avaient si bien réussi à protéger le public contre la rapacité des loups miniers multimillionnaires pour l'éduquer aux possibilités spéculatives d'Ely Central.

Le prix a augmenté. Entre le 1er septembre et la mi-octobre, le marché a progressé jusqu'à 2,3-8 dollars. Le 13 octobre, les avis nous sont parvenus que 30 pour cent. du minerai de cuivre avait été découvert dans le puits Monarch. Le Monarch est une exploitation indépendante, très éloignée de la zone prise en sandwich entre les principaux gisements minéralisés du Nevada Consolidated. Nous étions très ravis. La perspective nous paraissait extrêmement brillante, et nous n'hésitions plus à conseiller fortement à nos partisans de profiter d'une ouverture spéculative inhabituellement attractive.

Le marché a connu une croissance très satisfaisante. Le 26 octobre, le prix atteignait 3 $; le 3 novembre, c'était 4 $ l'action, et trois jours après, 4 $¼ ont été payés.

Les dépenses de publicité de la société Scheftels s'élevaient à cette époque à environ 1 000 dollars par jour. L'argent destiné au développement minier d'Ely Central était dépensé aussi vite qu'il pouvait être utilisé. Nous essayions de vendre suffisamment d'actions avec un bénéfice supérieur au prix de l'option pour couvrir les dépenses de publicité, maintenir le financement de la mine et honorer nos paiements sur l'option, mais pas plus. Nous ne faisions aucun effort pour procéder à une liquidation à grande échelle, ce qui se reflétait dans l'évolution des cours.

Lorsque le prix d'Ely Central a atteint 4 dollars sur le marché, la société Scheftels s'est estimée entre 3 000 000 et 4 000 000 dollars. J'avais des visions de conduire les Guggenheim, les Lewisohn et les Thompson sur la Great White Way avec des anneaux dans le nez. Nat. C. Goodwin, qui avait 25 pour cent. intéressé par l'entreprise Scheftels, avait des visions similaires, seule sa fantaisie se tournait vers la construction de nouveaux théâtres pour des acteurs de premier ordre.

Pendant que les actions d'Ely Central montaient en flèche et que tout le monde spéculateur gagnait de l'argent avec elles, nos forces publicitaires étaient occupées à faire comprendre les faits bruts concernant La Rose, Cumberland-Ely, Nevada-Utah et d'autres animaux de compagnie des puissants. Nos batteries ne s'arrêtent jamais un seul instant. Ces différents intérêts attaqués s'apprêtaient à riposter. Si leurs mouvements avaient été dirigés par un général individuel, ils n'auraient pas pu travailler avec une plus grande communauté d'intérêts. Un jour, le ciel nous est tombé dessus. Les plans avaient été magnifiquement élaborés pour notre ruine complète. Que nous ayons échappé à l'anéantissement total était presque un miracle.

Le mercredi 3 novembre, le résultat de nos opérations de marché sur le New York Curb a été que nous avons cédé dans la journée près de 8 000 actions d'Ely Central au prix moyen de 4 $. Le même jour, nos clients ont commandé l'achat de près de deux fois plus de stock que ce qu'ils avaient commandé. Cela nous a indiqué que la vente Curb était professionnelle. Il n'y avait rien de très remarquable dans cette performance car les courtiers faisant affaire sur le Curb jouent très fréquemment sur le marché pour une baisse.

Jeudi, le lendemain, la société Scheftels a de nouveau été obligée d'acheter des actions sur le Curb au-delà des ventes à hauteur de 7.600 actions, tandis que le même jour les ordres d'achat des clients des particuliers dépassaient leurs ordres de vente d'au moins trois à un. La vente professionnelle s'accompagnait maintenant de rumeurs qui se répandaient comme une odeur de feu sur le trottoir, selon lesquelles des problèmes terribles étaient imminents pour la société Scheftels. La majeure partie de cette situation émanait d'un milieu de courtage aigri et nous n'y avons prêté que peu d'attention.

Le lendemain, vendredi 5 novembre, les ventes professionnelles se sont calmées à un point tel que la société Scheftels a été contrainte de prendre une position longue sur seulement 6 600 actions ce jour-là dans ses opérations sur le Curb Market. L'achat d'un si petit bloc de stock n'excitait aucun soupçon dans le camp de Scheftels, alors qu'il aurait dû le faire, car les clients de Scheftels achetaient ce jour-là plus de quatre fois plus de stock qu'ils n'en commandaient, ce qui indique de manière concluante une forte demande du public et beaucoup de court-circuit par les professionnels.

Puis vint le *coup de main* .

L'ASSAUT SUR ELY CENTRAL

Le 6 novembre tombait un samedi. Le New York *Sun* de ce matin-là a publié sous une tête effrayante une attaque vicieuse contre la promotion d'Ely Central. L'attaque était basée sur un article crédité à l'avance au *Engineering & Mining Journal* et paru dans le *Sun* avant sa publication dans cet hebdomadaire. Le *Soleil* avait reçu des preuves préalables. Le projet Ely Central a été qualifié d'escroquerie. Tous ceux qui s'identifiaient à cela ont été ratissés et moi, en particulier, j'ai été dépeint comme un personnage sans principes et dangereux, totalement indigne de confiance et actuellement occupé à arracher le public de centaines de milliers de personnes. Il a été déclaré que la propriété Ely Central avait été explorée au début du camp d'Ely et trouvée sans aucune valeur du point de vue minier. La société Scheftels a été accusée d'avoir arnaqué de sang-froid les investisseurs sur une proposition de Bunco.

J'étais dans mon appartement de l'Hôtel Marie-Antoinette à 9 heures du matin lorsque j'ai lu l' histoire *du Soleil*. La société Scheftels avait jeté 85.000 $ derrière le marché au cours des trois jours de bourse précédents pour se prémunir contre les attaques des professionnels.

J'ai appelé le bureau de Scheftels au téléphone et j'ai donné des instructions pour qu'un chèque certifié de 40 000 $ soit envoyé à Wasserman Brothers, membre de la Bourse de New York, avec des ordres d'achat de 10 000 actions d'Ely Central à 4 1/8 $, ce qui était le prix le plus élevé. cotation à la clôture de l'après-midi précédent. Des ordres d'achat de 15 000 actions supplémentaires au même montant ont été répartis entre d'autres courtiers. La commande unique a été confiée à Wasserman Brothers parce que je pensais que c'était une bonne stratégie. Il s'agit d'une maison d'une grande responsabilité incontestable et il m'a semblé que leur présence sur le marché du côté des acheteurs aurait un excellent effet tonique.

Pendant la séance de deux heures, j'ai tenu le téléphone et j'ai reçu des rapports de cinq minutes sur la scène de l'action. M. Goodwin était à mes côtés. A midi moins dix, les courtiers avaient annoncé l'achat, au total, de 24 225 actions. S'ils avaient acheté 675 actions supplémentaires, ils auraient exécuté les commandes en cours et cela aurait été à moi de décider d'apporter ou non un soutien supplémentaire. À ce moment-là, mes chiffres montraient que la société Scheftels avait jeté 200 000 $ sur le marché en quatre jours pour le maintenir et je commençais à avoir « ce drôle de sentiment ». Au cours des dernières minutes de la session Curb du samedi, les ventes ont cessé et il semblait que mes craintes n'étaient peut-être pas fondées.

Le dimanche 7, mes espoirs s'envolèrent. Tous les journaux new-yorkais publièrent des articles cinglants, s'appuyant sur l' attaque *de l'Engineering & Mining Journal*, parue la veille après-midi. Les dépêches indiquaient également que les journaux de Boston, Chicago, Los Angeles et San Francisco en avaient fait la Une comme étant le scandale minier le plus choquant du siècle.

Lundi, le pays tout entier était envahi par cette sensation. Bien sûr, mon passé précoce, qui était une affaire de famille et s'était déroulé quatorze ans auparavant, bien avant que j'essayais d'entrer dans le domaine de la promotion minière, a été sorti du placard. Cela donnait de la vraisemblance aux histoires.

Après avoir lu les journaux du dimanche, j'ai compris le sens de cette décision et j'ai rassemblé nos forces. Il était clair que nous avions été marqués pour le sacrifice. Il semblait que nous n'avions aucune chance sur un million de résister à l'assaut si nous apportions un soutien supplémentaire au marché. Il y avait environ 500 000 actions d'Ely Central entre les mains du public et, sans près de 2 000 000 $ de liquidités à jeter derrière le marché, nous ne pouvions pas être sûrs de contenir la marée. Nous n'avions rien de tel. Personnellement, je n'ai pas abandonné le combat, mais les perspectives étaient très bleues.

Toute la journée du dimanche, des employés de confiance de la société Scheftels ont travaillé sur les livres, faisant un relevé des ordres "stop-loss" et des ordres "bons jusqu'à annulation" des clients. Lundi matin, les journaux ont publié des articles sur les conséquences de la mise en accusation du *Engineering & Mining Journal*. L'air était surchargé par la calamité imminente.

LE CHOC DE LA BATAILLE

Avec une ligne de défense soigneusement tracée, je me suis approché de la mêlée. Premièrement, la société Scheftels a passé auprès de courtiers fiables des ordres écrits pour vendre à l'ouverture les actions spécifiées dans les ordres stop-loss et good-till-annulés des clients. Aucun ordre de vendre une part des actions internes n'a été donné. Il a également été décidé de ne pas passer d'ordres de soutien avant l'ouverture du marché et de pouvoir déterminer avec un certain degré de précision le volume des stocks pressant pour la vente.

Juste avant l'ouverture du marché, je pouvais voir depuis la fenêtre de mon bureau une foule dense de courtiers rassemblés autour des spécialistes d'Ely Central. Bien que silencieusement, ils luttaient pour se positionner et étaient extrêmement nerveux. Il était clair que la publicité anti-Scheftels dans les journaux de dimanche avait secoué les actionnaires d'Ely Central et créé un mouvement de liquidation panique, qui était sur le point de se déchaîner dans une violente explosion. Il était évident que la société Scheftels devrait conserver toutes ses ressources si elle voulait sauver la situation.

Le marché s'est ouvert. Immédiatement, il y a eu une action formidable. Des centaines de mains s'agitaient sauvagement dans les airs. Tout le monde voulait vendre et personne ne voulait acheter. Le refrain était assourdissant. Des cris déchirent l'air. Le tumulte a été entendu à des pâtés de maisons.

Chaque journal avait un homme sur place. Les courtiers de la Bourse de New York ont quitté leur poste et sont venus voir le grand spectacle ; la Bourse était à moitié vidée. Le spectacle avait été largement annoncé et tout le monde était parfaitement éveillé et excité par ce qui avait été prévu.

Si les courtiers Scheftels avaient reçu des ordres pour acheter un quart de million d'actions au cours de clôture du samedi précédent, 4 $ 1-8, il était très évident qu'ils n'auraient pas été en mesure de maintenir le marché. La vente d'ouverture était à 4 $. Le titre a chuté jusqu'à 3 dollars, passant de 25 à 50 cents entre les ventes. À partir de 3 $ et jusqu'à 2 $, le prix s'est effondré. Des blocs de 10 000 actions ont été follement jetés dans le vortex des échanges. The Curb était une foule de courtiers en difficulté, hurlant et affolés. Chaque commerçant semblait déterminé à écraser la structure du marché. À 2 dollars l'action, la baisse a été momentanément freinée, mais les baissiers ont repris leur assaut, gagnant en confiance grâce à l'afflux d'ordres de vente. Moins d'une heure après l'ouverture, le titre a atteint 1,1 à 2 dollars par action. A ce moment-là, le courtier Scheftels d'Ely Central a indiqué qu'il avait exécuté tous les ordres stop-loss et good-till-annulés qui lui avaient été confiés à l'exception de 19 000 actions.

"La société Scheftels prendra le lot à 1,1-2 dollars", dis-je.

En prêtant de l'aide à 1,1 ou 2 dollars par action, j'exagérais vraiment un point, bien qu'à ce chiffre, la contraction nette du marché de la capitalisation d'Ely Central dépassait 3 000 000 dollars. Cette fonte de la valeur marchande était horrible à envisager. D'un autre côté, l'agitation des journaux était d'une violence sans faille, les actionnaires étaient convulsés, une rupture aux proportions graves était certaine, et c'était à moi de conserver chaque dollar. Dès que l'offre de Scheftel à 1,50 $ par action a fait son apparition sur le Curb et que la vente de la même source pour le compte des clients a été interrompue, on s'est rendu compte que la force d'impulsion s'était épuisée, du moins pour le moment. Le soutien venait désormais des « shorts ». Ils ont commencé à encaisser leurs bénéfices sur leurs ventes à découvert des jours précédents. La vente folle s'est transformée en achat frénétique.

La scène à ce moment-là était dramatique. Ce fut le point culminant momentané d'un cataclysme cumulatif et convulsif. En s'abstenant de vendre pour son propre compte, la société Scheftels a violé l'une des règles et privilèges sacrés non seulement du New York Curb mais aussi de la Bourse de New York. Sur ces deux marchés, lorsque les courtiers sont informés à l'avance d'une calamité imminente, il est d'usage d'amener le public au marché et de lancer leurs propres lignes en premier, laissant les clients prendre soin d'eux-mêmes.

En alimentant habilement les chasseurs de bonnes affaires et les « shorts » à intervalles réguliers et en achetant des actions lorsqu'elles faisaient pression pour les vendre auprès de détenteurs effrayés à d'autres moments, la société Scheftels a pu soutenir le marché cet après-midi jusqu'à la clôture avec des ventes enregistrées à 2 $ l'action. . La perte en espèces de la société Scheftels sur sa transaction Curb à Ely Central ce jour-là s'élevait à 60 000 $. Ce nouveau sacrifice était nécessaire pour stabiliser le marché.

Le mardi suivant, les quotidiens ont craché de nouvelles tirades d'injures et de calomnies. Le krach boursier d'Ely Central a été présenté au public comme une preuve positive que le projet était une escroquerie audacieuse. Le raid sur les actions du marché a repris. Un flot de liquidations à Johnstown s'ensuivit. Les fluctuations ont été violentes. Ouvrant à 2 $, le prix a été ramené à 1 $. Il a ensuite rebondi à 2 dollars, mais les eaux ne se sont pas calmées, le titre a de nouveau été martelé et a clôturé à 1 dollar par action. Pour faire face aux urgences imminentes, la société Scheftels a été obligée de renforcer sa réserve de trésorerie de la seule manière possible. Elle a été contrainte de convertir une grande partie de ses réserves de titres en espèces et a dû vendre sur un marché en baisse. De nombreux comptes furent retirés par des clients timides, et la société Scheftels fut en outre sollicitée pour assurer la stabilité de Rawhide Coalition et de Bovard Consolidated, d'autres valeurs qu'elle parrainait sur les marchés. Des prêts ont été demandés par des courtiers auprès desquels la société Scheftels détenait des stocks, des livraisons ont été frénétiquement proposées à la société Scheftels de stocks qu'elle avait achetés à des niveaux élevés antérieurs, et une attaque financière générale a eu lieu qui aurait sans aucun doute coulé le navire Scheftels sans le Le fait est que nous avions reculé juste à temps, mesuré notre distance, que nous étions allés jusqu'à un certain point, pas trop, et que nous étions restés sur la ligne de tir.

Un aspect extrêmement gratifiant de cette journée sensationnelle a été la façon dont nos amis nous ont soutenus. Le venin et l'égoïsme des assauts écrasants qui avaient été lancés contre nous ont convaincu une grande partie du public que nous étions les victimes d'une attaque spéciale, et avec l'impulsion naturelle qui gouverne les hommes honorables, ils ont témoigné de leur confiance en nous.

Mercredi, la campagne s'est terminée. Ely Central s'est affaibli d'un huitième par rapport au point de 1 $, à la clôture de la veille, a retrouvé des ventes à 1¾ $ et a clôturé à 1½ $; 1 5/8 $ demandé.

Toute la journée, nos bureaux étaient remplis de journalistes et de clients pâles et agités. Nos clients ressentaient leur impuissance face à un tel tumulte de forces belligérantes. La seule chose qu'ils pouvaient faire était de rester les bras croisés et d'observer l'évolution de la bataille. Ce fut pour moi un moment de fierté lorsque, à la fin de la journée de marché, je montai sur l'estrade dans la salle des marchés des clients de Scheftels, poussai un cri de triomphe et écrivis au tableau ce qui suit :

"Nous n'avons pas clôturé un seul compte sur marge ! Nous transportons tout le monde !"

La scène qui a suivi a réchauffé les coques de mon cœur. J'ai été littéralement assailli, mais c'était une foule amicale. Nous avons tous participé à une saison de réjouissances bruyantes. Le fait que nous aurions pu survivre à trois jours de siège avec un minimum de pertes pour les clients et sans sacrifier un seul compte sur marge était une réussite remarquable. Je doute qu'il y ait beaucoup de cas similaires dans l'histoire de Wall Street.

Des dizaines de télégrammes ont été reçus de clients de l'extérieur de la ville à qui le répit de marge était télégraphié. L'un d'eux disait :

Vous recherchez peut-être un raz-de-marée d'affaires. Votre action princière garantit 21 armes à feu pour la Maison des Scheftels.

Un autre était à cet effet :

Toute la situation a été préparée pour votre descente. C'était une proposition de tir sur les chutes et de coups sur les bosses. Félicitations pour votre survie.

Des centaines de lettres d'une teneur similaire nous sont parvenues. Beaucoup d'entre eux venaient du camp d'Ely lui-même, où de gros blocs de stocks étaient détenus sur le terrain par des mineurs.

Jeudi, le titre a clôturé à 1¾$; Vendredi, il a progressé vers des ventes à 1 7/8 $ et y est resté.

L'organisation Scheftels respirait alors pour la première fois. Amis et ennemis s'émerveillaient de la façon dont la société avait réussi à survivre. Nous avions tenu le fort, mais à un prix meurtrier.

Je me suis occupé des forces publicitaires sous mes ordres. Grâce à la Scheftels Market Letter et au *Mining Financial News,* l'histoire de cette ignoble campagne a été racontée.

La Lettre hebdomadaire du marché de la société Scheftels du 13 novembre 1909 consacre 24 colonnes au récit du raid.

Il me semblait clair que la société Nevada Consolidated, gérée par le Guggenheim, était très satisfaite de la publication de l' attaque *du Engineering & Mining Journal* . La raison en était la suivante : dans son attaque, l' *Engineering & Mining Journal* a déclaré que deux trous de forage réalisés par la Nevada Consolidated à proximité immédiate d'Ely Central n'avaient pas donné de résultats supérieurs à neuf dixièmes de un pour cent. minerai de cuivre qui, selon l'article, était inférieur à la qualité commerciale. (À cette date tardive, octobre 1911, ils extraient du minerai dans la fosse à vapeur du Nevada Consolidated qui ne contiendra pas en moyenne plus de huit dixièmes de un pour cent. Le cuivre le transporte jusqu'au concentrateur, à plus de vingt milles de là. , et le traiter avec profit. Mais là n'est pas la question.) Un ingénieur de renommée internationale a télégraphié à la société Scheftels d'Ely ce qui suit :

Deux trous de forage mentionnés dans l'article *du Engineering & Mining Journal* ont été complétés la semaine dernière seulement. Les résultats ont dû être télégraphiés à New York.

Ces trous donnaient beaucoup de mal à cause du terrain éboulé. J'ai entendu des foreurs dire qu'ils avaient été arrêtés pour cette raison et qu'ils étaient dans le minerai au fond. Quoi qu'il en soit, cela ne permet pas de conclure à l'existence de minerai impayable à proximité. Cette condition se produit souvent.

Je pourrais écrire un livre en réponse à la tirade *du Engineering & Mining Journal* , montrant la totale fragilité des déclarations qu'il contient. L'espace limité interdit autre chose qu'un aperçu.

Charles S. Herzig a été employé pour faire un rapport confidentiel sur la propriété. Le rapport de M. Herzig a ensuite été vérifié par le Dr Walter Harvey Weed, un grand géologue du cuivre de haut rang, qui était autrefois l'un des principaux experts de l'United States Geological Survey et qui était lui-même un collaborateur fréquent du *Engineering & Mining Journal* . Le Dr Walter Harvey Weed a télégraphié à la société CL Constant, aux métallurgistes et ingénieurs miniers, d'Ely, comme suit :

Après avoir effectué un examen très approfondi, mon opinion est que la partie sud de la propriété d'Ely Central est couverte par un recouvrement de rhyolite. Les preuves géologiques démontrent que le porphyre s'étend vers l'est (à travers Ely Central) à partir de la fosse à vapeur et qu'il a d'excellentes chances de contenir du minerai commercial sous une zone lessivée. Une forte faille bien définie sépare le minerai provenant de pelles à vapeur de la zone de rhyolite et ce plan de faille peut contenir des reflets de cuivre (minerai de cuivre très riche) d'origine récente, en raison de solutions descendantes. Les affleurements de jaspéroïdes teintés de fer dans les régions calcaires laissent entrevoir la possibilité de produire du minerai en profondeur sur la propriété Ely Central, comme c'est le cas à Giroux.

Le *Engineering & Mining Journal* a déclaré dans son article que la partie nord d'Ely Central présentait le calcaire Arcturus du district. Il a déclaré que dans ce calcaire, à divers endroits, il y avait une petite minéralisation mais que jamais au cours de l'histoire du district aucun résultat rentable n'a été obtenu. Par contre, les ingénieurs Farish, Herzig et Weed ont signalé que les zones calcaires d'Ely Central montreraient probablement la présence de mines. En fait, Giroux, voisin d'Ely Central, s'était enfoncé dans ce calcaire et avait découvert l'un des gisements de minerai de cuivre les plus riches jamais découverts.

L' *Engineering & Mining Journal* a déclaré qu'en prétendant que le minerai payant existerait probablement dans la région d'Ely Central, prise en sandwich entre les deux grandes mines de Nevada Consolidated, la société Scheftels pratiquait la tromperie. Non seulement MM. Farish, Herzig et Weed se sont prononcés en faveur de cette probabilité, mais il est désormais communément admis que, à moins que toutes les indications géologiques connues ne soient trompeuses, Ely Central possède le minerai dans cette étendue de territoire. Un rapport rédigé en septembre 1911 par l'ingénieur Richard T. Pierce, pour le comité de réorganisation d'Ely Central, exprime l'opinion qu'une zone de 1 300 pieds sur 1 900 pieds à l'extrémité sud-est des chantiers d'Eureka « sera trouvée contenir du porphyre minéralisé, avec une assurance raisonnable qu'il contiendra du minerai commercial.

Le premier télégramme de M. Herzig d'Ely après avoir examiné la propriété d'Ely Central était à cet effet :

Il ne fait aucun doute que la rhyolite a été déposée à Ely Central après l'enrichissement du porphyre. La faille qui limite la rhyolite dans la fosse Nevada Consolidated est indiquée par plusieurs pieds d'épaisseur de minerai de porphyre-rhyolite minéralisé concassé, ce qui est une preuve positive que le porphyre était enrichi avant la faille. Les zones calcaires et de contact appartenant à l'entreprise ont, à mon avis, une grande valeur potentielle. Les indications sont en tout point similaires à celles de Bisbee. Du minerai riche en carbonate a été découvert sur les claims Clipper et Monarch d'Ely Central et j'ai hâte de voir de gros gisements ouverts à ces endroits.

Les rapports de ces deux ingénieurs, longs de plusieurs milliers de mots, rédigés plus tard, confirment ces messages.

Ce qui m'a probablement convaincu plus que toute autre chose de l'inexactitude de la déclaration concernant la propriété Ely Central par l' *Engineering & Mining Journal,* c'est l'attitude de Charles S. Herzig. C'est mon frère.

Trente jours après la parution de l'attaque dans l' *Engineering & Mining Journal,* je ne l'avais pas vu depuis quinze ans. Diplômé de la Columbia School of Mines, il avait entre-temps examiné des propriétés minières en Afrique du Sud, en Égypte, en Australie, aux Indes orientales, en Sibérie, dans tous les pays européens, au Canada, au Mexique, en Amérique centrale, en Amérique du Sud et aux États-Unis. intérêts de certains des plus grands financiers du monde. Ces expertises portaient sur des gisements d'or, d'argent, de cuivre, de plomb, de zinc, de charbon et d'autres minéraux. Dans la profession d'ingénieur, il est connu comme un expert qui n'a pas encore enregistré son premier échec. Sa réputation d'ingénieur et d'expert minier est incontestable.

J'avais entendu quelques critiques du rapport Farish, faites par des ingénieurs de l'école moderne, dans lesquelles il était souligné que le colonel Farish n'avait pas donné de raisons scientifiques pour toutes ses déductions. J'ai demandé au capitaine W. Murdoch Wiley, alors membre de la compagnie CL Constant, essayeurs, métallurgistes et ingénieurs des mines, s'il pouvait inciter mon frère à faire un examen. Je n'ai pas contacté Charles moi-même, car nous étions séparés. C'est ainsi qu'à son retour d'Europe après de nombreuses années d'absence, il ne m'avait même pas consulté. Le capitaine Wiley a organisé une réunion au Club des Ingénieurs. J'y suis allé et j'ai été officiellement présenté par le capitaine Wiley à mon frère à travers une table.

« Que prendrez-vous pour faire un reportage sur Ely Central ? J'ai demandé de la même manière pragmatique que je me serais adressée à un étranger.

« Quel est le but du rapport ?

"La société Scheftels souhaite obtenir des informations confidentielles et expertes que vous êtes qualifié pour donner sur la valeur et les perspectives de la propriété", répondis-je.

« Je prendrai 5 000 $, dit-il, mais à une seule condition. Je vais dans les districts d'Ely et de Ray pour me présenter aux capitalistes anglais, et je peux prendre possession de vos biens en même temps. Mon rapport n'est pas de prendre possession de votre propriété. être publié et je me réserve le droit d'en faire un oral au lieu d'un écrit. Si vous voulez vraiment savoir ce que je pense de la propriété, je suis tout à fait disposé à l'examiner attentivement et à vous le faire savoir. campagne de marché que vous faites, je n'accepterais pas votre offre si, si je faisais un rapport favorable, votre idée était d'utiliser le rapport sur le marché.

Le marché a été conclu. Quelques jours plus tard, M. Herzig reçut de la société Scheftels un acompte de 2 500 $ ainsi qu'un chèque pour frais de voyage. Il est parti pour Ely.

Le samedi matin, lorsque parut l'article du New York *Sun* contenant des extraits de l'attaque du *Engineering & Mining Journal*, j'ai télégraphié à mon frère essentiellement ce qui suit :

Attaque sauvage dans *Engineering & Mining Journal* sur Ely Central. Si votre rapport sur la propriété est favorable, je vous prie de nous le communiquer par télégramme et d'en permettre l'usage pour contrecarrer.

Une heure plus tard, j'ai suivi avec un autre message lui disant de ne pas envoyer de rapport. J'ai expliqué que, parce qu'il était mon frère, cela pourrait s'avérer de peu d'utilité, maintenant que la publication avait été faite, et que cela pourrait seulement tendre à lui causer un préjudice personnel dans la profession en raison de la manière non qualifiée avec laquelle les *ingénieurs et les mines Le Journal* avait pris position contre la propriété. En réponse, il télégraphia au capitaine W. Murdoch Wiley le rapport court mais décisif déjà cité ici, concernant les raisons géologiques pour lesquelles Ely Central devait posséder le minerai, qui fut ensuite entièrement vérifié par le Dr Walter Harvey Weed dans le message également reproduit ci-dessus. Dans une lettre d'Ely au capitaine Wiley confirmant le message, dont l'original est en ma possession, M. Herzig a déclaré :

Je me suis fait une opinion très favorable de la propriété. J'ai l'impression que cela a l'air d'une grande mine, et dans les circonstances, je suis prêt à supporter un peu de vacarme pendant un certain temps.

Le même jour, il télégraphia au capitaine Wiley d'acheter pour son compte 2 500 actions d'Ely Central au prix du marché, ordre exécuté par l'intermédiaire de la société Scheftels.

Le rédacteur en chef Ingalls du *Engineering & Mining Journal* et mon frère étaient amis depuis des années. Mon frère avait été employé au début de sa carrière par les Lewisohn, les Guggenheim et l'Anaconda Copper Company, et plus tard en Europe, en Australie et en Inde par des exploitants miniers de classe encore plus élevée. Jusqu'au moment où l' attaque *du Engineering & Mining Journal* parut, il ne s'était pas engagé sur Ely Central. Lorsqu'il s'est engagé, c'était en sachant pertinemment qu'en faisant cette chose altruiste et courageuse, son nom serait terni si le développement d'Ely Central s'avérait être ce que l' *Engineering & Mining Journal* avait déclaré probable. Dans ce cas, sa relation avec moi serait présentée comme une preuve positive de duplicité et cela lui semblerait mauvais. Le fait que, dans toutes ces circonstances, il ait sauté dans la brèche m'a convaincu que l'attaque du *Engineering & Mining Journal* était injustifiée.

UNE BOMBE DANS LE CAMP DE L'ENNEMI

Dès que la société Scheftels a pu obtenir une copie du rapport corroborant du Dr Walter Harvey Weed, que le grand géologue du cuivre a présenté à la société CL Constant, elle a intenté une action en diffamation contre le *Engineering & Mining Journal* pour 750 000 $ de dommages et intérêts. Simultanément, M. Scheftels a intenté une autre action en justice pour un montant supplémentaire de 100 000 $ en son propre nom.

Le dépôt des poursuites en diffamation de Scheftel contre le *Engineering & Mining Journal* a fait l'effet d'une bombe. C'était une notification formelle aux forces déployées contre nous que nous n'avions pas l'intention d'être victimes d'une hostilité impie et que nous étions déterminés à continuer selon les anciennes lignes et à ne pas relâcher le moins du monde nos mesures de publicité à grande échelle. Il a également été remarqué que nous proposions de conclure l'accord avec Ely Central.

Après qu'il soit devenu évident que nous avions l'intention de continuer le combat, les bureaux de Scheftel ont été ouvertement visités et inspectés en détail un jour par le regretté inspecteur de police McCafferty. De manière intimidante, ce policier a fait savoir que nous étions officiellement en disgrâce à ses yeux. Ses manières n'auraient guère pu être plus offensantes s'il avait envahi un repaire de faussaires. M. McCafferty n'a pas précisé exactement ce qu'il recherchait ni ce qu'il s'attendait à trouver, mais il nous a clairement fait comprendre que nous étions marqués et qu'il en voulait à nous. Il parcourut tout l'établissement d'un air renfrogné et proféra de vagues menaces sur ce qui nous attendait.

Tard dans la nuit, j'ai appris que l'inspecteur avait envahi le salon de mon associé, Nat. C. Goodwin, où il s'est exprimé à peu près comme suit :

"Qu'essayez-vous de faire, de toute façon ? Qu'essayez-vous de nous faire passer ? Pensez-vous que nous allons défendre une telle notoriété dans les journaux que celle que vous obtenez et la regarder les bras croisés ? Pensez-vous que nous êtes-vous des imbéciles ou des fous, ou quoi ? Je veux que vous compreniez que vous avez du sang-froid avec vous, ou la police sera sur votre dos demain !

J'ai dit à M. Goodwin que nos ennemis avaient manifestement harcelé l'inspecteur, mais que je ne pensais pas qu'aucune mesure serait prise. Nous étions des victimes et non des coupables, et à moins que les États-Unis ne soient effectivement la Russie, rien de fâcheux ne pourrait arriver.

J'ai cependant promis à M. Goodwin que je m'occuperais de l'affaire sans délai. J'ai exposé tous les faits concernant l'attaque du journal devant un citoyen éminent qui a promis de transmettre immédiatement l'information en personne à l'inspecteur ou à l'un de ses supérieurs. Il l'a fait. C'est la dernière fois que nous avons entendu parler de l'affaire.

Les avocats *de l'Engineering & Mining Journal* se sont adressés aux clients de la société Scheftels, qui avaient perdu de 4 $ à 1,50 $ lors de la cassure du marché à Ely Central. Par lettre, ils les ont exhortés à envoyer un exposé complet des faits et ont suggéré qu'ils pourraient être utiles, et sans frais.

Des lettres de ce genre ont été envoyées à un grand nombre de nos clients, dont beaucoup nous les ont simplement envoyées. Dans certains cas, cependant, les clients qui avaient lu l'attaque dans le *Engineering & Mining*

Journal ou des citations de celle-ci dans des quotidiens à grand tirage n'avaient besoin que de la lettre des avocats pour les inciter à porter plainte.

Dans l'ensemble, cette expédition de pêche a dû être une sorte de transport d'eau et une déception, pour les avocats de l' *Engineering & Mining Journal* .

Le ministère des Postes de New York a envoyé, en janvier et février, des lettres diffusées aux lecteurs de la Scheftels Weekly Market Letter, leur demandant si les affaires menées étaient satisfaisantes - forme habituelle utilisée lorsqu'une entreprise fait l'objet d'une enquête. Des dizaines de ces lettres nous ont été envoyées par des clients avec des remarques selon lesquelles de toute évidence « quelqu'un était après nous ». Une enquête de ce genre est de nature à causer un préjudice terrible à la réputation et à la réputation de toute entreprise exerçant une activité quasi bancaire. Nos avocats se sont plaints à l'inspecteur Mayer de la division des Postes de New York qu'une injustice était en train d'être commise. Aucune autre lettre du genre décrit n'a été envoyée, car les premières réponses reçues par l'inspecteur à sa lettre circulaire n'ont suscité aucune plainte sérieuse. Cependant, il a été révélé par la suite que l'enquête ne s'était pas arrêtée ici et que le ministère des Postes avait continué à mener une enquête approfondie pour finalement abandonner son entreprise.

Entre en scène un associé des avocats du *Engineering & Mining Journal* qui défend cette publication contre notre poursuite pour diffamation. Il s'est rendu aux bureaux de Scheftel et a demandé à M. Scheftel des informations concernant le compte de CH Slack de Chicago. Il l'a eu. Il montrait que M. Slack avait acheté 50 000 actions de Bovard Consolidated à 10 cents par action, pour lesquelles il avait payé en espèces, et que M. Slack avait acheté 100 000 actions supplémentaires à 14¼ et 14¾ cents par action ; et que M. Slack avait refusé, après que le marché soit tombé en dessous du prix d'achat, de payer le solde dû, en raison d'un retard de livraison.

Le retard de livraison était accidentel. La société Scheftels possédait en réalité deux millions d'actions ou plus, et la livraison aurait été proposée plus tôt si le raid sur Ely Central n'avait pas accumulé tellement de travail pour les forces cléricales que tout a été retardé. . Nous ne connaissions aucune excuse légitime pour M. Slack, car il aurait pu ordonner la vente du stock à tout moment, avec ou sans livraison. La transaction Slack est ici amplifiée, car plus tard, lorsque la société Scheftels a été perquisitionnée par un agent spécial du ministère de la Justice, elle figurait comme l'un des cas cités par l'agent dans le mandat d'arrêt émis par lui contre BH Scheftels & Company comme prouvant la commission d'un crime.

Un autre cas sur lequel M. Scheftels a été invité à donner des informations complètes est celui de DJ Szymanski, médecin spécialiste du maïs au 25 Broad Street. M. Scheftels avait exhorté le Docteur à acheter Ely Central alors que le titre se vendait à 75 cents avant la hausse. Plus tard, alors que l'avance était en bonne voie, au-dessus du point de 3 dollars, le Docteur acheta des actions par l'intermédiaire de la société Scheftels. Lorsque le prix a atteint 4 $, il a été invité à prendre des bénéfices. Il a refusé de le faire. Lorsque l'attaque a commencé et que le prix a fortement chuté, le Docteur a vu une grosse perte à venir.

Il a appelé au bureau des Scheftel et a demandé le retour de l'argent qu'il avait perdu dans ses spéculations sur Ely Central.

L'enquête a été saluée par les courtiers et a provoqué une forte pression du marché sur les actions créées par la société Scheftels. Nous n'avons pas été consternés. Pour renforcer notre position et donner une preuve supplémentaire de notre bonne foi, nous avons augmenté nos opérations de développement des mines. Nos dépenses dans ce quartier ont été gonflées jusqu'à la limite de notre capacité de travail pour nos explorations souterraines, car j'ai réalisé que notre salut pouvait dépendre de notre réussite rapide avec Ely Central du point de vue minier. Nous savions que le minerai était là et que c'était à nous de l'obtenir avant que nos ennemis ne nous attrapent.

UNE RUMEUR GOUVERNEMENTALE SUR UN RAID

Par un ciel bleu, à la fin du mois de juin, arriva au bureau des Scheftels la nouvelle qu'un journaliste du New York *American* avait déclaré qu'il avait vu un mémorandum dans le cahier de travail du rédacteur en chef de la ville pour se méfier d'un raid des Scheftels par le Gouvernement des États-Unis. L'information était fiable et cela nous a choqué. Pourtant, l'idée que les pouvoirs d'un grand gouvernement comme les États-Unis puissent être utilisés pour nous écraser sans nous entendre semblait incroyable.

Par mesure de sécurité, M. Scheftels, accompagné d'un avocat de haut rang, s'est rendu à Washington. Ils se rendirent directement au ministère de la Justice, où le secrétaire particulier du procureur général Wickersham, après une conversation amicale, les renvoya au commis en chef. Il a indiqué, après une perquisition de vingt-cinq minutes, qu'il n'y avait aucune accusation contre BH Scheftels & Company. Il a même déclaré volontairement qu'il ne savait pas qu'une telle entreprise existait.

Il s'est avéré par la suite qu'au moment même où M. Scheftels et l'avocat se trouvaient au ministère de la Justice, une enquête spéciale était en cours sous la double direction d'un jeune avocat de Washington faisant partie du personnel personnel du procureur général Wickersham et d'un agent spécial de le ministère de la Justice. Ce dernier avait reçu des pouvoirs extraordinaires en tant qu'agent spécial du ministère de la Justice, apparemment pour « nettoyer Wall Street ».

Satisfaits de ne pas être au bon endroit, M. Scheftels et le conseiller ont quitté le bureau du procureur général des Postes. Ils ont été référés à l'inspecteur en chef Sharp. L'avocat a demandé que la société Scheftels soit entendue avant toute suite à toute plainte qui pourrait parvenir au ministère. M. Sharp a accepté cela à condition que l'avocat accepte, au nom de la société Scheftels, qu'une inspection des livres de la société soit autorisée sur demande à tout moment. Il y eut un accord immédiat. Une note à cet effet a été laissée à l'inspecteur Sharp.

M. Scheftels a quitté le ministère avec l'assurance qu'aucun jugement hâtif ne serait porté. Edmund R. Dodge du Nevada, conseiller personnel de BH Scheftels & Company, a ensuite adressé une lettre au sénateur américain Newlands pour lui demander de porter l'affaire directement auprès du ministre des Postes.

Le sénateur Newlands, en date du 2 juillet, a écrit à M. Dodge qu'il avait adressé une lettre au ministre des Postes pour lui demander qu'un avis soit donné à M. Dodge au cas où une plainte ou une information serait déposée contre la société Scheftels. Quelques jours plus tard, le sénateur Newlands envoya à M. Dodge une lettre de Theodore Ingalls, inspecteur en chef par intérim du ministère des Postes, dans laquelle M. Ingalls déclarait que c'était la pratique du ministère en cas d'utilisation présumée des courriers à des fins frauduleuses. donner aux personnes contre lesquelles une plainte a été déposée la pleine possibilité d'être entendues par l'intermédiaire d'une personne ou d'un avocat, si une mesure défavorable était envisagée à la suite de l'enquête sur une telle allégation.

Sentant que notre maison avait été solidement protégée contre les fêtes surprises, j'ai fait à ce carrefour un voyage au Nevada, où des affaires urgentes exigeaient mon attention. Alors que j'étais dans l'Ouest, des télégrammes m'ont été envoyés m'informant que la première entreprise de vente par correspondance de stocks miniers de Broad Street inondait le courrier et encombrait les fils télégraphiques d'appels urgents aux actionnaires de Rawhide Coalition, une de nos spécialités, pour qu'ils ont vendu leurs avoirs, car une cassure importante du prix des actions était imminente. Averti de cette attaque, j'ai télégraphié de Reno des instructions pour faire face à l'assaut avec un avis dans le *Mining Financial News* adressé aux investisseurs, leur disant d'être sur leurs gardes.

Mon voyage en Occident a permis aux investisseurs de gagner beaucoup d'argent grâce à l'achat du contrôle de la société Jumbo Extension avec un plan de paiement mensuel. Le prix de l'action a triplé sur le marché. Ma réintégration dans le camp de Goldfield fut particulièrement désagréable pour les intérêts de Nixon-Wingfield. Avant de quitter Goldfield, j'ai été prévenu que la vengeance exercée contre la Sullivan Trust Company s'appliquerait à la société Scheftels pour avoir osé réenvahir le district de Goldfield.

Fin août, la société Scheftels a enduré ce qui était probablement la pression la plus sévère qu'elle ait subie depuis sa constitution. Nous avions déployé des efforts héroïques pour rallier les prix de nos spécialités sur le marché de New York. Nous nous sommes heurtés à une résistance inhabituelle de la part de sources professionnelles. À l'époque dont je raconte, Ely Central avait enregistré une cotation basse de 62½ cents et nous avons réussi à la renforcer à environ 1 $. Tout au long du parcours, nous avons rencontré de grosses ventes. Un jour, les livraisons affluaient si vite que trois caissiers travaillant dans la « cage » n'étaient pas en mesure de suivre les transactions. Les affaires de la corporation avaient été lourdes dans la liste générale ainsi que dans les spécialités de la maison. Il y avait plus qu'assez d'argent en main pour financer toutes les transactions de la journée, mais pas à moins que les dépôts ne soient effectués en banque aussi rapidement que nos propres livraisons étaient effectuées et récupérées par nos messagers.

Vers 14 heures, un rapport est arrivé au Curb selon lequel les chèques bancaires de BH Scheftels & Company n'étaient pas certifiés dans les délais. À mesure que cette rumeur gagnait du terrain, l'enthousiasme sur le Curb augmentait. The Curb a conclu que nous étions enfin « arrêtés ». Des foules hétéroclites commencèrent à se rassembler devant les bureaux. On pouvait entendre les cris féroces des courtiers qui enchérissaient et proposaient des chèques Scheftels en dessous de leur valeur nominale. Une foule de racailles de la rue se pressait devant l'immeuble.

Un ou deux individus, ennemis implacables qui avaient mené à plusieurs reprises l'assaut du marché contre les actions de Scheftels, ont offert à Scheftels des chèques de petites sommes, à seulement 50 cents par dollar. Celles-ci ont été léchées par nos amis à qui on avait assuré que nous allions bien financièrement et qu'une erreur avait dû être commise à la banque.

L'enquête a montré que le retard de la banque dans la certification était dû au service de messages dilatoires. Nos dépôts ne sont pas parvenus à la banque aussi rapidement qu'ils auraient dû. Cet après-midi-là, alors que le tumulte devant nos portes était le plus grand, la banque a continué à certifier les chèques jusqu'à 15h30, prolongeant ainsi l'heure de fermeture de 30 minutes. Ensuite, ils ont signalé qu'un solde de trésorerie confortable était toujours disponible.

Le lendemain matin, les journaux ont commencé un jamboree. Des histoires effrayantes en première page, en dernière colonne, à double interligne, accueillaient chaque New-Yorkais au petit-déjeuner, lui racontant la panique parmi les courtiers de Curb à l'idée de vendre les chèques Scheftels l'après-midi précédent. Inutile de dire que c'était le genre de notoriété qui risquait de nuire le plus à la Maison Scheftel. Si quelque chose d'aussi mauvais avait été publié sur la banque la plus solide de New York, cette banque aurait été contrainte de fermer ses portes avant la fin de la journée.

Je n'ai pas non plus sous-estimé le danger de notre position. Entre deux soleils, j'ai réussi à rassembler 50 000 $ en plus de nos réserves de trésorerie, avec des promesses d'autant plus que nécessaire. Nous avons facilement tenu le fort. À la fin de la journée, j'ai fait diversion en me présentant dans la salle de réunion du Scheftel, brandissant une poignée de billets de 1 000 dollars devant les journalistes. Les scribes trouvèrent que la société Scheftels satisfaisait à toutes les demandes et, à la fin de la séance, avait en sa possession une petite liasse d'argent non déposé.

Cependant, la tension était grande. La confiance a de nouveau été ébranlée. De nombreux comptes ont été retirés par les clients. Nous avons été obligés d'alléger notre fardeau en vendant à perte les stocks accumulés. Le prix d'Ely Central et des autres promotions Scheftels a baissé. La baisse a été favorisée par la faiblesse générale des autres actions Curb.

Curieusement, au moment où le marché des actions d'Ely Central était au plus bas, à la fin du mois de septembre, quatorze mois après que la société Scheftels eut pris possession de la proposition, les rapports miniers étaient les plus favorables. Les travaux de développement souterrains et le forage par baratte avaient mis de côté pour toujours la question de savoir si le porphyre minéralisé se trouvait ou non sous la couverture de rhyolite ou dans l'écoulement s'étendant vers l'est à travers le sol d'Ely Central à partir de la fosse à vapeur du Nevada Consolidated. Plus de 240 000 $ ont été déboursés pour l'administration, l'équipement minier et les salaires des mineurs pour faire cette démonstration.

La société Scheftels était maintenant informée que la Nevada Consolidated méditait en fait de s'introduire dans la concession Juniper de la société Ely Central, afin de s'assurer un débouché depuis les niveaux inférieurs de sa fosse géante à pelle à vapeur. Un avertissement écrit avait déjà été adressé aux responsables du Nevada Consolidated contre une telle démarche. Le 25 septembre, les avocats de l'Ely Central Copper Company ont obtenu d'un tribunal du Nevada une ordonnance interdisant à Nevada Consolidated de procéder à cette intrusion et la citant pour justifier pourquoi elle ne devrait pas cesser d'empiéter sur d'autres terrains d'Ely Central.

L'avocat a télégraphié à New York qu'une caution était requise avant que l'injonction puisse entrer en vigueur. Les 27 et 28 septembre, des télégrammes furent échangés entre les bureaux d'Ely Central à New York et les avocats de la société du Nevada à Reno concernant la fourniture de garanties pour la caution.

Les cautions ne se sont jamais qualifiées. Une catastrophe nous est arrivée et a amené à un tremblement de terre la fin de la maison BH Scheftels & Company et de tous ses projets ambitieux.

L'agitation constante dans laquelle s'était trouvée la Maison Scheftels, depuis le jour de la parution de l' attaque *du Engineering & Mining Journal* , avait rendu impossible à la société Scheftels de détenir les marchés d'Ely Central et de Rawhide Coalition. La dépréciation du crédit, la rigueur monétaire et le déclin général du marché en sont en partie responsables. Mais il y avait un autre facteur important. En raison de la durée limitée de ses options, la société Scheftels a été contrainte, de temps à autre, de lancer des actions sur le marché à des prix qui révélaient une perte réelle.

Il y avait un gagnant sur le marché qui a montré aux clients et à l'entreprise elle-même un bénéfice important, à savoir Jumbo Extension. Je détenais une option sur environ 450 000 actions de ce titre au prix moyen de 35 cents, que j'avais cédée à la société. Le marché a progressé jusqu'à 70. Suivant la tactique employée à Ely Central au début de cette transaction, la société Scheftels avait exhorté tous ses clients à acheter Jumbo Extension au moment même où je négociais l'option sur Goldfield, de sorte que les lecteurs de nos publications commerciales effectuaient des achats sur le marché libre à partir de 25 cents, avec un bénéfice correspondant.

À mesure que les prix montaient en flèche, un intérêt à court terme de 150 000 actions de Jumbo Extension s'était développé parmi les courtiers de San Francisco et de New York, et il était très évident, d'après la demande d'actions à des fins d'emprunt, qu'il serait impossible pour les intérêts à court terme de couvrir sauf selon nos conditions. La société Scheftels se préparait à une « compression » des shorts telle qu'on n'en avait jamais eu auparavant dans l'histoire du Curb. Cependant, au moment même de la victoire, alors que nous nous préparions à exécuter un magnifique coup de marché en Jumbo Extension sur les marchés de San Francisco et de New York, nous étions plongés sans avertissement dans la ruine complète.

LE RAID SUR BH SCHEFTELS & CO.

La destruction de la structure Scheftels a été consommée le 29 septembre 1910. Je me tenais sur le perron des bureaux de Scheftels, observant les marchés des spécialités Scheftels. Un courtier ayant des relations avec San Francisco m'a fait une offre de 68 cents pour 10 000 actions de Jumbo Extension. J'ai aussitôt refusé. A ce moment précis, mon attention fut attirée par le claquement violent d'une porte derrière moi. En m'adressant à un employé de Scheftels qui se tenait à mes côtés, j'appris qu'un certain nombre d'inconnus s'étaient introduits dans la chambre des clients sans attirer particulièrement l'attention. J'ai essayé d'entrer. La porte était verrouillée. Il se passait sans aucun doute quelque chose de grave. J'ai parcouru un pâté de maisons à travers le couloir jusqu'à l'entrée New Street du bâtiment où les bureaux du *Mining Financial News* jouxtaient ceux de la société Scheftels. J'ai essayé la porte là-bas avec un résultat similaire. Il était verrouillé contre moi.

Cela a réglé le problème. J'en ai conclu que le couperet était tombé.

Le choc de réaliser que nos bureaux étaient attaqués par le gouvernement ne m'a pas un instant déstabilisé ni mis la peur dans mon cœur, et le sentiment d'indignation ne m'a pas non plus affecté sur le moment. Il n'y avait qu'une seule pensée écoeurante : la ruine de l'édifice que moi et mes associés avions travaillé jour et nuit pendant tant de mois à construire et le sort de nos clients qui avaient investi leur argent dans les entreprises que nous avions promues.

En trois secondes, j'étais en route vers l'endroit où je pensais pouvoir trouver du secours : les bureaux des avocats des Scheftel. J'ai traversé la rue jusqu'à l'entrée New Street d'un immeuble qui s'étend de Broadway à New Street, j'ai traversé la rue du côté de Broadway, j'ai sauté dans une voiture de surface, j'ai parcouru trois pâtés de maisons jusqu'à Broadway et Cedar Street, j'ai sauté dans un ascenseur et, dans Quelques minutes plus tard, nous entrâmes dans les bureaux de House, Grossman & Vorhaus.

"Va aux bureaux de Scheftels," dis-je, "et fais vite ! Je pense que nous sommes en train de faire une descente."

En un instant, deux membres du cabinet d'avocats étaient en route. Dix minutes après l'entrée des assaillants dans les bureaux, les avocats étaient sur place. L'entrée leur a été refusée et ils ont dû se contenter d'attendre devant la porte jusqu'à ce que les prisonniers soient évacués.

Dès que les avocats ont quitté leurs bureaux, j'ai commencé à utiliser les téléphones pour obtenir la libération sous caution des hommes arrêtés. J'ai jugé nécessaire d'y aller en personne et j'ai donc quitté les bureaux des avocats et j'ai marché dans Broadway. Mon attention fut attirée par le tintement de la cloche du wagon de patrouille de police. Alors qu'il passait devant moi en courant, je pouvais voir mes associés entassés dans le Black Maria en route vers la bastille.

Pour le moment, j'ai perdu toute idée de la gravité de ce qui se passait et j'ai été submergé par un sentiment de joie d'avoir été épargné par cette ignominie. Cette perspective auto-félicitée d'une situation extrêmement grave est passée. Mes associés étaient en difficulté et c'était à moi de les aider. J'étais en liberté et je savais que je pouvais faire plus pour mes amis et moi-même en ne me rendant pas immédiatement.

Je suis retourné au bureau de l'avocat, où je suis resté. Pendant tout ce temps, l'idée ne m'est jamais venue à l'esprit que nous étions coupables d'une quelconque intention de frauder qui que ce soit, ou que nous avions commis une quelconque infraction à la loi ou aux règles de bonne conduite. La seule idée qui me dévorait et qui me contrôlait était que quelqu'un nous avait imposé un assaut et que c'était à moi de m'organiser pour me défendre contre cet abominable outrage.

Ce qui s'est passé derrière les portes closes pendant que les avocats de Scheftel tentaient de pénétrer pour donner des instructions à la société, à ses dirigeants et à ses employés quant à leurs droits, est une description difficile à décrire. Cher lecteur, vous ne concevriez pas la réalité comme possible. Muni d'un mandat qui lui conférait le droit d'arrêter, de saisir, de perquisitionner et de confisquer, l'agent spécial du ministère de la Justice avait obtenu auprès de la préfecture de police locale une détachement de quinze hommes en civil lourdement armés.

Une fois à l'intérieur de l'établissement Scheftels, les portes étaient verrouillées et la sortie barrée. Le gros des envahisseurs a ensuite pris possession des bureaux de réception, tandis que d'autres ont fouillé les arrière-boutiques et ont ordonné bruyamment à tout le monde de rester où ils étaient jusqu'à ce qu'ils reçoivent l'autorisation de partir. L'établissement était saisi de tous ses pieds, et toute personne trouvée à l'intérieur de ses portes était retenue prisonnière. L'agent spécial a pris soin de faire comprendre à tout le monde qu'il était au commandement suprême. Laissant les gardes de police dans la pièce de devant, il se dirigea vers la cage télégraphique où deux ou trois opérateurs étaient assis à des tables.

En appuyant la bouche d'un revolver sur le visage du chef opérateur Walter Campbell, un homme calme et inoffensif, l'agent spécial a ordonné :

« Coupez cette connexion ! »

M. Campbell n'a pas vu l'arme au début parce qu'elle était pointée sur son œil aveugle. Lorsqu'il reçut son premier coup d'œil, il conclut qu'un maniaque avait envahi son sanctuaire et il faillit expirer d'apoplexie sur le coup.

De retour à la réception, l'Agent pénètre dans la cage du caissier et prend possession de la pochette de la société contenant ses titres.

Il n'a donné aucun reçu à aucun employé responsable de la société Scheftels pour quoi que ce soit. Lorsque M. Stone, l'un des caissiers, lui a suggéré qu'il était là pour sauvegarder les titres, il a tonné :

"Sortez de là !"

"Quelle autorité avez-vous pour cela ?" » demanda M. Stone. L'agent a alors montré son insigne.

Un instant après, un des députés ouvrit le tiroir-caisse. L'agent spécial était à ses côtés.

"Oh, regarde ce qu'il y a ici !" s'écria le député.

Sur ce, l'agent du ministère de la Justice a saisi le contenu du tiroir-caisse, sans compter l'argent liquide, les chèques, les mandats, etc., ni donner de reçu à aucun membre de notre cabinet.

Se tournant vers les officiers et employés de Scheftels qui avaient été placés en état d'arrestation, il a ordonné qu'ils soient expulsés de la pièce.

Il s'agissait d'une performance à peu près aussi brutale qu'on n'en a jamais vu dans la salle bancaire d'une paisible société de courtage.

Les comptables ont reçu l'ordre de fermer les livres. Le courrier américain dans le bureau a été saisi, y compris le courrier qui avait été reçu au bureau pour être livré à d'autres.

Les employés du Scheftels ont reçu l'ordre de se tenir debout, les bras croisés. Les desperados parmi eux – ceux contre lesquels un mandat d'arrêt avait été délivré et qui avaient été expulsés et regroupés dans la pièce extérieure – ont ensuite été fouillés à la recherche d'armes mortelles. Un canif et le bout d'un crayon à mine ont été trouvés sur eux. Le couteau mortel était à peine assez tranchant pour servir à la manucure des ongles. Aucun des hommes arrêtés n'aurait su se servir d'un revolver s'il avait été placé entre ses mains.

Les hommes arrêtés étaient : M. Scheftels, âgé de 54 ans, calme et inoffensif, menant une carrière commerciale honorable sans tache d'aucune sorte sur son caractère ou sa position ; Charles F. Belser, l'un des caissiers de la corporation et maçon du 32ème degré, qui jamais auparavant de sa vie n'avait été accusé de violation de l'esprit d'une ordonnance mineure ; Charles B. Stone, 60 ans, un autre caissier dont les fils et gendres avaient servi leur pays dans l'armée et qui, lui, était aussi paisible qu'un chef de classe dans une école du dimanche ; John Delaney, Clarence McCormick, William T. Seagraves et George Sullivan, employés de l'établissement, qui étaient aussi susceptibles d'offrir une résistance qui nécessiterait des coups de feu pour combattre qu'un quatuor d'enfants chantant des psaumes.

M. Scheftels a protesté de manière digne et respectueuse contre cette manifestation brutale. Il a demandé à voir l'autorité responsable du raid. Cela a été refusé jusqu'à ce que lui et les autres personnages désespérés aient été rassemblés dans une autre pièce. Sa demande de voir le mandat des officiers fut accueillie par une exclamation vulgaire de l'agent spécial : « Si vous ne vous taisez pas, nous vous mettrons aux fers ! Si vous cherchez des ennuis, vous ——— ——— raide, vous obtiendrez ce que vous cherchez!"

L'absurdité de l'invasion armée a séduit tout le monde, sauf le chef des pillards. C'était une situation ridicule du point de vue du service. Jusqu'au moment du raid, il n'y avait jamais eu de moment où un seul homme armé de l'autorité appropriée n'aurait pu accomplir avec décence et dans le bon ordre tout et plus que ce qui a été fait par la « maison brutale » et l'invasion brutale de la bande armée.

Des papiers privés ont été saisis et des liasses de certificats d'actions, des paquets d'argent, des chèques, des reçus et tout ce qui passait en vue ont été emportés. Aucun enregistrement complet n'a été établi au moment de la perquisition des documents et autres objets de valeur saisis. Le séquestre temporaire de BH Scheftels & Company, avant d'être libéré plus tard, a pu rassembler et tenir compte d'une partie des actifs saisis de la société, mais je suis convaincu que plusieurs milliers de dollars de titres et d'argent ont été désespérément perdu.

Une fois le naufrage terminé, les prisonniers furent chassés comme des malfaiteurs hors de l'entrée principale, descendirent les marches et furent chargés dans le Black Maria. Cinq mille personnes ont été témoins de l'acte. Les prisonniers ont plaidé en vain pour pouvoir payer des taxis pour les transporter devant le commissaire américain. Ils ont souligné que jusqu'à présent, ils n'avaient pas été entendus et qu'ils étaient innocents aux yeux de la loi et que jusqu'à ce qu'ils soient reconnus coupables d'un délit, ils avaient droit à un traitement décent. Cette demande a été refusée. Le retard dans le démarrage du bâtiment fédéral était juste assez long pour donner à la foule dense qui remplissait le bloc le temps d'insulter au maximum les victimes de l'atrocité. Les amis des hommes arrêtés bouillonnaient d'indignation et plusieurs bagarres éclatèrent. Des hommes furent renversés, piétinés et les vêtements arrachés de leur dos au cours d'une mêlée désespérée. La scène était honteuse.

Une armée de journalistes, accompagnée d'une brigade de caméras, était sur place et a photographié les prisonniers alors qu'ils entraient dans la Black Maria. Avec le tintement des cloches et le fouet des fouets, un départ a été fait pour Broad Street to Wall. Puis le véhicule a remonté Broadway et s'est dirigé vers le bâtiment fédéral. Là, les hommes ont été interpellés. Une caution totalisant 55 000 $ a été exigée. Par la suite, plusieurs des hommes arrêtés de manière aussi brutale n'ont même pas été inculpés.

Appelé à identifier les prisonniers, l'agent spécial du ministère de la Justice n'a pu désigner aucun d'entre eux à l'exception de M. Scheftels. Un sténographe employé par la société a été obligé de les isoler.

Il s'est avéré que le mandat avait été signé par l'agent spécial et avait été accordé sur son affidavit selon lequel la société avait commis des crimes contre quelques-uns de ses clients. Deux d'entre eux ont déjà été mentionnés dans cet article comme Slack et Szymanski, dont les déclarations avaient été fournies aux avocats de l' *Engineer & Mining Journal* .

Du palais de justice aux tombeaux, les desperados Scheftel, enchaînés, ont été escortés jusqu'à Broadway. Plus tard dans la journée, lorsque la caution était prête et que les prisonniers étaient convoqués, ils ont été de nouveau menottés et ont défilé dans les rues et les avenues de la partie la plus dense de la ville de New York.

J'avais travaillé tout l'après-midi dans les cabinets d'avocats avec un seul objectif en vue, à savoir obtenir la libération sous caution des hommes emprisonnés. J'ai réussi. Je me suis maintenant occupé de ma propre caution, le tribunal l'ayant fixée à l'avance à 15 000 $. Dans la matinée, j'ai marché depuis les bureaux de mes avocats jusqu'au bâtiment de la poste et je me suis rendu, étant immédiatement libéré sous caution qui attendait dans le bureau du commissaire des États-Unis. En quittant le bâtiment, j'ai reconnu des dizaines de clients Scheftels. Plusieurs me saisirent la main.

Mon indignation a grandi à mesure que les circonstances étaient réexaminées et que j'ai eu le temps de relier et de rassembler les faits. Peu à peu, toute la vérité s'est révélée. Je ne peux en raconter qu'une partie. L'histoire complète et détaillée s'étendrait dans un volume, et l'espace dont je dispose ici est limité. J'ai appris qu'à partir du moment où l'agent spécial avait été mis sur la piste avec la permission de nous mettre en faillite, il n'avait jamais relâché ses efforts pour renverser la situation.

Ses efforts ont attiré l'attention de divers rédacteurs en chef de journaux affiliés à Wall Street et aussi d'ennemis en général qui se sont empressés de coopérer avec lui. Sa fonction d'agent spécial du ministère de la Justice a donné à ses déclarations un poids qui ne leur aurait pas été accordé s'il avait parrainé les accusations en tant qu'individu. Sa position officielle donnait une importance exagérée à ses déclarations aux yeux des journalistes et, après le raid, du public.

Une personne que nous qualifierons d'outil apparaît maintenant sur les lieux avec de prétendues informations qu'il a mises au service de l'agent spécial pour l'étayer devant les procureurs adjoints des États-Unis à New York avec un témoignage depuis rétracté sur la signature du faux témoin.

Dans le chapitre précédent, j'ai attiré l'attention sur certaines des déclarations atrocement fausses qui ont été publiées le lendemain du raid. Je n'en ai donné qu'une idée. Les journaux déclaraient qu'Ely Central avait coûté à la société Scheftels 5 cents par action, que le capital social était surémis et que la propriété ne valait rien. Jumbo Extension, qui a depuis distribué 95 000 $ de dividendes à ses actionnaires, dispose encore d'une réserve de trésorerie de 100 000 $ et vend aujourd'hui sur les marchés une valeur d'action d'environ un quart de million de dollars pour la propriété, a également été décrit. comme un « faux stock ». Rawhide Coalition, qui a produit plus de 400 000 dollars de lingots et qui est aujourd'hui reconnue comme l'une des mines d'or les plus importantes du Far West, a été qualifiée de simple ferraille. Bovard, qui représentait un investissement de près de 100 000 $ pour le compte immobilier et le développement minier et qui avait été promu à 10 cents par action sur la base de déclarations selon lesquelles il s'agissait d'un « prospect », a été considéré comme une pure affaire.

La société Scheftels aurait gagné des millions de dollars en vendant de « fausses actions minières ». Il a également été déclaré que j'avais gagné des millions pour mon compte personnel. La liste de diffusion Scheftels a été décrite comme une « liste de dupes » réglementaires, même si les principaux noms qui y figuraient étaient des actionnaires de sociétés Guggenheim.

Les meneurs étaient représentés par moi-même – « un homme au passé horrible » – et le « personnage notoire », « Red Letter » Sullivan. M. Sullivan était décrit comme l'écrivain facile qui s'était adressé aux « idiots » et les avait hypnotisés, principalement les veuves et les orphelins, pour qu'ils retirent leur argent des caisses d'épargne et l'envoient aux requins Scheftels. "Lettre rouge" Sullivan était également considéré comme un homme avec un "passé".

Les faits réels concernant les liens de M. Sullivan avec la société Scheftels étaient les suivants : quelques mois auparavant, il avait postulé pour un poste. Il a ensuite été employé comme directeur d'un bureau de bourse à Boston. Il se voit confier le poste de commis au temps au département des sténographes.

Son travail, lorsqu'il était employé par la société Scheftels, consistait à veiller à ce que les sténographes se présentent à temps, fassent leur travail correctement et ne soient pas payés pour les services qu'ils ne rendaient pas. Il n'avait que peu ou rien à voir avec le service de la correspondance. Il n'a jamais dicté de réponses aux lettres reçues par la société Scheftels. Il n'a jamais été employé à titre exécutif par la société Scheftels. Nous ne connaissions que peu ou rien du titre de « Lettre Rouge » dont il avait été décoré. La première fois que nous en avons eu connaissance, ce fut dans les journaux après le raid. L'enquête a révélé que dix ans auparavant, alors qu'il était courtier à Chicago, il avait publié une lettre hebdomadaire de marché imprimée sur du papier rouge.

Jusqu'à présent, je n'ai pas accordé de place à l'un des plus grands torts liés à cette procédure honteuse : le tort et les dommages infligés à une multitude d'actionnaires impuissants. Pendant que l'agent spécial du ministère de la Justice et ses partisans armés détruisaient les bureaux de Scheftel et terrorisaient les lieux, le groupe de sociétés minières Scheftel était sauvagement attaqué sur le trottoir et d'énormes pertes étaient infligées au public. Des milliers de comptes sur marge ont été anéantis en moins de temps qu'il n'en faut pour raconter le massacre. Les baisses à Ely Central, Jumbo Extension, Rawhide Coalition et Bovard Consolidated ont dépassé 2 000 000 $. Cette perte a été répartie entre environ quatorze mille actionnaires inscrits et autant d'autres non inscrits.

Cette grande armée d'actionnaires innocents était impuissante. Contre de telles espèces de confiscation, la loi n'offre aucun soulagement ou recours, sauf l'acquittement effectif des personnes arrêtées, en qui réside la seule chance de l'investisseur confiant pour la réhabilitation du marché de ses titres.

LA CONFESSION D'UN OUTIL

Les aveux signés de Tool de l'agent spécial, qui a comparu devant les procureurs adjoints Dorr et Smith au bureau du procureur des États-Unis à New York, qui affirme avoir fait un faux témoignage, et la déclaration volontaire de John J. Roach, un courtier en valeurs mobilières qui était employé par la société aujourd'hui disparue Frederick Simmonds, concernant les relations entre l'agent spécial et cette société, alors qu'il était agent spécial du gouvernement, révèlent la faiblesse des fondements des accusations du gouvernement.

L'outil, avant le raid, était employé par les Scheftel. Depuis quelques mois, il était un chercheur d'affaires itinérant pour l'entreprise. Puis il a été libéré. Il s'est associé à Frederick Simmonds, membre de la Bourse consolidée. M. Simmonds était lourdement endetté. L'Outil n'avait pas d'argent. L'agent, alors qu'il essayait de convaincre le bureau du procureur des États-Unis à New York que les informations recueillies étaient suffisantes pour justifier une perquisition, a convaincu Tool de comparaître devant les avocats adjoints et de témoigner.

Dans cette histoire, la principale valeur de l'Outil lui-même est qu'il n'a aucune valeur. Il a fait ses déclarations contre nous à M. Dorr, procureur adjoint des États-Unis. Puis il m'a remis une déclaration, signée en présence de témoins, rétractant les déclarations faites à M. Dorr. À cela, il ajouta plus tard un post-scriptum écrit imposant sa rétractation. Puis il s'est rétracté et a déclaré qu'une grande partie de sa première rétractation, signée par lui et paraphée par lui sur chaque page avec ses initiales, était fausse. Il appartient au lecteur de juger laquelle des trois positions de l'Outil est celle dans laquelle il dit la vérité. Il est évident qu'il doit mentir dans les deux autres, et il n'est pas impossible qu'il mente dans les trois — sauf que certains éléments de sa première rétractation, qu'il nie plus tard dans la seconde, ont été vérifiés à partir de d'autres sources.

Voici le principal point à garder à l'esprit concernant l'Outil : le pouvoir souverain de saisie, de perquisition et de confiscation mis en œuvre par notre grand gouvernement sans procédure légale régulière, reposait en partie sur le témoignage fragile d'une telle personne. Des milliers d'investisseurs ont souffert du coup, ainsi que moi-même et mes associés.

Il semblerait, d'après la déclaration de Roach, qu'il a joué un rôle déterminant dans le déclenchement de la crise qui a abouti à la suspension de la société Simmonds et à la révélation des relations de l'agent spécial avec celle-ci. Ces faits sont devenus, dans la plupart des cas, du domaine public. Ils se sont manifestés lors des audiences devant le curateur de l'entreprise en faillite. Il a été constaté que le passif de l'entreprise "éclatée" s'élevait à 85 000 dollars et que ses actifs étaient constitués de 100 actions de sociétés minières bon marché et entre 1 500 et 2 000 dollars en espèces. C'est à cette occasion que l'agent spécial fut autorisé à démissionner du ministère de la Justice. L'outil qu'il avait bêtement utilisé s'était révélé à double tranchant. L'Agent avait été « hissé par son propre pétard ».

LES GUGGENHEIM

La branche du gouvernement la plus surprise au moment du raid de Scheftels fut probablement le ministère des Postes. Le crime reproché était une utilisation abusive du courrier. Pourquoi, si l'agrégation Scheftels était coupable, le ministère des Postes n'a-t-il pas effectué la perquisition ? Pourquoi n'a-t-il pas émis d'ordre pour fraude ? La société Scheftels a depuis été déclarée solvable par la justice et le syndic provisoire déchargé. À ce jour, aucun arrêté pour fraude n'a été émis. Peu de temps avant le perquisition, la présentation par le ministère des Postes de tous les éléments de preuve dans l'affaire avait abouti à une décision selon laquelle il n'y avait aucune raison d'agir.

Le fait que les intérêts du Guggenheim n'aient pas manqué de profiter du sort de la Maison Scheftel immédiatement après le raid trouve une preuve concluante dans les transpirations dans le camp minier d'Ely. Peu de temps après que l'agent spécial soit arrivé dans les bureaux de Scheftel, une demande a été déposée à Ely pour qu'un séquestre prenne en charge les actifs de l'Ely Central Copper Company. Les avocats qui ont déposé la demande étaient Chandler & Quale, avocats de la Nevada Consolidated Copper

Company, une entreprise du Guggenheim. Lorsque le tribunal a nommé un séquestre, il a nommé ce cabinet comme avocat du séquestre. L'avocat JM Lockhart d'Ely Central a protesté en affirmant que ces avocats, en raison de leurs liens avec Nevada Consolidated, n'étaient pas les personnes appropriées pour protéger les intérêts des actionnaires désormais sans défense d'Ely Central. Ensuite, le tribunal a nommé un autre avocat, nommé Boreman.

Peu de temps après la nomination du séquestre, il a demandé aux tribunaux l'autorisation de vendre à Nevada Consolidated pour 30 000 $, ce qui représentait la totalité de la dette en espèces, à la connaissance du séquestre, les droits de surface sur une grande superficie d'Ely Central et les droits via Canyon du genévrier. Ceci, si cela était accompli, aurait donné à la Nevada Consolidated une emprise ferroviaire qui aurait résolu le problème auquel elle était confrontée du transport des minerais depuis les niveaux inférieurs de la fosse à vapeur. Sans un tel débouché, ces minerais n'auraient pas pu être exploités sans de grandes dépenses et de grandes difficultés. Les bénéfices qui en auraient bénéficié à Nevada Consolidated étaient presque incalculables. Dans le même temps, une telle action aurait pour effet de couper la propriété d'Ely Central en deux parties. Selon la pétition, il était stipulé qu'en vendant les droits de surface, Ely Central devait céder la propriété pratique à Nevada Consolidated, car il était précisé qu'Ely Central ne pouvait pas interférer dans ses opérations minières avec les droits accordés. L'avocat Lockhart d'Ely Central a combattu le séquestre et ses avocats et a remporté la victoire. La propriété Ely Central a été conservée intacte pour les actionnaires.

Plus tard, une demande a été déposée auprès du tribunal pour vendre la totalité de la propriété d'Ely Central pour 150 000 $. On pensait que cela était dans l'intérêt du Nevada Consolidated. En réponse, une requête a été déposée pour libérer le syndic au motif que le tribunal qui l'avait initialement nommé n'était pas compétent. Le tribunal s'est finalement déclaré incompétent, car ni la fraude ni l'incompétence n'avaient été prouvées et les biens n'avaient pas été abandonnés. Le récepteur a été déchargé.

Quelle a été l'attitude du ministère de la Justice depuis le perquisition ? Depuis le raid, le gouvernement a dépensé plusieurs centaines de milliers de dollars pour divulguer suffisamment de preuves tirées des livres pour établir un dossier de quelque nature que ce soit. Une position après l'autre a été prise pour ensuite être abandonnée après une recherche exhaustive des preuves soutenant les prétentions excessives initiales. Grand Jury après Grand Jury s'est débattu sur les masses de preuves qui leur ont été présentées. Des armées de comptables ont travaillé jour et nuit pendant des semaines et des mois pour tenter de justifier l'action des autorités qui ont été entraînées à commettre un grave tort.

L'accusation selon laquelle la société Scheftels aurait vendu de fausses actions minières est tombée à l'eau. Les examens gouvernementaux des propriétés ont révélé qu'elles étaient tout ce qu'elles étaient censées être. Une lecture attentive et assidue de la masse de littérature commerciale envoyée par la poste par la société Scheftels n'a pas permis de révéler une fausse déclaration délibérée concernant les potentialités de l'une ou l'autre des propriétés minières.

La société Scheftels effectuait des transactions à marge considérable avec ses clients sur les actions qu'elle parrainait : Ely Central, Jumbo Extension, Rawhide Coalition et Bovard Consolidated. Si la société Scheftels était dirigée par des voyous, n'auraient-ils pas été souvent tentés de peser sur le marché et de s'efforcer de casser le prix des actions pour éliminer les traders sur marge ? Le gouvernement a-t-il trouvé des preuves de cela dans les livres ? Non. Elle a trouvé des preuves – accablantes et cumulatives – qu'à presque toutes les occasions, la société Scheftels a effectivement épuisé toutes ses ressources pour soutenir le marché de ses actions et maintenir le prix à un niveau élevé dans l'intérêt des actionnaires. De nombreuses preuves ont également été trouvées démontrant que la société Scheftels décourageait la pratique du trading sur marge.

L'acte d'accusation de remplacement rendu par le Grand Jury à la fin du mois d'août 1911, onze mois après le raid, élimina l'accusation de fausse déclaration concernant les promotions Scheftel et la réduisit pratiquement à une simple facturation de commissions et d'intérêts sans les gagner.

Pas moins de 85 pour cent. du total des transactions de courtage de la société Scheftels concernaient leurs propres actions, et à presque tout moment dans l'histoire de Scheftels, elle avait sous la main, sous forme de prêts ou dans des banques sous option, entre trois millions et sept millions d'actions de ces titres. . Elle a effectivement acheté, vendu et *livré* au cours de cette période plus de quinze millions d'actions !

Comme nous l'avons déjà dit, la société Scheftels avait pour habitude de vendre des actions inscrites à la liste générale pour s'assurer contre les baisses du marché qui pourraient faire baisser le prix de ses propres titres, et c'est en fin de compte ce que le gouvernement, après la dépense de centaines de milliers de dollars et l'emploi du conseil le plus sage, a été contraint de s'y rattacher afin de justifier aux yeux du grand public américain l'usage du rare pouvoir de saisie, de perquisition et d'arrestation et son refus d'une prière pour l'audition des victimes qui a été faite avant que le pouvoir arbitraire ne soit utilisé.

CHAPITRE XII

LA LEÇON DE TOUT CELA

Quelle est la leçon de mon expérience – la grande leçon pour le citoyen américain ? Ça y est:

Ne spéculez pas à Wall Street. Vous n'avez aucune chance. Les cartes sont empilées par les « grands » et vous ne pouvez gagner que lorsqu'ils vous le permettent. Les informations qui parviennent jusqu'à vous sur les probabilités du marché par l'intermédiaire des rubriques financières des quotidiens sont, en règle générale, empoisonnées à leur fontaine. Son objectif principal est votre perte financière. Rares sont les auteurs financiers qui osent dire toute la vérité, même dans les rares occasions où ils peuvent l'apprendre. La plupart d'entre eux sont, en effet, subventionnés pour supprimer la vérité et accélérer l'opinion publique par des canaux qui signifient de l'argent dans les poches des vendeurs de titres. Quant à la littérature des courtiers en valeurs mobilières, elle est généralement encore plus trompeuse. Rares sont les courtiers qui osent dire toute la vérité, de peur d'aigrir les intérêts et d'être poussés à la faillite ou pire encore.

Quant à moi, quelle excuse ai-je eu pour satisfaire mon instinct de jeu ? Ça y est : je pensais que le promoteur et le public pouvaient tous deux gagner. Je sais maintenant que cela n'arrive que rarement. Comme le jeu est désormais généralement pratiqué par les grands, le public n'a aucune chance.

Je n'ai pas un dollar. À qui profite-t-il ?

La réponse est : si quelqu'un, c'est l'ensemble. Le monde en a été gagnant. Il est plus riche de l'or, de l'argent, du cuivre et d'autres métaux indestructibles qui ont été remontés à la surface, à la suite de cet effort, et ajoutés à la richesse de la nation.

Sans l'instinct du jeu et le promoteur qui s'en occupe, les trésors de la nature pourraient rester intacts et en jachère et les forces de développement du monde resteraient molles et impuissantes.

LA FIN

www.ingramcontent.com/pod-product-compliance
Lightning Source LLC
Chambersburg PA
CBHW021347150726
47989CB00005B/2138